JN104828

転換するアメリカ新自由主義

バイデン改革の行方

奥村 皓一

新日本出版社

はじめに

米国資本主義は再生できるか。急成長中国の追い上げをかわすことができるのか。レーガン政権からトランプ政権まで四〇年間続いた新自由主義経済政策が行き詰まり、その巨星イデオローグだったミルトン・フリードマン、ロバート・ヘロン・ボーク両教授の没後一五年、一〇年が過ぎた現在、米国資本主義とその主柱企業は疲弊し、世界一とはいえ製造業は労使ともに衰退し、国民間の所得格差拡大とグローバル生産体制の破綻（はたん）も目立ち始めた。そこに、中国経済の野心的な挑戦が米国経済の焦りを深めている。

そこでバイデン政権は、九〇年前のフランクリン・D・ルーズベルト政権のニューディール経済政策（自由放任を排し、政府の統制権と経営者・労働組合の三者共同の革新生産体制）に倣（なら）い、あくまで資本主義の枠内での３Ｒ（救済、回復、改革）を通じて、経済の安定と再生をめざす。バイデノミックスの主要戦略は、①「反労組」を貫いた新自由主義下で衰退させられてきた労働組合を復活させ、賃上げ、労働条件向上で国内市場拡大を図り、②国家の支援・テコ入れと労資協調による製造業の回復でビッグビジネスを再生させ、③極度の独占化を図るＭ＆Ａ（企業の吸収・合併）やキラー買収を改め、競争と活性化を図り、④産業秩序を乱す二一世紀型のキメイラ独占体、ＧＡＦＡＭの解体的再編を断行するというものである。

なかでも、台頭する中国に対抗する緊要の産業政策として、ＥＶ（電気自動車）、半導体産業、先端産業向け戦略資源産業の再構築に向け、日本、豪州、インド、韓国など同盟諸国とのサプライチェーン形成による新経済秩序づくりをめざす。残るニューディールのエネルギーを地球気候変動対応に向けるなど、米国の世界的リーダーシップ回復もめざす。ウクライナ戦争では、ＮＡＴＯ諸国に対する主導権を回復し、ロシア、中国経済とのつながりを深めていたドイツを米国依存の同盟国に変え、スウェーデン、フィンランド、そして永世中立国のスイスも、ロシア経済制裁に引き入れた。

アジア・太平洋（インド・太平洋）では、中国包囲の対決姿勢を強め、米英豪のアジアにおける軍事同盟（ＡＵＫＵＳ）、そして米日豪印の「開かれたインド・太平洋」の経済安全保障協力体（クアッド）の形成、そして韓国やＡＳＥＡＮ諸国も引き込んだアジア版のＮＡＴＯを形づくり、これを米国覇権の下にＮＡＴＯと連結して中国を包み込み、新型の米中冷戦体制を通じて米国の世界秩序を再構築しようというのである。

バイデンの大胆な経済政策を背後から支えるのは、二〇〇八〜〇九年の金融恐慌期の金融大変革を勝ち抜いたＪＰモルガンはじめ六大銀行と、ブラックロックをはじめとする世界最大の「資産運用金融会社」（米国主要企業の九〇パーセント近くで最大株主）の最高経営者たちである。バイデン政権のポスト新自由主義を支援し、「ステークホルダー資本主義」と「サスティナブル投資」を国民に呼びかけ、（米中新型冷戦に沿った）グローバリゼーションの再編成を主張する。同時に、米中経済相互依存関係とその発展にも着目し、「米中経済断絶（デカップリング）」についての発言は、注意深く避けている。米中双方が、絶望的な格差拡大など、最悪の場合は自滅しかねない重大な国内問題を抱えていることは事実だが、互いに破滅するような政策を追求するのは愚の骨頂である。米中の軍事的対立が世界不況の引き金にならぬよう十分に警戒しつつ、今後も続く中国の台頭を管理し、世界経済の成長エンジンたる中国の発展を阻止するのでなく、両国がともに豊かになる経済互恵を増進し、互いに攻撃的（帝国主義的）な政策を発動できなくなる世界秩序の形成に向けた長期戦略を追求していくほかはない。

本書の執筆にあたっては、岡田進、合田寛、久保新一、澁谷朋樹、夏目啓二、山田博文、吉田淳一の各氏ほか、多くの友人たちから教示を得、また編集と刊行にあたっては、新日本出版社社長兼編集長の角田真己氏の援助を賜ったことを深謝申し上げたい。

著者

二〇二三年三月

目次

はじめに　3

第1章　バイデン政権における脱新自由主義的経済政策　15

1　ニューディール経済政策に範をとる米資本主義再生　17

（1）新自由主義からの離脱　17

（2）ウォール街の危機意識　22

（3）ニューディール経済政策を範として　26

（4）バイデン政権のインナー・サークル　28

（5）「オバマの失敗」を繰り返さないために　31

2　新自由主義・シカゴ学派から新ブランダイス主義へ　36

（1）国民の米国資本主義批判が最高潮に　36

（2）労組の復権と米国資本主義活性化　41

（3）国家主導のニューディール型生産体制　47

3　労働組合の復権と米国製造業の再生　50

（1）レーガン政権の労組弾圧政策　50
（2）新自由主義政策下の労組弱体化　52
（3）バイデン政権の労働者重視政策　55
（4）ワグナー法の基本に帰れ！　59

4　米中ＥＶ覇権への創造的破壊　67

（1）ＥＶ専業へＧＭの全面転換　67
（2）政府とウォール街が米国ＥＶ全面支援　72
（3）米中ビジネス覇権への創造的破壊　76

5　半世紀ぶりの産業転換と「独占規制」　82

（1）競争なき米国寡占経済　82
（2）ウォール街と多国籍企業の不安　86
（3）技術革新を遅らせ、民主主義を買い取る　89
（4）巨大寡占下で虚構の「医療大国」　93
（5）新聞砂漠と民主主義の喪失　97

（6）新自由主義下のM＆A拡大　99
（7）デジタル・トランスフォーメーション　101
（8）IT巨人が新たなM＆Aを推進　103
（9）利益総取り型独占のカラクリ　106
6　ウクライナ戦争のネットワーク武器　112
補論　ウクライナ侵攻と多国籍企業のロシア制裁　118
（1）クレプトクラシー独裁政権の侵略戦争　118
（2）ウクライナ侵攻における「二つの戦場」　120
（3）バイデン政権のウクライナ戦争主導権　121
（4）米英国際石油資本と国際穀物商社（穀物メジャーズ）　124
第1章のおわりに――ニューディールのエネルギーはなお　126
（1）色褪せた新自由主義　126
（2）国家主導の気候対応――再エネ政策　130
（3）ウクライナ戦争の〝勝者〟として　136
（4）中国との新型冷戦へアジア版NATO形成　138

第2章　ＩＴ巨人・ＧＡＦＡＭの解体的規制をめぐる攻防　145

1　巨大プラットフォーム企業の膨張性と破壊力　146

（1）ＧＡＦＡＭ・ビッグテック帝国の範図拡大　147

（2）シャーマン反トラスト法の変革　154

（3）新自由主義下の独禁法変革とＧＡＦＡ　156

（4）リナ・カーン氏のＦＴＣ委員長任命　160

2　ＧＡＦＡＭ帝国の解体的規制に向けて　164

（1）「反トラスト法」再変革の若手チーム　164

（2）巨大トラストに有利な現行反トラスト法　166

（3）現行法でも可能な改革から着手　170

（4）「キラー買収」、ウォール街の懸念　172

（5）“利益総取り”型企業の脆弱性　175

（6）史上最大規模のロビー活動　178

（7）ＩＴ企業、「シカゴ学派」勢力による反撃と攻防　181

（8）ＩＴ企業の成長鈍化と国家への接近　185

（9）アマゾンのバイデン再エネ政策参入　187

(10) 国家権力操縦のパワー・プレイ　191

第3章　金融危機における米国銀行システム崩壊とメガバンク再構築による金融寡頭制　195

1　金融国家アメリカの銀行システム崩壊　203
(1) ウォール街モデル崩壊における勝者と敗者　203
(2) 金融の荒野に立つ三巨人銀行「バベルの三塔」　211
(3) 金融版大量破壊兵器と呼ばれるデリバティブ／CDS　219

2　巨大化するロックフェラー・モルガン金融連合体
　――JPモルガン・チェース　224
(1) 信用危機と「ウォール・ストリートの王者」　224
(2) 投資銀行ベア・スターンズを買収　229
(3) 米国最大最強の銀行への昇華　231
(4) 新たなグローバル・メガ銀行への展開　238

3　金融コングロマリット＝シティグループの金融権力と「国有化」　243
(1) 金融モンスター型の複合サービス事業　243

（2）シティグループの「失われた一〇年」 247
（3）「大き過ぎてつぶせない銀行」は「大き過ぎてマネージできない」 250
（4）シティ―モルガン提携と「世界最大金融サービス会社」への「国有化」 259
（5）財務省・ＦＲＢ―シティの癒着構造 262
（6）巨大銀行が国を活用する「国有化」 267

4　ウォール街制覇へ　非アングロサクソン銀行の冒険 272
（1）イタリー人銀行創立者のウォール街征服の夢 272
（2）ウォール街のスケープ・ゴート？ 275
（3）ウォール街―財務省のメリル救済計画 279
（4）リーマンの切り捨てとメリルの救済 282
（5）ウォール街の「勝者」としての生き残り戦略 286
（6）バンク・オブ・ウォールストリートへ 291
（7）ウォール街進出成功と独裁経営者の退陣 293

5　世界を指導する米国メガバンクの巨大さと脆弱性 298
（1）脆弱体質ながら世界最大の銀行 298
（2）デリバティブの「改良」による存続 303

（3）メガバンク規制の非現実性　307
追記――ウォール街の金融権力再強化　313

第1章　バイデン政権における脱新自由主義的経済政策

米国資本主義最大の危機に対し、真正面から果敢に立ち向かった大統領――それは一九三〇年代の大恐慌期に「史上最も革新的な大統領」として改革を断行し体制の若返りを図ったフランクリン・デラノ・ルーズベルト大統領であった。その一〇〇年後、その歴史的相似性を持った「戦後最も革新的な大統領」としてジョセフ・ロビネット・バイデン大統領の政権が出現した。

レーガン政権からトランプ政権まで四〇年余り続いた新自由主義政策が行き詰まり、その巨星イデオローグたるミルトン・フリードマン、ロバート・ヘロン・ボーク両教授の没後、一五年、一〇年を過ぎたいま、米国資本主義は、世界経済における存在感低下の中、バイデン政権は再生・変革への戦略の転換を迫られている。

そこでバイデン大統領が、その政策パターンを学ぼうというのが、フランクリン・D・ルーズベルトと、その四代前の史上最も好戦的といわれ、また「トラスト・バスター」（巨大トラスト企業の解体者）とも呼ばれるセオドア・ルーズベルト大統領である。ともに、米国資本主義の危機の時に政権担当の座につき、資本主義体制をなんら変えることなく再生戦略に乗り出し、国民経済の健全な発展を妨げる巨大トラストの専横とも闘った。セオドア・ルーズベルトはスタンダード石油の旧型トラストを解体し、F・D・ルーズベルトは、モルガン金融独占を解体し、労働者の団結権と団体交渉権を認め、労働組合強化、労使間の交渉力平等化による労働条件の向上と購買力向上をはかり、自由放任主義を排し、政府の統制権と経営者・労働者共同のニューディール経済政策を導入した。

1　ニューディール経済政策に範をとる米資本主義再生

（1）新自由主義からの離脱

バイデン政権は、ニューディール経済政策を現代に適用して、①新自由主義政策で抑圧・解体・弱小化した労働組合を復権させ、一九三五年ワグナー法（全国労働関係法）に戻って強化し（新自由主義から新ブランダイス主義へ）、②製造業を復活し、ビッグビジネスを復権させ、③M＆Aを抑制して競争社会を復活させ、④二一世紀のキメイラ型独占企業のGAFA帝国の分割（解体的規制強化）も迫られている。バイデン政権はさらに、気候変動対応への挑戦で世界的リーダーシップをとるために、巨大な石油資本の解体的変革、米国自動車産業の完全なEV転換といった犠牲の多い「創造的破壊」も政府と労使共同で断行しなければならないであろう。[★1]

★1　Kirdn Stacy and James Politi, "Biden takes on role of 21st century trust buster", *Financial Times*, July 14, 2021.

バイデン大統領は、新型コロナのパンデミックのなかで政権の座に就いたが、彼は、前政権からの「ワープスピード作戦」（ワクチン開発計画はじめコロナ対応計画）を引き継ぎ、就任一〇〇日で新型コロナワクチン一億回接種を実現するという公約を就任から五二日で実現した。

これによって、バイデン大統領は、国家の経済政策介入、政府公共政策の底力を国民に示す一〇〇年に一度の機会を得ることになった。ファイザーやジョンソン＆ジョンソン、メリルなど国際医薬資本と米国政府（巨額支出）の医薬医療複合体がコロナ・パンデミック対応の克服原動力となった。米国製造業の相対的衰退傾向の下で、GM、GE、エクソンやレイセオン、ファイザーが、次々とダウ工業株価平均指数の銘柄企業から外されていくなかで、ファイザーが国家政策との結合によって、業績を飛躍的に改善することができた。

バイデン政権が、ワクチン普及をはじめ経済を立て直し、社会の分断を修復できれば、世紀初頭から進行した同盟諸国からの信頼低下を食い止め、経済関係の回復（サプライチェーンの再強化）をはかることができる。

ロシアのウクライナ侵略の際には、イーロン・マスク氏が、ウクライナのネット接続を回復すべく、衛星通信子会社（スペースX）のネット接続サービスを提供し、グーグルやメタ（旧フェイスブック）は、ロシア政府のプロパガンダを遮断した。GAFAの提供するネットワークは米国の国家権力を大幅に強化した。ウクライナ支援におけるNATO諸国間での指導権を確実にした。

新自由主義的グローバリゼーションと経済の金融化・米国内製造業の衰退（空洞化）と並行して、

米国の世界的信望は、アフガニスタン・イラクへの軍事介入、二〇〇八〜〇九年の金融危機で悪化し、コロナで一〇〇万人強の死者（二〇二二年五月一八日現在。第一次、第二次大戦と朝鮮戦争、ベトナム戦争の死者をはるかに上回る）を出し、九〇〇〇万人が職を失い、七〇〇〇万人が家を失う危機にあって、米国内で史上最大規模の離職ブームも発生し、信望はさらに低下した。

米国民の間では、自国の衰退、労働組合の弱体化と低賃金、大企業の独占に対する懸念（米S&P五〇〇種株価指数の構成企業の約四分の一が反トラスト法違反のFTC〔米連邦取引委員会〕調査対象となっている）が広がっている。[★2]

★2　Editor, "Geopolitics and Business", *The Economist*, June 5th, 2021, p.9.

レーガン政権が開始した新自由主義政策（市場至上主義、規制緩和、大企業の減税とM&Aの放任、労働組合の抑圧と弱体化、小さな政府、軍事による経済成長刺激）のなかで、IT巨人など一部の企業は巨大化したが、労働者の勢力は弱小化した。新自由主義的グローバリゼーションと金融化で先頭を走ったGM、GE、IBMなど製造業中心のエスタブリッシュメント企業の（自滅的）凋落（ちょうらく）は著しく、トランプ政権末期の二〇二〇年八月にはレイセオン、ファイザーそしてエクソンまでがダウ工業三〇種平均指数の構成銘柄から外される事態になっている（表1―1）。GM、GE、IBMなどのように本来、新自由主義の旗印企業であり、史上最高の株価を実現した企業が、新自由主義的経営故に瓦解（がかい）の淵に立たされるに至ったのである。

表1-1　AT&T、GE、GMに続いてエクソンモービル、ファイザー、レイセオンも、ダウ工業株30種平均株価指数銘柄を外される（2020年8月）

変更前、すなわち8月24日引け後の時点での構成銘柄と比重

銘柄名	ティッカーシンボル	比率
アップル	AAPL	12.20
ユナイテッドヘルス	UNH	7.48
ホームデポ	HD	6.95
マイクロソフト	MSFT	5.18
マクドナルド	MCD	5.15
ゴールドマンサックス	GS	5.02
ビザ	V	5.00
ボーイング	BA	4.32
3M	MMM	3.96
ジョンソン&ジョンソン	JNJ	3.69
キャタピラー	CAT	3.43
プロクター&ギャンブル	PG	3.36
ウォルマート	WMT	3.18
ディズニー	DIS	3.17
IBM	IBM	3.05
トラベラーズ	TRV	2.78
ナイキ	NKE	80.62
JPモルガンチェース	JPM	2.42
アメリカンエキスプレス	AXP	2.41
シェブロン	CVX	2.11
メルク	MRK	2.07
レイセオン	RTX	1.50
ベライゾン	VZ	1.44
インテル	INTC	1.19
コカコーラ	KO	1.16
ダウ	DOW	1.12
エクソンモービル	XOM	1.02
シスコシステムズ	CSCO	1.02
ウォルグリーン	WBA	0.96
ファイザー	PFE	0.94

出所：SBI証券資料より作成

「新自由主義の崩壊」（The Neoliberal Collapse）と題して、米国エスタブリッシュメントを代表する『フォーリン・アフェアーズ』誌の論文は、「資本主義は危機の中にある。この観点は左派だけのものだったが、今日は、先進国経済のすべてに行きわたった政治通念となっている。エコノミスト、政策担当者から一般の人々の間にも、新自由主義は…（中略）…その限界に達していると見るようになっている」と、ニューエコノミック・ファウンデーションの代表世話人ミアタ・ファーンブレー氏は述べている。

同氏によれば、若い世代の間で米国資本主義に対する信頼が二一世紀一〇年代から急速に落ち込ん

でおり、ギャラップ世論調査では、合衆国の一八歳から二九歳の間では、社会主義を是とするものが五一パーセントで、資本主義を是とするものが四九パーセントであるという。それは二年前の資本主義を是とするものから一二ポイントも減少しているという。二〇一〇年には六八パーセントだったのに比べるとさらに大きな落ち込みになる。[★3]

★3 Miatta Fahnbulleh, "The Neoliberal Collapse", *Foreign Affairs*, January/February, 2020, pp.38-39.

図1-1　英語国語5か国における自国デモクラシー不満の比率 1995年の調査開始年の不満度は1%であった

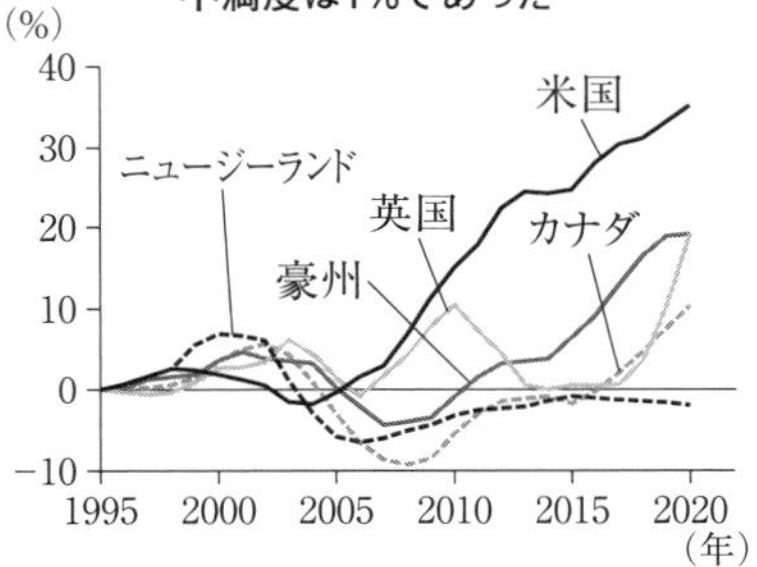

原資料：Roberto Foa, Centre for the Future of Democracy, Cambridge university;Congressional Budget Office
出所：フィナンシャル・タイムズ2020年11月11日付

また、英国調査機関によるアングロ・サクソン五か国（米・英・加・豪・ニュージーランド）の自国資本主義に対する信頼度調査では、米国資本主義に対する国民の不信感がもっとも高くなっている（図1―1）。ウォール街やエスタブリッシュメント企業の経営者たちはエリザベス・ウォーレン、英国労働党首が指導する左派（ケインズ主義高度経済福祉社会の社会民主主義）の指導的思想の台頭を無視できなくなり始めている。

（2）ウォール街の危機意識

バイデン政権の影のごとく立つウォール街の金融帝国の頂点に立ち、かつ米国巨大企業五〇〇社を中心とする経営者団体「ビジネス・ラウンドテーブル」の最高責任者でもあるＪＰモルガン・チェースＣＥＯのジェイミー・ダイモン氏は「中国の指導者たちは、アメリカが凋落しつつある帝国だと確信しつつある」と述べ、中国の指導者たちは「米国において技術開発、インフラストラクチャー、教育の基礎が崩れ、国家は分断され、政治統治能力は極右勢力の台頭で動揺し、所得格差が広がり、国家による、財政・金融・統制・規制の調整能力が失われ、国民合意を達成することができなくなっている」とみている。が、「残念ながら最近の状況を見ると、その多くが当を得ている」と述べ、一九八〇年代レーガン政権から四〇年続いた新自由主義の下で深まった米国資本主義のいびつな構造の矛盾の深まりを指摘している。[★4]

★4　Lauren Hirsch, "JPMorgan Chief Predicts a Boom", *The New York Times*, April 8, 2021.

そこで金融部門の急拡大は「米国経済を容易にブームに突入しやすくし、それがインフレーションの急速展開をもたらし、圧倒的な過熱がリセッションの引き金になる」とも指摘している。さらに、ダイモン氏は「米国の若い経営テクノクラートは、地球上で最も富む国の経営を引き継ぐ地位にあり

ながら、我々のキャピタリズムの未来について悲観的である」とも述べている。[★5]

★5　Editor, "Donald Trump is presiding over toward surge, not an industrial renaissance", *The Economist*, May 26th, 2018. pp.23-24.

トランプ政権下で断行した史上最大の企業減税によって得たウィンドフォール利益金は、新規事業や設備投資に回るよりも自社株買いや（技術革新を買い取る）M&Aに向けられた事実を指摘している。金権ポピュリズム（pluto populism）に終わったというのである。

バイデン政権のシナリオライターの一人でもある（後述）世界最大の資産運用会社ブラックロックの会長ラリー・フィンク氏は、右腕のブライアン・ディーズ氏を米国国家経済会議議長と大統領経済諮問委員に、いま一人の実力者ウォーリー・アディエモ氏を財務副長官に送り込んだが、「大統領選挙を通じて、（新自由主義下で格差拡大が極度に達した）米国が深く分裂した社会であることを痛感した。分裂は年々深まっており、その解決の先が見えない。アメリカは完全な分裂国家となっている」と述べる。[★6]

★6　David Gelles, "Business Leaders Anticipate Less Combative Unite House", *The New York Times*, November 10, 2020.

格差拡大は気候変動（気候破滅）と一〇〇万人を超える死者、九〇〇〇万人の失業、七〇〇〇万人の住

図1-2　米国の所得上位1%の富豪の富の保有比率の推移
ニューディール前期と現代の格差比率は酷似

出所：Editor, "Where The Money is"ブルームバーグ・ビジネスウィーク 2019年5月27日

居喪失を招いたコロナ・パンデミックと、そのなかでの「史上最高の株高」でさらに広がり、ビッグビジネスは史上かつてない米国内での「カルチャー戦争（内乱）」（Culture Civil War）の主役を演ずることになった、というのである。彼の念頭にあるのは、一九二〇〜三〇年代を上回る格差の拡大である（図1―2）。

そこで、ジェイミー・ダイモン氏が率いるワシントンに本部を置くビッグビジネスの企業団体ビジネス・ラウンドテーブル（Business Roundtable）は、「企業の目的は利益を得ることではなく広く企業利益関係者（シェアホルダーズ）の利益を第一とすべき」という声明を出した（二〇二〇年九月一九日）。そのステートメント（Statement on the Purpose of a Corporation）は、「企業の唯一の社会的責任はシェアホルダーのために利益を生み出すこと」という『ニューヨーク・タイムズ・マガジン』誌（一九七〇年九月号）の新自由主義の祖・ミルトン・フリードマンの理論を乗り越えようというものであった。

「メーキングマネー」を第一としたフリードマン・キャピタリズムに対して、ステートメントは「ビジネスは、雇用を創出し、技術革新を前進させ、必要不可欠の商品とサービスを供給することにより、経済のなかで死活的に重要な役割をはたす。ビジネス界は、消費財と生産設備と搬送手段を生産して搬送し、国家安全保障を支え、食料を育成・産出し、ヘルスケアを供給し、エネルギーを産出・配分し、金融・情報を提供して経済成長を支えるものである」と述べている。この声明には約三〇〇社のビッグビジネスのＣＥＯが二年かけて（二〇一九年九月～二〇年一〇月）署名・サインして、二〇年一〇月に正式発表している。★7

★7 Business Roundtable, "Statement on the Purpose of Corporation", October, 2020.

図1-3　米企業の株式還元増大と労働分配率の低迷

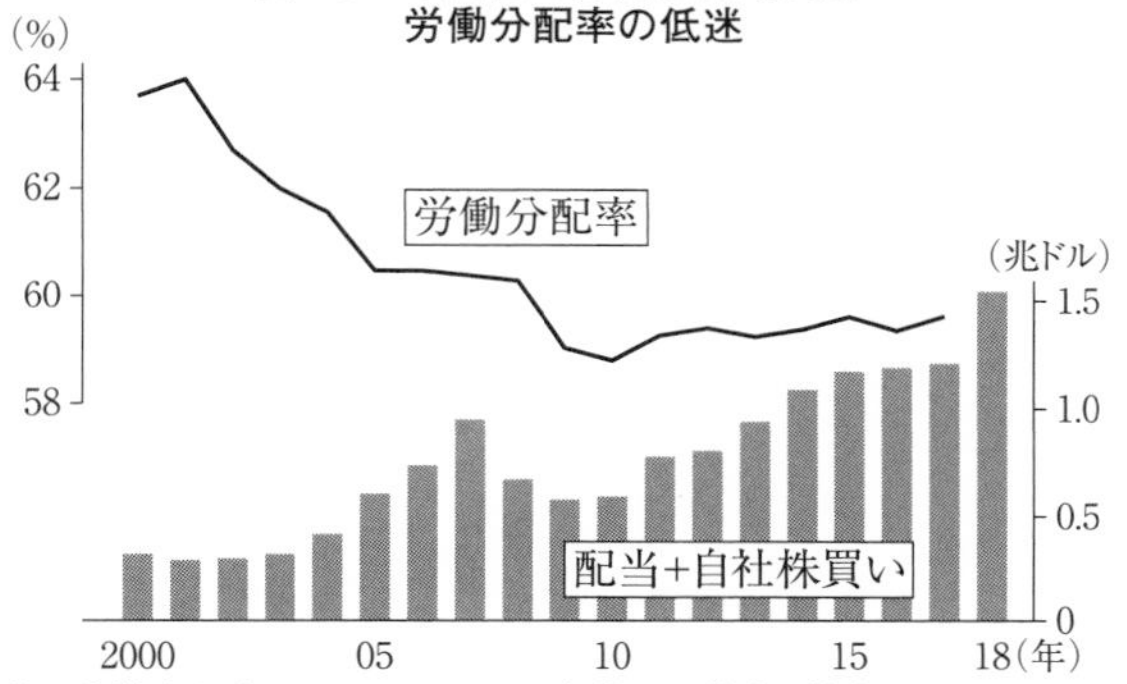

(%)
64
62
60
58
労働分配率
(兆ドル)
1.5
1.0
0.5
0
配当+自社株買い
2000
05
10
15
18(年)

注：労働分配率はフローニンゲン大学での算出、株主還元はQuick Fact Setの年産別推計
出所：フローニンゲン大学経済研究所資料

「明白なことは、ワシントンのビジネス・ラウンドテーブルの声明は、フリードマン・スタイルの株主第一主義への忠義を捨てたということです」と、コリン・メイヤー＝サイードビジネススクール教授は述べ、「ビジネス論争上の最も深遠な時間であった」という。ビッグビジネスの最高経営者たちは、エリザベス・ウォーレンやバーニー・サンダース、英国労働党の党首ジェレミー・コービンなどによる新自由主義的米国資本主義の批判介入の先手を打とうというものでもあった★8（図1―3）。

★8 Andrew Edgecliff & Attracta Mooney, "Capitalism

shows softer side in year of change", *Financial Times*, December 22, 2019.

米国巨大金融コングロマリット・多国籍企業の最高指導者による脱新自由主義的なビジネス世界の新たな目標展開図（二〇二〇年一〇月）は、三か月後に出現したバイデン政権のＦ・Ｄ・ルーズベルト方式を採用したバイデン経済政策・バイデノミックスの基本的な骨格を形成している。

（3）ニューディール経済政策を範として

それは、Ｆ・Ｄ・ルーズベルト政権の「ニューディール政策（新規巻き直し政策 a new deal for the American）」の経済政策に範をとった「バイデン革命」といわれるほどの計画案の提示であった。「米国は再び動き出した。苦境を可能性に、危機を機会に、後退を力に変革しようとしている」と施政方針演説（二〇二一年四月二八日）を切り出し、新自由主義政策の、四〇年前のレーガン政権から始まった「小さな政府」、転じて「大きな政府」への路線転換を行い、六兆ドルの国家計画を提示していた。ただし、Ｆ・Ｄ・ルーズベルト大統領によるニューディール経済政策（資本主義経済の自力による不況からの回復を信頼せず自由放任主義を放棄した）がそうであったように、あくまでも資本主義の枠内での３Ｒ政策——救済、回復、改革——を通して、経済の安定をはかるのが、政府の責任という考えに立った経済政策である。

1　一・九兆ドルの「米国救済計画」（The American Rescue Plan）一人最大一四〇〇ドル給付、ワクチン接種強化をはじめとする緊急対策。全額を債務で実現。
2「米国雇用計画」（The American Job Plan）八年で二兆ドル。産業強化のインフラストラクチャー、気候変動対応、R&D（研究開発）、産業転換、新規雇用、新人材育成、法人税率引き上げによる企業増税、一五年で財源を得る。二〇二一年三月に公表されたが共和党の要求で大幅減少。
3「米国家族計画」（The American Family Plan）一〇年で一・八兆ドル。格差是正や子育て支援、教育費負担軽減。投資、富裕層への所得増税やキャピタルゲイン税への課税で調達。四月末に公表されたが、共和党は反対。

コロナ危機克服から、ヘルスケア、ソーシャルネットワーク構築、先進国中一四位のインフラや高度通信網の整備更新、製造業復活と安全保障サプライチェーン構築、研究開発強化と技術革新、人材育成、産業転換再教育、気候変動対応（温暖化抑制、再エネ開発）――への六兆ドルにおよぶ国家投資計画は、二〇二〇年のGDP（国内総生産）の二〇パーセントに相当する財政スペンディングであり、レーガン政権以来の「小さな政府」をはるかに超えるものである。

F・D・ルーズベルト大統領が大恐慌時に発動・実行したニューディール経済政策の総額は四一七億ドル（現代価格にして約八五六六億ドル）であり、一九二九年の経済規模の四〇パーセントにあたるといわれる。バイデン政権の最初の一〇〇日間での六兆ドル財政出動提案は、トランプ政権末期のコロナ対応策支出を含めると、ルーズベルト政権当時の支出水準に迫ろうとしていると、米国の研究者たちは述べている。

（４）バイデン政権のインナー・サークル

「バイデンの壮大なる冒険行動」（Biden's huge acting big gamble）として『フィナンシャル・タイムズ』紙は評し、「バイデンの米国経済におけるこの戦略は、レーガン政権発足後四〇年来広まってきた新自由主義・市場至上主義経済からの最もラディカルな離脱であり、借り入れと財政投融資による戦後最大規模のプランであり、米国政府は、強大な財政借り入れを引き受けることになり、全世界がこれに注目する」と述べている。★9 その資金調達には、「労働者の味方」を装う共和党の資金提供勢力の圧力のもとで、「史上最大の企業減税（三五パーセントから二一パーセント）」を実行したトランプ派のプルート（金権ポピュリスト）政権とは逆に、法人税率を引き上げ、富裕税、デジタル課税を整備している。

★9　Chris Giles, "Biden's huge 'acting big' gamble", *Financial Times*, February 17, 2021.

国家が米国経済に積極介入し、国家とビッグビジネスが一体化して、インフラストラクチャーの新規建設や更新、気候変動、新エネルギー産業の育成、新戦略産業の育成強化（ＥＶ、新世代半導体、量子コンピュータ、新世代・次世代高速通信５Ｇ・６Ｇなど）をはかり、西側諸国、日本やオーストラリア、インドとの同盟・協力関係を強化・高度化して、サプライチェーン（供給網）の再編成をはかり、中国との競争に勝つというのである。バイデン経済戦略は世界的リーダーシップを確立するというより、中国との競争に勝つということに主眼を置くという脆弱性（vulnerability）を持っているわけである。経営低迷のＧＭ、ＧＥ、ＩＢＭほかのエスタブリッシュメント企業の救済計画をも秘めている。

ブラックロックが米国主要五〇〇社の持ち株金融機関として、ＪＰモルガンがウォール街の巨大金融銀行群の頂点に立ち、かつ米国ビッグビジネス二〇〇社が指導するビジネス・ラウンドテーブルのリーダーとしての立場から、ＧＥ、ＩＢＭなどエスタブリッシュメント企業とともに、バイデン政権のインナー・サークル（内部集団）による新自由主義経済戦略プラン形成のスポンサー役となった。

米国の上位五〇〇社（巨大金融機関と多国籍企業）が財務本部をおくデラウェア州を政治基盤とするバイデン氏のインナー・サークルのハイテクノクラート集団は、ジェイク・サリバン現国家安全保障担当補佐官を中心に、オバマ政権の国家安全保障会議委員のサルマン・アフメド氏らが、ワシントンの「カーネギー国際平和財団」に結集してペニー・プリツカー評議員会議長をまとめ役として二〇一六年から二年間かけて、一八年にドクトリンを作成完了したといわれる。

同年九月には、全九〇ページのリコメンデーション・レポート『国家競争力戦略』（National Competitive Strategy）は「公共と私的企業機関が共同して中国の先に立つ」（to coordinate both public and private investment and stay head of China）ことを強調している。

それは、二〇一六年にトランプ政権が成立し、ウォール街・多国籍企業の最高指導者たちがこぞって同政権の国家経済会議のメンバーや国務長官など主要閣僚に加わりながらも、大統領との対立・抗争で辞任、さらに同政権が中国のみならず同盟諸国との関係を悪化させ米国企業のグローバリゼーションを危機に陥らせるにおよんで、旧オバマ政権の元補佐官たちが、サリバン氏を中心にチームを組んでトランプ政権モデルのオルタナティブの立案作成にとりかかった。この政策レポート作成は、ウォール街の最高経営者たち、とくに「米国資本主義の再生」を唱えるようになっていたラリー・フィンク氏（ブラックロック会長）や、ＪＰモルガン会長、ビジネス・ラウンドテーブル会長にも賛同を得ていたと考えられる。[★10]

★10　Shawn Donnan, "The Biden Doctrine", *Bloomberg Business Week*, February 8, 2021, pp.30-31.

したがって、ビジネス・ラウンドテーブルが、米国民に向かって発表した脱新自由主義のステートメント「企業の目的」において、企業が産業社会に向けて何をすべきかの具体的内容も、バイデン・ドクトリンの経済版と相類似していた。けだし、バイデノミックスの主軸たる「アメリカ雇用計画」には、大統領選挙中に掲げた「気候変動対応への賭け（クライメート・ギャンブル）」＝「グリーン・ニューディール」政策を本格的に織り込んではいない。むしろ、ウクライナ侵略のロシアに対する、石油と石炭輸入禁止分の補塡（ほてん）を名目に（ただしガスについては輸入禁止項目に組み込んでいない）、米国内の油田やシェール・オイル・ガス生産が拡大され、再生エネルギー開発が遅れる可能性すらある。

コロナ下で医療崩壊が明らかとなった米国で国民の切望する国民皆保険制（メディケア・フォー・オール）も、民主党内革新派の主張にもかかわらず、本格的に政策を打ち出すにはいたっていない。あくまでビッグビジネスの国＝米国資本主義の枠内での救済、回復、改革をめざすということである。

（5）「オバマの失敗」を繰り返さないために

バイデン政権には、かつての上司、バラク・オバマ大統領のように、超党派の合意やウォール街への配慮に気を奪われ支持を失った「オバマの失敗」に学ばなければならないという要求がつきつけられている。

ジャーナリストのデービット・シロタ氏は、「（バイデンは）かつての上司バラク・オバマのように財界の要望にばかり応じつつ超党派の譲り合いを追求するのか。あるいは寡占企業（Oligarchy）と闘い、米国ファシズム勢力を打ち負かし、富裕層のうらみを買う政策をいとわなかったF・D・ルーズベルトの道をたどるのか。オバマ政権の教訓は融和路線をたどりつつ、大胆な改革を推進することは不可能だということである」と『ニューズ・ウィーク』誌上で述べている。★11

★11 David Sirota, "Can Biden Succeed Where Obama Faciled", *Newsweek. com*, February 5, 2021, p.28.

かつて、米国資本主義の発展が行き詰まる中で、セオドア・ルーズベルト大統領はスタンダード石油トラストを分割し、フランクリン・ルーズベルト大統領は、モルガン金融独裁を解体し、労働者の権利と労働組合の地位を確立して、国家、資本、労組の三者共同体制によって、国内ファシズム勢力の台頭を防ぎつつ、国民的統一性を確立した。

バイデン政権の現実は、コロナ・パンデミックのなかで、株価は史上最高値をつけ、貧富の格差は、ルーズベルト政権の大恐慌時代の水準に迫り、製造業は衰退し、低賃金が広がり、人々は気候変動や医療崩壊に苦しむなかで、国民皆保険など「セーフティネット」と「富の再分配」を切望している。バイデン政権の現実は、資本と労働の力関係を是正する契約の「新規まき直し」、つまり「ニューディール」を切望している。

独占的な金融資本や寡占企業体と闘い、ファシズムの台頭を抑え、専横な富裕者を敵に回すことも厭わなかったF・D・ルーズベルト大統領のような政策を、労働者大衆に実質的な恩恵をもたらすことを望んでいる。この事実を、バイデン大統領も、最大の政治献金者たるブラックロック、JPモルガン・チェースなどウォール街の最高経営者たちも十分に承知している。

二〇〇八年から八年間続いたオバマ政権は、やはり「大胆な富の分配」のニューディール政策を掲げて「チェンジ」（大変革）のスローガンを掲げ、ブッシュ前政権末期から広がり始めた格差拡大に対する不満と、拡大する民衆の抵抗運動・米国では永らく見られなかった変化への欲求を取り込もうとしたが、逆に格差を増大させることになった。オバマ戦略とは、①下層階級から湧き上がるエネルギーを吸収し、それを選挙運動の原動力として活用して政権を確立し、②次にその反体制運動を効率的に沈静化させ、③オバマの二回目の選挙戦に出資してくれた多国籍企業やウォール街の巨大銀行の救済と集中合併（大きすぎてつぶせない）にもっぱら奉仕し、その結果として労働大衆を裏切ることに終わった。

それは、イタリアの社会主義者＝アントニオ・グラムシの「受動革命」（passive revolution）の概念によるもので、支配者集団が大いなる改革・革命を求める下層階級からの動態圧力を緩和させるため、上から緩やかな変革を行おうとすることである。受動革命で鍵となるのは、下層部の主導者の協力を得ることと、その主導者たちを支配層の主要プロジェクトに取り込むことである。★12

★12　William I. Robinson, "From Obama to Trump: The Failure of Passive Revolution", January 13, 2017, *telesurenglish. net.*

オバマ大統領は、目玉政策の「メディケア・フォー・オール」（国民皆保険制）の実現を、最大の政治献金者たる米国国際医薬資本・ビッグファーマ、巨大医療保険、巨大病院チェーンの反対圧力の下で、途中放棄せざるをえなかった（次のトランプ政権はその解体にとりかかり、バイデン大統領は、最初から皆保険制度実現に取り組まないとも述べている）。

オバマ政権は、二〇〇八〜〇九年の大恐慌を招いたウォール街の巨大銀行・投資銀行の法的責任を追及することはせず、「大きすぎてつぶせない」大金融機関に不良債権処理を迫ることも、最大手金融機関の分割を迫ることもしなかった。結果として、史上最大の金融寡占体制確立を容認した。恐慌下でローンをかかえて困窮する住宅所有者を救うこともなく、住宅ローン金融機関と関連の巨大金融機関を救済するものでしかなかった。中間層と低所得者層の賃金と所得が一向に上昇しない状況は、オバマ政権下でも激しくなるばかりであった。米連邦準備制度理事会の統計によれば、二〇二一年三月時点で上位一パーセントの人が所有する資産総額は四二兆ドルで全体の二九パーセントを占めているが、二〇一一年九月末にはすでにそれが二五パーセントに達していた。

オバマ大統領は、結局のところ現状に満足し、金融危機で住宅価格が暴落してもウォール街の責任を問うことはなく、ローンをかかえて生活苦にあえぐ人々は、オバマの民主党に失望した。「チェンジ」と叫んで出現したオバマ民主党に裏切られたという絶望の反動から、多くの有権者が「労働者の味方」を装う金融ポピュリストのドナルド・トランプに望みを託したのである。

「（オバマの）民主党が労働者の民主党であり続けていたら、トランプが大統領になることはなかった」と、カリフォルニア大学アーバイン校のバーナード・グロスマン教授（政治学）はいう。[★13]

★13　Ibid., p.28.

バイデン大統領も、当時、副大統領として、この現実を見ており、労働者階級にリアルな物質的恩恵をもたらさなければ、広がり続ける不平等と貧困（低賃金と乏しい年金と医療保険制度）と機能不全に対する絶望的な怒りの大波となって、トランプ以上の危険なプルートポピュリストの独裁者が出現するかもしれない。ニューディール期のF・D・ルーズベルトは、平時の政策ではファシズムをくい止めて国家を救うことは困難であると理解し、金融独占体を解体し（一九三三年のグラス・スティーガル法で投資銀行と商業銀行を分離、モルガン金融独裁を解体）、労働組合を組織化して、産業の競争力、革新力をつけ、国家の産業統制・支援で米国資本主義を再生しようとした。

米国下院の民主党リベラル派の若手議員一〇〇名で構成される「プログレッシブ議員連盟（the Progressive Caucus）」の共同会長のマーク・ポーカン議員は、「（バイデン政権は）オバマ政権一期目のように（共和党やウォール街に）妥協的な行動をとってはならない。僅差のリードを活用して迅速に事を運ぶべきだ」と述べている。★14

★14　Ibid., p.32.

民主党上院で、プログレッシブといわれる銀行委員会の委員長・シェロッド・ブラウン氏は、二〇〇八年の金融危機に、大手銀行の分割に向けて活動し、オバマ政権にこばまれた経験をもつ。民主党上院議員で民主社会主義（北欧流のケインズ主義高度福祉社会）を主張し、上院予算委員会のトップに立つバーニー・サンダース氏も、「（バイデン政権は）ルーズベルト政権以降、この国に見られなくなった大胆さをもって行動すべきである」と述べている。★15

★15　Ibid., p.33.

2　新自由主義・シカゴ学派から新ブランダイス主義へ

（1）国民の米国資本主義批判が最高潮に

バイデン大統領は「過去数十年間で最も飛躍的な新労働組合政策」（the most-far-reaching pro-union legistlation indecates）と評されるべく労働者の組織化と権限強化に関する大統領令に署名した（二〇二一年四月二六日）。それは、四〇年間の新自由主義政策の下で弱体化し、活力を失った労働組合を再強化・拡張し、あらためて労働者の団結権および団体交渉権を保障し、組合活動の強化と組織拡大に積極的に取り組み、その生産力、消費能力を拡張し、アメリカ資本主義の活力を再強化しようというものであった。それは、ニューディール労働立法の主柱たる一九三五年ワグナー法（全国労働関係法・National Labor Relations Act）の基本に帰ろうというものであった。労働法学者ルイス・ブランダイス（当時は最高裁判事）の労働者の尊厳を重視し、これを資本主義発展の中心に置こうというものである。新自由主義の時代に、経営者の間で育った「いつでも取り換え可能な労働力」としての発想とは根本的な違いを有するものであった。米国最大の雇用を実現したアマゾンをはじめとするＧＡＦ

A各社には労働組合がなきままに、反労組的な経営の下で成長戦略がとられた。

カマラ・ハリス副大統領を議長に、マーティ・ウォルシュ労働長官を副議長とするタスクフォースを立ち上げ、一八〇日以内に労働者の立場を強化する具体案を大統領に提出するよう、バイデン大統領は指示した（注）。

（注）タスクフォースの具体案は、①米国政府自体が組織結成と団体交渉を促す雇用主として見本を示す（バイデン大統領は、時給最低賃金一五ドルを提示している）、②省庁横断の取り組みを通じて全米での組合結成を円滑化する、③抑制的な労働法制（同じ業界内企業間の移動禁止）が敷かれているコミュニティにおける労働者の立場を強化する、④全米の組合参加者を増加させる（六〇〇〇万人目標）——の四点である。

政府のファクトシートでは、①六〇〇〇万人の労働者が組合加入の選択を提示されれば加入の意思があるにもかかわらず、②労働者は組合の結成や団体交渉で高い障壁に直面している、と指摘している。その結果、組合組織率は一九五〇年代の三〇パーセント強から、二〇二〇年には一〇・八パーセントにまで落ち込んでいる。先進七か国では最低の水準である。民間の労働者に占める労働組合加入率は一九七〇年代の三〇パーセント台から二〇二〇年には六パーセント台にまで低下している。大統領の文章では、労働組合の退潮により「労働者が力を失い、（経営に対する）発言権の低下を招いた」と指摘し、賃金低迷や労働者の処遇改善に向け組合の権限強化が必要だと述べている[★16]（図1—4）。

図1-4　米国経済における失職率と新規雇用者比率

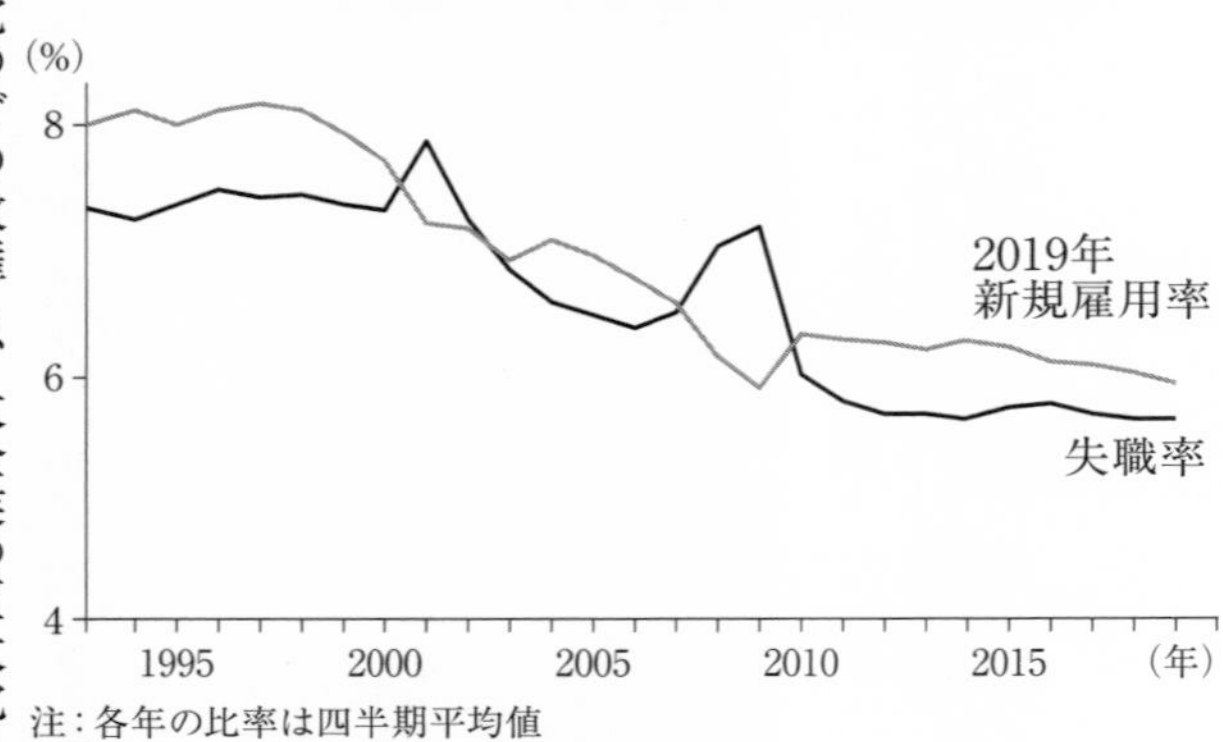

注：各年の比率は四半期平均値
原資料：U.S. Bureau of Labor Statistics
出所：ニューヨーク・タイムズ 2021年6月10日付

そして時を同じくして、バイデン大統領は、タフト・ハートレー法に従った反労組で名高いストライキ調停官たる「全国労働関係局」の局長、ピーター・ロブ氏を任期中ながらも大統領就任と同時に即刻解任した。

バイデン大統領は選挙キャンペーン中から労働組合の強化を公約の一つに掲げてきたが、二〇一六年に「労働者の味方」を装ったトランプ共和党大統領が取り込んだ白人労働者を切り崩すことにより、東部、中西部で支持を奪い返し、大統領選挙で勝利した。

レーガン以来の新自由主義政策の下では、民主党・共和党のどの政権も、大企業の巨大化と寡占化・巨大リストラ、労働組合の抑圧・弱体化を主要な政策としていた。「新ワイマール共和国」として若者や労働者階級に期待されたオバマ政権も「チェンジ」というスローガンを掲げながら、新自由主義的社会経済秩序に挑戦することはしなかった。二〇

★16　Steven Greenhouse,“What Biden and F.B.R may end up having in Common”, *The New York Times*, March 17, 2021.

〇八年のオバマの選挙運動は、米国では長らく見られなかった大衆運動と変化への民衆の期待を取り込んで、下層部から湧き上がる情熱を吸収し、それを選挙運動の原動力として勝利した後に、彼らの期待を裏切った。グローバル資本主義と新自由主義を復旧し加速させた。オバマ政権一期目の民主党は下からの反体制運動を「受動革命」によって効率的に沈静化させ、リーマン・ショックの金融恐慌期のウォール街の大銀行再編統合化や多国籍企業のグローバル資本主義増進につなげた。

白人労働者階級のなかでトランプの支持基盤となった人々は、彼の法人税大幅引き下げ、社会福祉の削減、公共教育つぶし、労働組合弾圧の政権が始まって、トランプ公約がデマゴギーに満ちたものであったことに気づき、バイデン大統領支持者となって帰ってきたとみられる。そこでバイデン政権の歩むべき道は、かつての上司、オバマのように「受動革命」のポーズをとりつつ、金融恐慌下の巨大銀行・多国籍企業の要望に従うか、あるいは寡占企業体と闘い、ネオ・ファシズムを打ち負かし、新旧の富裕層（反対勢力をも取り込んで自家薬籠中の物としてしまうキメイラ型独占体のＩＴ巨人〈ＧＡＦＡＭ〉[★17]や国際石油資本）を敵に回す政策もいとわないＦ・Ｄ・ルーズベルトと同じ道をたどるかである。[★18]

★17　ＧＡＦＡＭ（Google, Amazon, Facebook, Apple, Microsoft）は、コンピュータを使いこなす支配層のエリートばかりでなく、彼らに反発する民衆をも手なずける象徴支配者――ギリシャ神話の狡猾（こうかつ）・寛大・獰猛（どうもう）の三頭怪獣神「キメイラ」なのである。

★18　David Sirota, *op. cit.*, p.28.

図1-5　新自由主義政策の40年（1980～2020）における研究開発費、教育・人材育成費（国防関係は除く連邦支出）の対GDP比率

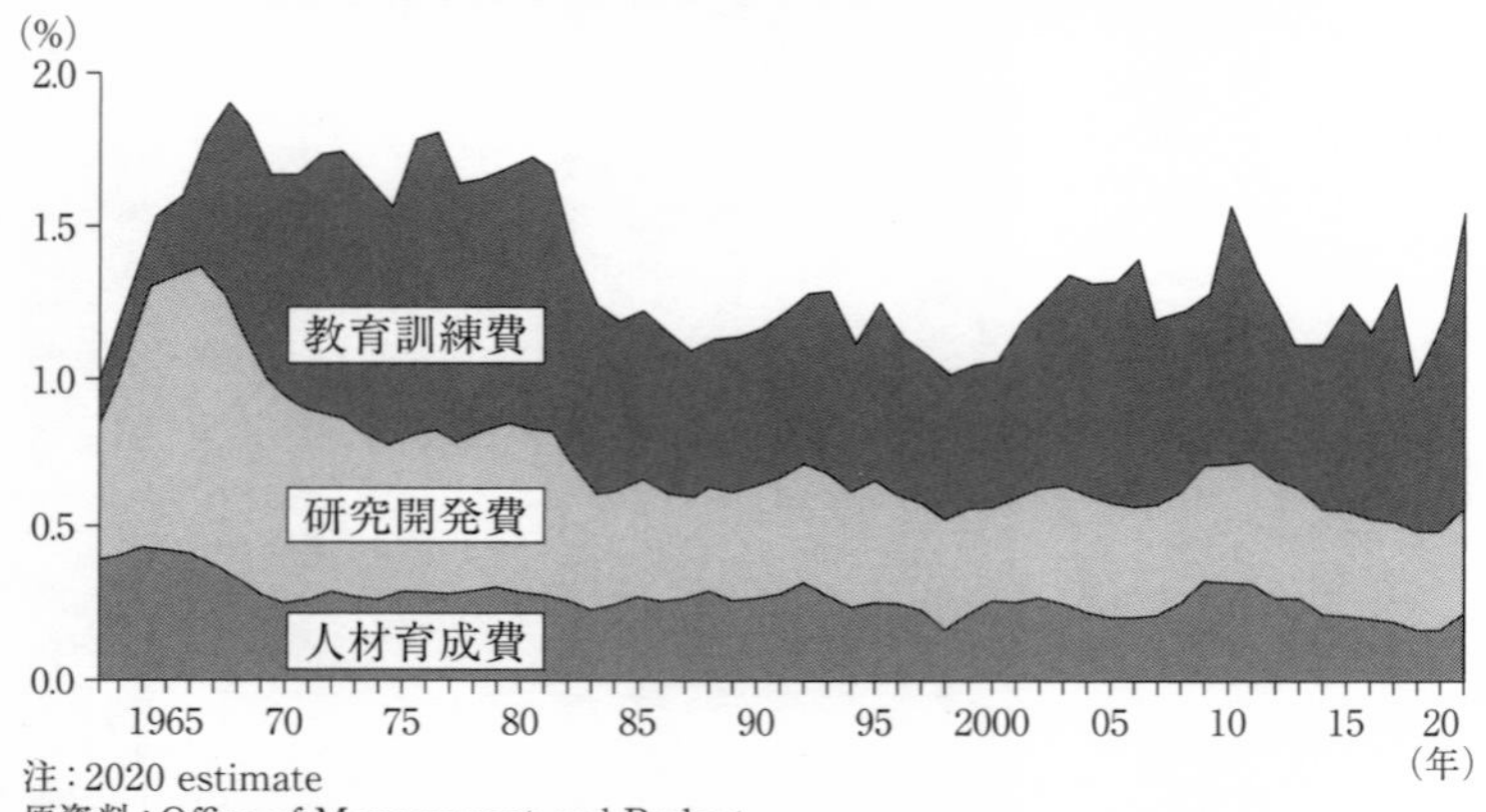

注：2020 estimate
原資料：Office of Management and Budget
出所：ウォール・ストリート・ジャーナル 2021年4月2日付

両方を選べないとすれば、オバマ政権末期から、GMをはじめとする大型のストライキを熱心に支援してきたバーニー・サンダースの勢力と政策協定を結びつつ、資本と労働の力関係を是正する「新たな契約」（ニューディール）のために活用すべきである。サンダース氏は「ルーズベルト以降見られなかった大胆さをもって行動すべきだ」「できなければ、われわれは二年後に過半数を握っていないだろう」と述べている。★19

★19　*Ibid.*, p.29.

つまり、一九八〇年代に市場競争の激化や新自由主義的な政策により、崩壊した政府・経営者・労働組合の三者にとって有益だったニューディール型労使関係を取り戻そうというわけである。そして、労働者の労働力と研究開発力、技術革新力を再強化す

べく連邦国家予算の再訓練費や研究開発費、人材開発費を、新自由主義以前の六〇年代、七〇年代並みに増やそうとしている（図1―5）。

（2）労組の復権と米国資本主義活性化

いまや米国では、戦後最大規模の労働争議の高まりが生まれており、バイデン－サンダースの合同政策チーム（Allies of Biden and Sanders Joint Policy Proposals）はそれを容認している。ウォール街もまた米国資本主義活力回復の現れとみなそうとしている。

四〇年間抑圧されてきた米国労組によって米国全土は歴史的なストライキ闘争に覆われることになった。同時に月間数百万人が離職・転職するブームが起きている。トランプ政権末期の教育労働者組合やGMの五〇年ぶりの全米規模の四〇日間ストライキの勝利の後を受けて、農業機械の最大手企業ディア・アンド・カンパニーの一万人参加争議はじめ、医療、教育、金属鉱山、食品加工などの現場で、「いつでも取り換え可能な労働力」とされてきた労働者が自己解放的に立ち上がり、新自由主義の大崩壊の中で労働組合の団結力を復権させせつつある。

バイデン政権下の二〇二一年内に少なくとも二〇〇件を超える労働組合がストライキに突入した。二〇二一年一〇月にはストライキが集中し、「ストライキトーバー」（Striketober〔ストライキの一〇月〕）ともいわれたほどである。特に一〇〇万人強の死者を出した新型コロナウイルス感染拡大の中で、過酷な体験をした労働者たちが、一時的にはエッセンシャル・ワーカーとして大切にされたが、コロナ禍が一段落すると、「いつでも取り換え可能な労働力」として軽んじられる新自由主義的な現状に怒りを発し、「コロナ後の病院ストライキ」が続発した。

医療・保険の最大手で、カリフォルニア、オレゴンの両州で二〇万人を雇うカイザー・パーマネンテ（ＫＰ）では、二〇二一年一〇月に、医療関係者の九六パーセントの賛成で「ストライキ決行」を承認し、経営側との交渉に入った。従業員は賃金だけでなく、休日や先進国では最下位の医療保険、退職金など人間としての待遇全般に対する改善要求を強めている。

コロナ禍の「ステイ・ホーム特需」で業績伸張、食品寡占企業のケロッグやナビスコ（四〇日間スト）でも三六年ぶりのストライキに入り、組合側が勝利宣言をした。同じく賃金に加えて、人間としての労働者の待遇改善を要求していた。

米国最大の多国籍農業機械会社ディア・アンド・カンパニーの工場労働者一万人が一〇月中旬から三五年ぶりのストライキに入った。会社側は、記録的な利益を上げている時に時給一ドルのインフレ率にも満たない賃上げ案と新規採用の年金廃止案をも提示した。ＵＡＷ（全米自動車労組）に属する組合側は、パンデミックを通じて働き、米国に食料を供給し、米国経済を動かす設備を製造していることに対する労働者の基本的権利として、会社側提示の二条件の撤回に向けて、四週間のストライキを決行した。労働者の怒りは、二一年業績の六〇パーセント増益で最高経営責任者の報酬は一六〇パーセント増であるのに対して、労働者への賃上げは五パーセントでしかないのに対しても向けられた。

一一月初旬には、多国籍企業である同社のヨーロッパ、ブラジルの事業所の労働組合との共同戦略についても協議された。多国籍企業ディア社労組のグローバル・ネットワークの構築も進められた。

一〇月にはまた、ハリウッドの映画・番組制作スタッフらの労働組合である国際舞台演劇・映画従事者同盟（ＩＡＴＳＥ）がスト決行一歩手前で経営者側と妥結し、六万人のストライキが回避された。[★20]

★20　Taylor Nicole Rogers, "Labor Market Industrial-Emboldened US workers find their voice", *Financial Times*, October 15, 2021.

コーネル大学の労働研究所の調査では、二〇二一年一月～一〇月までに全米で一七六のストライキが起きており、一〇月だけで一七件に達する。米国労働総同盟・産業別会議（ＡＦＬ―ＣＩＯ）のシュラー会長は、「労働者はより良い契約とより良い生活を求めてストを行っている。パンデミックで我々の社会システムの格差が浮き彫りになり、労働者は自分たちの健康を危険にさらすひどい仕事に戻るのを拒んでいる」と述べている。[★21] しかし、カリフォルニア大学バークレーのハリー・シャイアン名誉教授は、「労使関係で我々は新時代を迎えている。労働者が主導権を握る立場に立った今、取り戻すべく多くの『失地』があると痛感している。我々が目にしているのは、少なくとも中間層（アメリカン・ドリーム）にとどまるか、そこに復帰するための闘いだ」と指摘している。[★22]

★21　Ibid.
★22　Ibid.

米国連邦労働省のデータでは、一九八三年に二〇パーセントあった被雇用者の労組加入率は、二〇二〇年末時点で一一パーセント（民間企業に限れば六・三パーセント）の戦後最低の水準である。しかし、二〇二一年八月にギャラップが実施した調査によれば、労組に肯定的な米国民は六八パーセントと、一九六五年以降で最高水準となり、この比率は一八歳から二九歳までで七八パーセントに達する。さらに、全米で史上最大規模の「離職者ブーム」が起き（二〇二一年八月は八・三パーセント）、現在の職場に人々は疑問を抱き始めている。だが、これらは労働者の自覚と活力の高まりともみられている。★23

★23　http://jp.reuters.com/arliule/usa-union-strikes-id JPKBN2H90D2

バイデン‐サンダース政策チームは、二〇一九年のGMの全国五〇拠点での四〇日間ストライキの第一の支援者であったし、現代の歴代大統領で最も労組寄り（union friendly）と労組指導者も見ている。バイデン大統領は、前述のごとく四月に労働組合の組織化を促進するための作業部会を立ち上げたが、同大統領はその前に、二〇二一年二月のアマゾン労組結成問題で「組織するのは労働者が持つ正当な権利だ」（ルイス・デンビッツ・ブランダイス）と主張する立場に立った。アマゾンの「ユニオン・バスター」（労組つぶし専門家集団）が組合創設妨害を行うことを批判、新自由主義的労働者酷使を非難し、労働者と労働組合の基本的権利を擁護する「新ブランダイス主義」の立場を示した。アマゾン経営陣の反労組経営思想の背景には、新自由主義支援のロバート・H・ボーク（元連邦高等裁判所裁判官、イェール大学法学部教授、ニクソン、レーガン、クリントン政権に特に影響力を持った）の流れをくむ、法曹界、最高裁判事たちの支持がある。後述の巨大IT分割問題でもバイデン政権とは対立する。

バイデン大統領配下の労働者組織化部会のめざすところは、一九三五年、生まれたてのワグナー法による「労働者の基本的権利擁護」（ルイス・D・ブランダイス＝ハーバード大学ロー・スクール教授、合衆国最高裁判所判事）の世界である。労働組合の活動を著しく抑制する「タフト・ハートレー法」（一九四七年制定）が出現する前のワグナー法、ロバート・ボークの新自由主義的労働者観を排して、「新ブランダイス主義」の立場に立った労組の強化（労働者の団結権、団体交渉権）を明確に定め、労使の交渉力の平等化による産業平和を確立しつつ、経営者の不当労働行為を監視して労働者の生活安定化による経済復興をめざす。F・D・ルーズベルト大統領のニューディール経済政策を推進するため、労働者の購買力増強をめざす労働法であり、ワグナー法により労働組合運動は急速かつ飛躍的に発展した。

バイデン労働行政改革は前途多難だが、白人労働者階級のなかでトランプの支持基盤となりつつも、彼の「労働者の味方」の約束が偽りであったと気づいた二〇一八年にウェストバージニア州から始まった教育労働者のストライキは、燎原（りょうげん）の火のごとく全米に広がった。一二年、一四年にシカゴから始まった教育労働者ストライキの規模をはるかに上回るものであった。

二〇一九年秋にはＧＭの五〇年ぶりの四〇日間のストライキを、トランプは「時代遅れ」と攻撃し、バーニー・サンダース上院議員をはじめとする民主党の革新派議員たちは「正義のために立ち上がったことは、米国労働者の誇り」と激励した。[★24]

★24　Rana Fourouhar, "Organized Labor is Back", *Financial Times*, September 23, 2019.

他方、トランプ氏が「労働者の味方」を装った裏で断行した史上最大の企業減税によって得た企業のウィンドフォール利益は新事業や設備投資、研究開発費に投ぜられるよりも自社株や企業買収に向けられた。[★25] 二〇一八年の米国企業上位二〇〇社の設備投資やＲ＆Ｄ出資は前年より減少した。[★26] いうまでもなく、自社株買いで株価は上昇し、最高経営責任者たちの持ち株も上昇し、新自由主義の下での米国社会の格差拡大は進んだ。

★25　Editor, "Donald Trump is presiding over a teled surge, not an industrial renaissance", *The Economist*, May 26th 2018, pp.23-24.

★26　Theo Francis and Thomas Gryta, "Big Companies Reduce Spending", *The Wall Street Journal*, November 25, 2019.

この二つの逆行する現象は、米国経済の最高指導者たちの危機意識を深めている。

バイデン政権の経済政策のシナリオライターとでもいうべきブラックロックのラリー・フィンク会

長兼ＣＥＯの意図は、米国家経済会議議長のブライアン・ディーズ氏やウォーリー・アディエモ氏（財務副長官）とともに、労組幹部出身のマーティ・ウォルシュ労働長官と協同して、格差社会の克服による経済社会の生産力、成長力を取り戻すことにあった。

（３）国家主導のニューディール型生産体制

格差の拡大は気候変動とコロナ・パンデミック、その対極で株価史上最高値でその格差はさらに広がり、ビッグビジネスは、史上かつてない「カルチャー戦争（内乱）」（Culture Civil War）の主役を演じている。

世界最大の医薬・医療資本の国で「医療崩壊」と「病院砂漠」――巨大病院チェーンによる地域拠点病院の買収・閉鎖が急速展開し、全米に無医療地帯が広がる。医療・医薬、医療保険、巨大ドラッグストアは、同業との水平統合、業界間の垂直統合を経て巨大化し、巨額政治献金によって、国民皆保険制を阻止する。コロナ・パンデミックのなかで各種の株価は史上最大となり、国民との対立関係を深めている。

ウォール街の金融頂点にたつＪＰモルガン・チェースのＣＥＯであるジェイミー・ダイモン氏は「米国の若い人たちは、地球上で最も富んだ国家を引き継ぐ地位にありながら我々の未来とキャピタリズムについて悲観的であるように見られる」と述べている。★27

★27 David Gelles, "Business Leaders Anticipate Less Combative White House", *The New York Times*, November 10, 2020.

そこで考え出されたのが、一九三〇年代のニューディール経済政策型の政府主導（国家プロジェクト）型の経済・産業政策と労使共同を組み合わせた三者協調の生産体制の形成である。政府・経営者・労働組合の三者すべてに有利なニューディール型労使関係を創出しようというもので、ストライキを行う労組のエネルギーも吸収しようとする。

それには、①経営者にとって有利な経営戦略の導入を労働組合が黙認する。②その代わりに経営側が労働組合に対して賃金、労働条件などの向上を保証する。③労働組合員が働く現場では、経営者の経営戦略が、労働者には過度の負担とならないようにルールを設定する。④経営者と労働組合による富の再分配交渉で健全な消費者となる「ミドルクラスの育成」を行い、⑤それによって国内市場拡大と企業成長によって経済の安定が図られるよう政府が支援する。

バイデン政権は、このニューディール型労使関係を復活すべく、元労働組合の幹部で、ボストン市長として経営者とも関係の深いマーティ・ウォルシュ氏を労働長官に就任させ、同大統領が二〇二一年四月に大統領令として打ち出した「労働者の組織化と権限強化に関するタスクフォース」の副議長（議長はカマラ・ハリス副大統領）に任命した。

かつてのニューディール型労使関係は、一九八〇年代からの新自由主義やグローバル市場競争の激化のなかで崩壊し、経営者は労組抑圧型ないし労組結成自体を抑圧するユニオン・バスター（組合つぶし屋）の活用によって労働者の尊厳・権限を無視したり、工場を低賃金国に移し、米国製造業を衰退させてきた。二一世紀のいま、バイデン政権は「中国との戦略的競争」とりわけ先端技術、先端産業の米中覇権競争、「脱中国のサプライチェーンの構築」のスローガンの下に国民的統合をはかりつつ、ニューディール型労使関係の再構築をはかろうとするものである。

利益追求のみを主眼とする新自由主義体制の下では、国民生活の安全保障に必要不可欠な製品生産システムも、低賃金の諸外国へ移し、本社での工場生産を世界中から安い部品・コンポーネンツを集める加工場に変え、本社をプロフィットセンターに変質させることにより、米国製造業は不安定、衰退の一途をたどってきている。

バイデン政権はいま、中国との戦略的競争とりわけ先端技術、先端産業の米中覇権競争に挑む必要から「脱中国のサプライチェーンの再構築」のスローガンの下で国民的団結による工場回帰をはかるべく、ニューディール方式の国家・経営者・労働者間の二一世紀型統合化を必要としている。

ホワイトハウスから二〇二一年六月に発表された脱中国の基幹産業を支える「重要部材基盤」(critical industrial base) の「アメリカン・サプライチェーン」の構築についての報告書は、重要部材産業の育成にあたっては「①米国におけるクリティカル製品の製造能力を強化すること、②米国において同製品を製造する労働者の確保と労働者の育成訓練、③サプライチェーンの脆弱性を克服するべく研究開発投資、④米国の同盟国やパートナー国家との集合的な強固なサプライチェーンの構築が必要である」と述べている。その供給網の強化とは「国家機関と民間企業とが重要な役割をはたし、国・行政と企業・労働者が一体となってこそ、アメリカのサプライチェーンを強化できる」と述べている。★28

★28 A Report by The White House, "Building Supply Resilient Chains, Revitalizing American Manufacturing, and Fostering Broad-Based Growth-100-Day Reviews under Executive Order 14017", June 2021, p.4 .

3 労働組合の復権と米国製造業の再生

(1) レーガン政権の労組弾圧政策

一九八〇年代から二〇一〇年代の間、民間部門の労働組合は衰退し続けた。一九八〇年代には、レーガン政権による反労働組合主義の新自由主義経済政策が始まったことに加え、米国経済が、新自由主義的グローバル化、金融化・情報化・サービス化の進行で製造業が相対的に縮小化していくなかで、一九三〇年代に築かれた米国資本主義の労使関係の変化(The Transformation of American Industrial

Relations）が見られた。

一九三〇年代に築かれたニューディール政策は、経営者にとって有利な経営戦略の発動を労働組合が黙認し、その代償として、経営者側は労働組合に賃金と労働条件の向上を保証する。労働者・組合員が働く労働の現場では、活用される経営政策が労働者に過度の重労働とならぬよう労使間で協議しルールを設定する。経営者と労働組合による富の再分配交渉（賃上げ交渉）によって、労働者は「消費の担い手」たるミドルクラスを形成して、経済の安定をはかるというメカニズムを政府が行政的に支持する。

このニューディール型労使関係が一九八〇年代のレーガン政権による新自由主義政策によって崩壊に向かい、新たな労使関係へと移行することとなった。「企業の社会的使命とは自社の利益を拡大すること」というミルトン・フリードマンの新自由主義がまかり通り、「小さな政府」の下、企業規制緩和・企業減税・反労働組合政策が断行され、新自由主義的経済政策と国際市場競争の激化により、恒常的な賃金・労働条件の向上が難しくなり、労働条件の低下・劣化が進み、大規模な解雇が広がっていくこととなった。製造業の衰退が始まり、条件のよい仕事がなくなり、ウォルマート、後にはアマゾンのような、極端な反組合企業の影響が強まった。

レーガン政権の労働運動への攻撃は、公共労組の一つである航空管制官組合（ＰＡＴＣＯ）への攻撃に転じた。ロナルド・レーガン大統領は、一九八一年に違法ストライキに入った連邦政府職員である航空管制官一万一〇〇〇人を即刻解雇する対抗措置をとり、スト中の管制官を代替する管制官労働者を導入した。レーガン政府の冷酷極まる労組スト対抗措置は、公共部門の労働運動の対抗策を呼んだが、民間企業に対して、労組攻撃策を強化することとなった。航空管制官の解雇は、スト破り（代替労働者）の導入、使用者側の強硬な反労組戦略、「ユニオン・バスター」と呼ばれる労組解散・労組結成阻止の専門会社の活用を政府が容認することを民間企業の経営者に示したのである。

レーガン政権の反労働組合戦略によって、連邦・州・地方自治体の公共労組は、八〇年代以降も三六～三八パーセントの組織率を安定的に維持したが、直接攻撃の対象となった民間部門の労働組合の組織率は六・五パーセントへ低下した（図1―6）。ただし、二〇〇九年に公共部門の組合員七九〇万人、民間部門の組合員七四〇万人であり、二〇一七年には公共部門七二〇万人に対し、民間部門の組合員は七六〇万人となっている。なお、米国最大の規模の労働組合は教員組合（二〇一八年合計、五一〇万人）で全米教育協会（The National Education Association 三二〇万人）、アメリカ教員連盟（The American Federation of Teachers 一七〇万人）などで構成されている。

（2）新自由主義政策下の労組弱体化

その後の民主党政権のビル・クリントン大統領は、労組のないトラック輸送やエアライン企業の出現を認め、既存組合を苦しめた。クリントン大統領も労組支援に熱意はなかった。彼は、企業がスト破り人材を雇うことを禁ずる労組支援法を成立させることを（共和党の議事妨害によってではあるが）

あきらめた。さらに、米国労組にとって忘れえぬ事実は、北米自由貿易協定で、多くの企業の雇用がメキシコへ移転したことである。クリントン政権が、中国との経済貿易関係を正常化することにより、一〇〇万人の工場労働が中国経済市場へ流出したと多くの経済学者は計算している。[★29]

図1-6　米国労働者の分野別組合加入者率

州および地方政府の204組合加入比率が36.1%で最高位を占める

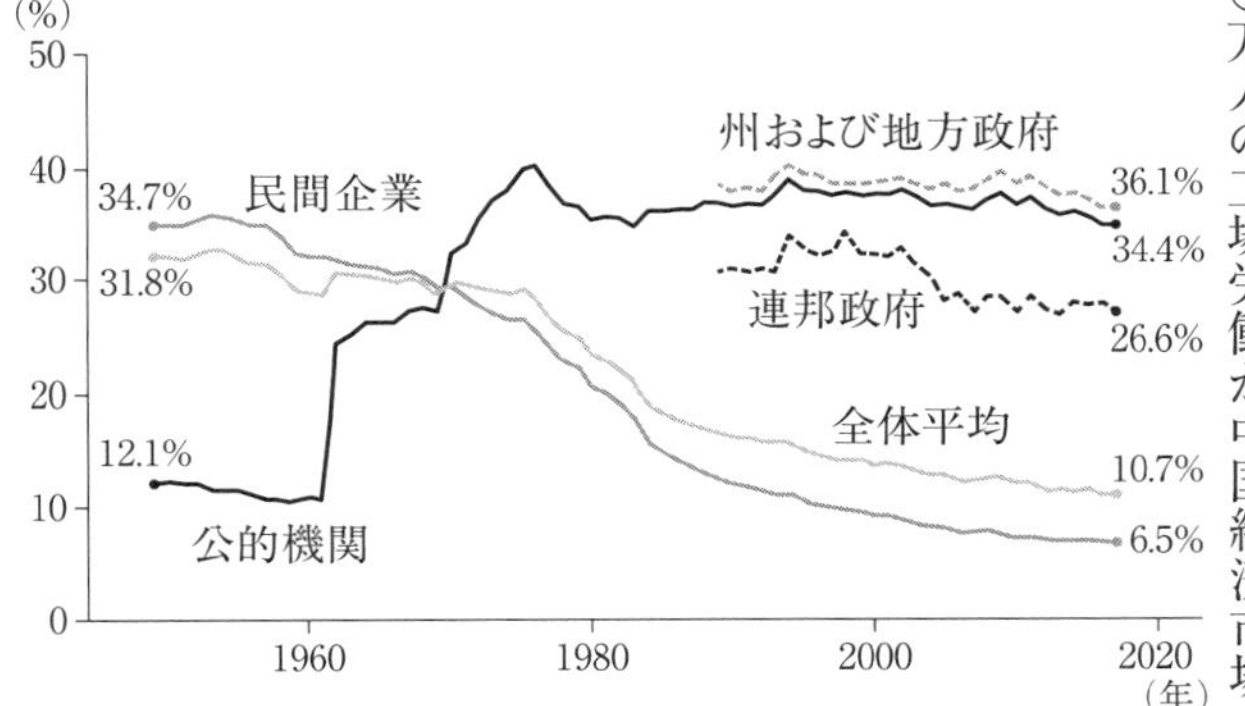

注：Data allowing for a disaggregation of the public sector into federal government and state and local government became available in 1989. The sharp increase in the public-sector union membership rate beployees the right to collectively bargain (see "50th Anniversary: Executive Order 10988." Federal Labor Relations Authority, 2012).

出所：EPI analysis of Current Population Survey Outgoing Rotation Group microdata and Labor Research Association.data., Economic Policy Institute.

★29　Steven Greenhouse, "What Biden and F.D.R. may End Up Having in Common" *The New York Times International Edition*, March 17, 2021.

バラク・オバマ大統領は、二〇〇八年の金融危機で米国経済が打撃を受け、イラク戦争も加わって、社会が分断され、貧富の格差もいっそう目立つなかで「大胆な富の再分配を目ざす外国生まれの民主社会主義者」という上辺飾りのブランドつきで勝利し、政権についた。F・D・ルーズベルトと同じ状況下で大統領に就任した彼こそ、資本と労働の力関係を是正するものと期待されていた。労組のリーダーたちは、労働者たちが労働組合の結成をしやすくなり、労組結成を妨害する企業を罰する刑罰を強化する法律（The Employee Free Choice Act）の成立をオバマ大統領に期待していた。しかし、上院民主党からも反対を受けて成立させることはできなかった。目玉政策の医療保険制度改革も、共和党との対決覚悟で「メディケア・フォー・オール」（国民皆保険制）を実現しようとしなかった。金融危機を招いた銀行幹部の法的責任を問おうともせず、金融機関に不良債権処理も要求せず、M&Aでさらに巨大化した最大手銀行の分割すら拒んだ。[★30]

★30 David Sirota, "Biden Succeed Where Obama Failed ?", *Newsweek.com*, February 05, 2021, p.28.

加えて、アジア・太平洋一二か国のTPP（環太平洋連携協定）で雇用が流出することを労組の幹部たちは懸念した。

金融危機で住宅が暴落しローンを抱えて生活苦にあえぐ人々やブルーカラーは、民主党政権に失望し、リベラルに裏切られたと感じた多くの有権者は「反エスタブリッシュメント」「労働者の味方」を装ったドナルド・トランプに望みを託すこととなった。「労組の党」といわれた民主党はブルーカラーの信用を失った。いわゆる「オバマの失敗」である。

（3）バイデン政権の労働者重視政策

バイデン大統領は、この「オバマの失敗」から学び、彼の過去のパートナーとは異なる労働組合との関係を持とうとしている。彼にとって「成功の鍵」はニューディールに帰ることである。「F・D・ルーズベルトは労働運動のために最善をつくした大統領である」と米国労働運動研究の第一人者のジョセフ・マッカーティン＝ジョージタウン大学教授はいう。ルーズベルトは、巨大企業の利益代表として、ビッグビジネスの利益を追求したが、同時に彼は大恐慌とのたたかいのなかで労働者の権利拡大に全力をつくし、労働組合民間部門の労働者が組合を結成することを連邦政府によって保証される一九三五年ワグナー法（全国労働関係法＝National Labor Relation Act）を成立させた。

F・D・ルーズベルトに続く民主党大統領ハリー・トルーマン、ジョン・F・ケネディ、リンドン・ジョンソンも同じく、積極的な労組とのつながりを持ってきたが、大資本がワーグナー法の改悪要求を強めるなかでの複雑な関係でもあった。

しかし、バイデン氏ほど労働者支援の元気づけスピーチの必要性を強く感じていた大統領はいないといわれる。上記の先輩大統領の時代の労働組合は、現在よりはるかに大きく強力であった。今日の労働組合は一九五〇年代や六〇年代より大きく後退している。この新自由主義の四〇年間、米国巨大資本（ビッグビジネス）は利益極大政策を貫いてきた。ビッグビジネスは巨大、強力になったが、労働側は縮小し弱体化してきた。民間セクターではJ・F・ケネディが大統領に就任した時には四人に一人が労組に加入していたが、現在は一四人に一人が労組加盟者であるにすぎない（図1―7）。そして米国製造業は、GDPに占める比率を一四パーセントにまで引き下げた。

図1-7　主要資本主義6か国（フランスを除く）における労働者の組合加入率

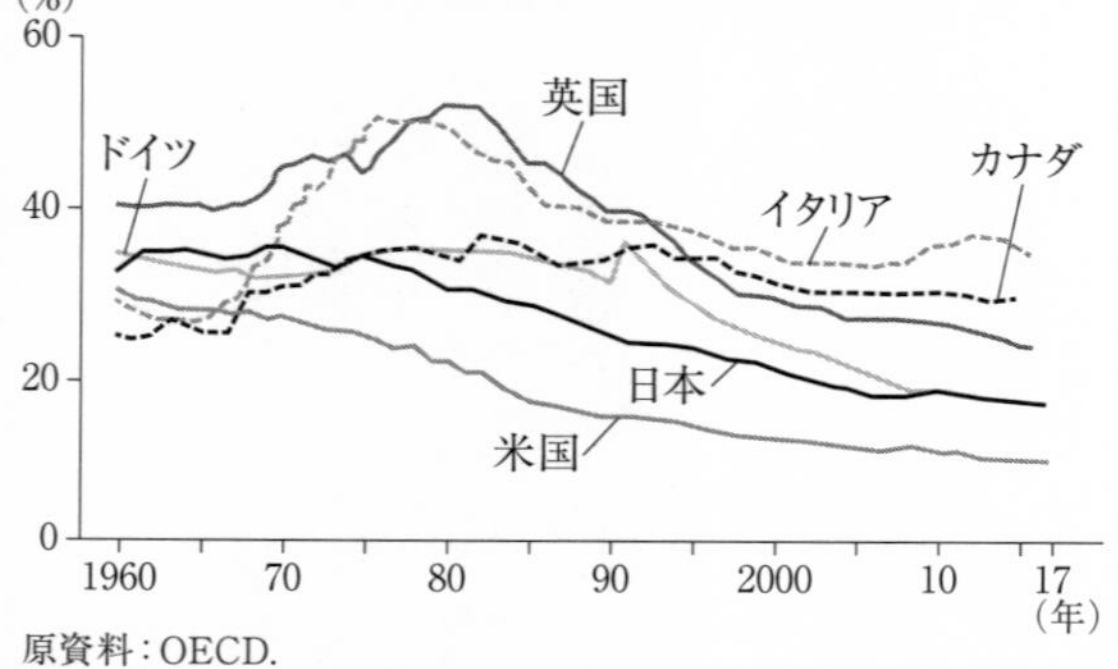

原資料：OECD.
出所：英『エコノミスト』2018年11月17日号

図1-8　労働組合の承認、賛同者の比率増大
米国における労働組合加入を受け入れるか否かの割合の変化(%)—労組の復活

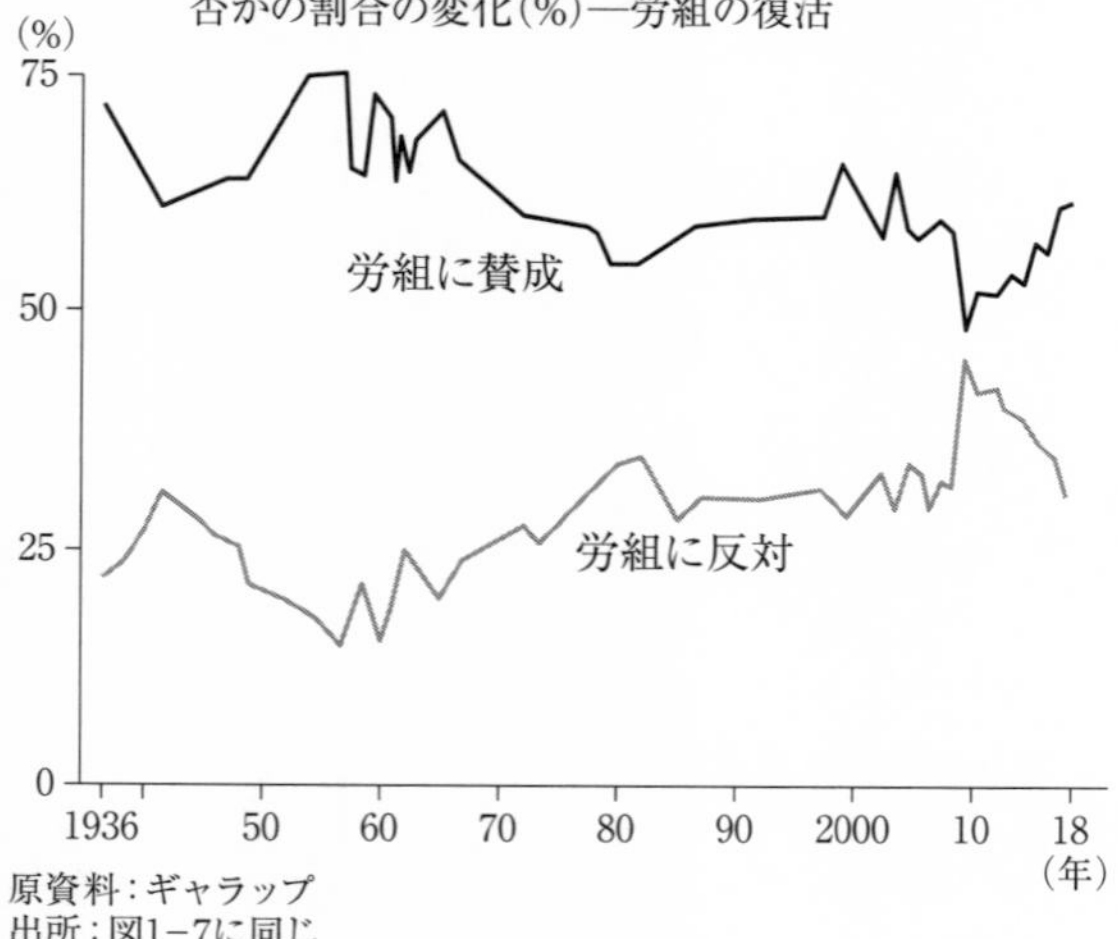

原資料：ギャラップ
出所：図1-7に同じ

バイデン氏は、労組を強化して米国労働者の賃金を引き上げれば、ブルーカラー選挙民をトランプ共和党から引き離すことができることを知っていた。バイデンが二〇二〇年大統領選挙で薄氷の勝利を挙げたミシガン州やペンシルベニア州、ウィスコンシン州、イリノイ州などのラスト・ベルト（重厚長大産業のさびついた工業地帯）では、現在もトランプ前大統領が唱えた、古き良き過去への郷愁と狭隘（きょうあい）なナショナリズムと排外主義を支持する機運が強く残っている（これらの州では公共部門の労組や教育労働者への抑圧がトランプ政権で特に強められた。けだし、トランプ政権下で労組支持勢力が反転、強まり始めていた）（図1―8）。

米国に限らず欧州諸国でも重厚長大産業が衰退したラスト・ベルトで極右ポピュリズムがはびこっている。二〇一六年大統領選におけるトランプの勝利はポピュリズムが政治のメインストリームに躍り出たことを示したが、欧州においては翌一七年のドイツ総選挙では、かつて炭鉱業や鉄鋼業で栄えたルール地方や旧東ドイツの工業地帯・農林地帯で極右政党「ＡｆＤ」（Alternative für Deutschland：ドイツのための選択肢）が躍進した。同じく二〇一七年のフランス総選挙では、マリー・ルペン党首率いる極右政党「国民連合　ＲＮ」（Rassemblement National：当時は国民戦線）が同国北部の鉄鋼業・炭鉱業地帯で支持を拡大した。二〇一八年来のマクロン政府への右からの抗議運動＝「イエローベスト」も旧工業地帯から全国に広がった。イタリアの二〇一八年総選挙でも、反移民感情に乗ったポピュリズム政党の「同盟」と「五つ星運動」が北部工業地帯と長期停滞の農村地帯から支持基盤を広げた。トランプ共和党の政治理念は英国保守党やドイツのキリスト教民主同盟よりも、AfD、RNとの共通点が多い。

しかし、「古い経済」の衰退にあえぐ地帯も、新たな成長機会が生まれると人々の投票行動に変化が生ずる。かつての鉄鋼業中心ピッツバーグ（ペンシルベニア州）、製造業中心だったグランドラピッズ（ミシガン州）はITやバイオ産業の拠点として変身するに従い、ナショナリズム、ノスタルジー排外主義を訴える「ポピュリズム」からリベラル政党へと支持が変わってくる。自動車産業の中心＝デトロイトでもITなどの新産業が育成されている。

二〇年米国大統領選の中西部諸州でのバイデン薄氷の勝利もそのことを示している。そしてバイデン大統領は、米国インフラ再建の「The American Job Plan」（米国雇用計画）発言をピッツバーグで行い、現在中国で製造している大型風力発電機の建設を米国内で行おうと訴えた。

ドイツの工業都市デュイスブルクはミクロ電子工業を中心に地域再生を期し、フランスの旧工業地帯リヨン、ストラスブールも再生をはたし、さらに英国のリーズ、マンチェスター、ニューカッスルも経済再生に取りかかっている。

バイデン政権は発足早々から米欧関係の修復を開始し、米欧のラスト・ベルトの将来的再生にも効果をもたらそうとしている。「技術革新を共有できるネットワークを構築することによって、産業衰退に苦しみ、その出口の見当たらない地域に経済転換のモデルを提供できる」と、『ニューズウィーク』誌の論文は述べている。[★31] 同盟国間のアウトソーシング（外部調達）を築いて、サプライチェーン（供給網）の見直しができるというのである。「十分な計画と調整に基づいたアウトソーシング（特に医薬品、食品、通信機器などの重要物資）の生産は、米欧双方のラスト・ベルトの経済転換を後押しするとともに、国際秩序の立て直しにつながる」というのである。米欧は互いに、ラスト・ベルトの窮状を認識し、同地の再生を支援し、経済再建することによってポピュリズムの台頭を防ごうというのである。

★31　筆者は、ジョン・オースティン（ミシガン経済センター所長）、ジェフリー・アンダーソン（ジョージタウン大学教授）、ブライアン・ハンソン（シカゴ国際問題評議会バイスプレジデント）、「How to Defeat Populism —— 解決のカギはラスト・ベルトにあり」『NEWSWEEK日本版』二〇二一年二月二三日号、二八〜二九ページ。

新しい産業の育成・組織化と労働者側の大幅権利拡大とを同時に推進すること自体には、いささかの矛盾もある。バイデノミックスが巨大なチームワークの場となるか、労資など経済諸集団の利害抗争の場となるかは、政府のリーダーシップや産業政策（その成長性）や労使の力関係のいかんにかかっている。

（4）ワグナー法の基本に帰れ！

バイデノミックスの労働者優遇政策は、「一九三〇年代のワグナー法の時代（三五年全国労働関係法）へ戻らなくてはならない」と『ウォール・ストリート』紙の社説は、バイデン選出直前に予言していた。一九三五年に歴史的な社会保障法（ＳＳＡ）と時を同じくして成立したワグナー法は、団結権、団体交渉権を保障し、あらゆる組合弾圧策は不当労働行為として禁止され、当時のアメリカ労働総同盟（ＡＦＬ）の会長ウィリアム・グリーン氏が、米国労働者の〝マグナ・カルタ〟と称賛した。二〇二一年春のアマゾン労組結成時に見られた会社側の労働組合結成阻止活動もいっさい禁止されるバイデン新労働政策の原案は、大統領選中のバイデン－サンダース政策協定の段階でできあがっていた。[★32]

★32 Editor, "Review & Outlook – The Biden Contradiction", *The Wall Street Journal*, October 30, 2020.

バイデン氏は「オバマの失敗」――オバマは労働者の味方を旗印に当選しながら、もっぱらウォール街寄りで、ブルーカラーの信用を失い、民主党は次の大統領選挙で「労働者の味方」を装う金権ポピュリスト＝トランプ共和党に票を奪われた――を繰り返さぬために、労働組合再生の重要性を大統領選の時から訴えてきた。

労働組合の幹部らは、バイデン氏を、エスタブリッシュメント企業・多国籍企業が財務本部を集中させているデラウェア州ウィルミントン市に拠点を置く金融政治家（フィナンシャル・ポリティシャン＝フィンポル）とみなしてきたが、バイデン氏は「労働組合は、中流階級を構成する。労働組合は、労働者たちを強化する。組合員であろうと非組合員であろうと共に引き上げ、特に黒人その他の有色人種を引き上げる」と述べ、サンダース氏とともに二〇一九年の四〇日間長期ＧＭストライキ闘争には、支援のエールを送っている。

さらに、二〇二一年三～四月のアマゾン・ドット・コムの労働組合結成運動に対しても、組合結成へのエールを送り、サンダース氏は現地（アラバマ州ベッセマー）を訪れて直接支援している。アマゾン・ドット・コムのニューヨーク州スタテン島の物流施設で、同社として米国初の労組結成が決まった。「史上まれなる親労働組合型の大統領」として、バイデン氏は、二〇二一年四月に新自由主義の四〇年間では見られなかったはるかに親労組的な労働法――「労組結成保障法・ＰＫＯ法（The Protecting the Right to Organize Act）」を打ち出した。[★33]

★33　Steven Greenhouse, "What Biden and F.D.R. May End Up Having in Common", *The New York Times*, March 17, 2021.

この政治社会状況の下、新型コロナパンデミック発生当時（二〇二〇年三月）に、一か月で全米労働者の八・六パーセントに当たる一三〇〇万人がレイオフ（解雇）されたあと、経済回復過程の二一年四月から毎月四〇〇万人が退職するという「大退職時代」（Great Recession　アンソニー・クロッ＝テキサスＡ＆Ｍ大学教授）が始まった。米国最大の会計事務所ＰｗＣの調査では、全米で労働者の六五パーセントが転職を検討中で、マネジメント層の八八パーセントが自社の退職状況は異常と見なしており、退職者の中心が三〇歳から四五歳のミドルキャリア世代。二〇二一年九月末現在、全米で約一〇〇〇万人の欠員ポジションがあるという。

大量退職の要因は、ハーバード・ビジネス・レビューやMITスローン・ビジネス・レビューの調査研究では、圧倒的一位が労働者・従業員の人権・人格を軽視し、反労組姿勢の新自由主義的な「有害企業文化」であり、二位は雇用不安と企業組織再編対応、三位は早すぎるイノベーションにワークライフバランスがとれない、四位は労働者・従業員の成果が評価されない、五位がCOVID—19対応で労働者の健康・生命より企業利益を優先する経営戦略、である。同じ業界で労組のあるボーイング社の離職率は六・二パーセントなのに、労組のないアマゾンやスペースXは二一・二パーセント、ゴールドマン・サックスは一五・二パーセントと高い。

米国労働省労働統計局発表では、二〇二一年四月から九月の間に二四〇〇万人以上の労働者が仕事を辞め、史上最高の記録となり、大規模離職は二一年一一月に勢いを増し、四五三万人の記録的な離職数となった。二〇二二年一月になって、製造業界や金融業界で退職者数は微減する一方で、ヘルスケア業界とテック業界では、依然増加傾向にある。

会社の組合結成の妨害・制限を禁止する法律が成立するとすれば、一九四七年のタフト・ハートレー法を越えて、F・D・ルーズベルト時代の一九三五年ワグナー法の時代（ルイス・D・ブランダイス主義の）へ帰るということである。バイデン大統領は、「中間層としての労働者の組合」（ただし、独自の労働者党は持たずに経済主義を貫き、労使協調を基本とする）の再生・復活は、ビッグビジネスのパートナーとしての労働組合の復活であり、新自由主義グローバリゼーションとフィナンシャリゼーションのなかで衰退し始めた製造業のエスタブリッシュメント企業の経営戦略を受け入れ、政府支援のもと、つまり政府、経営者、労働組合の三者にとって有益なニューディール型労使関係（政・産・労複合体）を構築していこうというものである。

デラウェア州出身のフィナンシャル・ポリティシャン（金融政治家）のバイデン大統領にとっては、ウォール街代表者のラリー・フィンク＝ブラックロック会長兼ＣＥＯを政権の顧問として、そこから国家経済会議議長を受け入れることと、労組幹部出身のボストン市長を労働長官に迎え入れることは矛盾しないことになる。

その代表例が、トランプ支持からバイデン支持に真先に転換して、ＥＶ開発・生産に向けて新戦略を打ち出したＧＭ経営陣の戦略導入・提案を労働組合が受け入れ（肯定的、前向きに黙認）、その代償として経営側は労働組合に対して賃金・労働条件の向上（二〇一九年一〇月の四〇日間長期ストライキの後の妥結では、時給三二ドル、従業員の二割を占める非正規労働者の正規化）を保証する。

労働組合員が働く作業現場では、経営者によって導入される経営戦略が労働者にとって過度の負担とならないようにルールを設定すると同時に、組合側は、組織化した企業の市場競争力を維持することで雇用の安定化をはかる。ＧＭ経営者と労働組合による富の再分配交渉により、消費の担い手となる「ミドルクラス」（バイデン大統領のいう中間層）の育成を行うことで、経済の安定を図られることを期待する政府が、政策的・法的にこれを支持する。

ＧＭ社は、二〇二〇年から二五年までのＥＶ（電気自動車）とＡＶ（電動自律走行車）への投資を、新型コロナウイルスの感染拡大以前の計画から七五パーセント増となる三五〇億ドルに増額すると二〇二一年六月に発表した。ＧＭ会長兼ＣＥＯのメアリー・バーラ氏は「我々は、より持続可能な未来に向けた変革のあらゆる面で確実にリードすべく、包括的で高度に統合された計画に積極的に投資する」と述べ、バイデン政権のＥＶ戦略との協力の姿と、結成されている米国ビッグ３の米国工場で製造された電気自動車には四五〇〇ドルの控除を追加することになっているという。★34

★34　二〇二一年六月二九日に米国で発表された英語版プレス・リリース（https://media.gm.com/media/us/en/gm/home.detail.html/content/Pages/news/us/en/2021/jun/0629-evstrategy.html）。

かくして、経営者と労働組合が政府の国家プロジェクトと結合して、ニューディール型労資プラス国家的結合が形成されることになる。安定したバイデン政権下の産業政府複合体形成でウォール街の信用が確固たるものになり始めたＧＭの最高経営者としてメアリー・バーラ氏は、米国最大企業二〇〇社の経済団体＝ビジネス・ラウンドテーブル（Business Roundtable ＢＲＴ）の共同会長に推挙された（二〇二一年九月）。

そのビジネス・ラウンドテーブルは、米国二〇〇大企業の最高経営責任者が主導し、大統領を囲む非公式の私的政策顧問団でもある。その一か月前の二〇二一年八月、バイデン大統領は二〇三〇年までに米国内自動車生産の半分を電気自動車・電動自律走行車とする目標を表明した。「その発表の場には自動車労連の組合幹部だけでなく、ＧＭはじめデトロイト「ビッグ３」の幹部も同席し、国と産業（労・使）が一体であることをアピールするといった異例の（新自由主義の時代には考えられなかった）光景が見られた」と日本のワシントン駐在商社幹部は述べている。★35

★35　渡辺亮司・米州住友商事ワシントン事務所調査部長「バイデン政権下、復活する米州産業政策」、『海外投融資』二〇二一年九月号、四ページ。

バイデン政権は、日欧企業との競争力を失った米国自動車産業をEV自動車産業として再生させるべく、国家プロジェクトとして推進しようとしており、一六〇〇億ドルを投ずるEVの充電ステーション建設のみならず、研究開発費、技術労働者の再教育、電気自動車購入への税制優遇など、全面的な支援策を策定中である。

EV産業は、米国が中国、欧州に比べ遅れているとはいえ、なおEV産業そのものは成長初期の段階にあり、米中の産業・企業覇権競争の主軸であり、二〇三〇年代にかけて技術発展と生産コスト低下の面でも躍進が期待され、米国のシリコンバレーでは新興ベンチャー企業がEV開発を競っている。★36

★36　Jack Ewing and Neal E. Boudette, "Automakers Feel the Heat on E.V. Shift", *The New York Times*, August 6, 2021.

そのタイミングで、ビジネス・ラウンドテーブル（BRT）共同会長に選ばれたメアリー・バーラGM会長兼CEOは、二〇一七年にトランプ大統領の経済諮問委員会の戦略政策評議会メンバーとなったが、大統領の人種差別ナショナリズムに抗議して辞任。その後に、ＢＲＴの共同議長に就任して、新自由主義とは異なる「産業政策」と「米国労働者強化策」について戦略の策定に取り組んできた。二〇二〇年九月からは、ＢＲＴの共同会長として、四〇年間の新自由主義政策下の製造業中で最も没落の深刻な米国自動車産業の最高経営責任者として、この米国最大の製造業の再生（創造的破壊を伴う）の実質的指導者となった。[★37]

★37　Maria Aemental, "GM CEO Mary Barra to lead Business Roundtable", *The Wall Street Journal*, September 30, 2021.

ＥＶ産業は現在なお技術的成長の初期段階にあって、ＧＭ、フォードは互いに競い合いながら米国ＥＶ産業を主導している。ＧＭはじめフォード、ステランティス（旧フィアット・クライスラー・プジョー・グループ）、そしてテスラ、新興のＥＶ企業群が結集し、かつ相互に競いつつ、中国ＥＶを追い抜く世界制覇を目指している。

新自由主義政策の四〇年間に最も凋落の大きかった米国自動車国際資本は、いま、労使一体で米国政府と共にその主力挑戦者となって、ＥＶ産業の世界的リーダーとして、中国との覇権競争へ直進しようとしている。経営者と労働組合とバイデン政権共同のＥＶ産業・社会の構築とは、国家権力と巨大寡占企業との構造的な結合の強化——二一世紀型の国家独占資本主義への道を開くものである。「労働者の味方」を装い、大幅企業減税を断行し、かつ労組弾圧姿勢のトランプ政権の金権ポピュリズムとは異なり、コロナ禍からの脱出、失業救済（雇用創出）、社会福祉、労働者保護と利益分配協定などの進歩的・革新的で体制内「民主的」組合というニューディール経済政策の特色を持った政策である。

4　米中ＥＶ覇権への創造的破壊

（1）ＥＶ専業へＧＭの全面転換

国家プロジェクトとしてのＥＶシフト戦略は、中国や欧州に大きく引き離された初歩からのスタートであり、米国自動車市場での電気自動車（ＥＶ）の市場シェアは二〇二〇年の乗用車市場で二パーセント、トラックやバス、ＳＵＶ（スポーツ用多目的車）を含めた全自動車市場で一パーセントでしかない。ニッチ産業としての世界的リーダーシップを獲得しようという挑戦である。しかも、売上シェアの大半を新興企業テスラが占めている。

先行するテスラが二〇一〇年にオバマ政権から四・六五億ドルのローンを供与されて飛躍の商機をつかんだように、ＧＭを先頭とする米国自動車産業はバイデン政権の巨額の呼び水投資を受けて、二〇二五年前後から始まる電気自動車の急成長、飛躍の時代をつかみ取ろうとしている。

二〇二五年までにGMは三五〇億ドルをEVおよびAVプログラムへ投資して、中国、欧州に追いつき、ガソリンエンジン車中心から電気自動車専業メーカーへと「創造的破壊」の経営戦略を行おうというわけである。★38

★38 Jack Ewing and Neal E. Boudette, "Automakers Feel the Heat on E.V. Shift", *The New York Times*, August 6, 2021.

GMのゼロエミッション（排気ガスゼロ）へのビジョン推進にあたり、EV産業に向けた多様な人材の供給体制の構築が必須であり、同時に現在の労働者の能力をEV生産体制に対応できるように強化することが必要である。GMとUAW（全米自動車労働組合）の労資協同体制による「働き方の未来」構築に向けて、①米国の労働者の安全、質的向上教育訓練および雇用促進（非正規従業員の正規従業員化、組合員化も含む）を支援・促進し、②現在の固定給従業員の労働力に関する優先事項を強化（労資間の利益配分も含めて）する、③オハイオ州とテネシー州に建設するアルティウム・バッテリーセル製造工場（アルティウムセルスLLC）の従業員を組織化して全米自動車労働組合への取り組みを支援する。

GMは、労働組合の組織強化をはかりつつ、米国政府のEV産業戦略と一体化をはかり、広範な充電ソリューションの設置を全国ベースで広げ、広範な価格帯で多様な品揃えのEVを提供しようとしている。HYDROTEC（水素）燃料電池についても鉄道や航空機に活用するプログラムを提示している。ＥＶ産業・技術に関連する企業（新興のＥＶベンチャー企業も含めて）を買収して、巨大ＩＴのアマゾン・ドット・コムが目下のところ世界最大のＥＣ（電子商取引）供給者となっている。イーロン・マスクがテスラ・モーターズを傘下に収める際に、リビアン・オートモーティブ（時価総額は八五九億ドルでＧＭとほぼ並ぶ）の筆頭株主にもなっていたように、プラットフォーム型メーカーの道も追求しようとしている。

加えてＧＭは、フォードと共同してＥＶ充電器メーカー、外国の在米自動車企業（キア・モーターズ〔起亜自動車〕、ボルボ・グループ・ノースアメリカ等々）、ライドシェア社など一七社とともに、ＥＶ普及に向けた経済協議会（ＥＣＢＣ Electrification Coalition Business Council）を二〇二一年一月に立ち上げた。ＥＶと充電インフラを大規模に展開する政策とプログラムを推進し、米国における輸送部門の脱炭素電動化に向けた課題の解決に立ち向かっていく。先行する世界のＥＶ拠点である中国に対抗して米国市場でＥＶが普及するには、ＧＭのように二〇二五年までに三〇車種のＥＶ投入（三五〇億ドルの出資）によってテスラ、フォード、ＶＷと競いつつ継続的なリーダーシップを保持し、政府による公共政策、研究開発、技術・職業両教育支援、税制優遇策によるＥＶ社会経済支援を組み合わせなければならないというわけである。

このＥＣＢＣメンバー企業には、ＥＶベンチャー企業のリビアン（Rivian）やアライバル（Arrival）、新興輸送ユニコーンのウーバー、フェデックス、ＥＶ充電の新興企業のＥＶゴー（EVgo）、ロームバス・エナジー（Rhombus Energy Solutions）、商用車向けのパワートレインや電動化を手掛けるロッシ

図1-9　EVで変化する世界勢力地図 ―新規メーカーとIT大手と異業種の参入

出所：日本経済新聞 2021年3月12日

ュ・クリーンテック（Roush CleanTech）、プロテラ（ProTerra）、アムプリパワー（AMPLY Power）、自動車販売店支援のコックス（Cox Automotive）などが含まれている。

GM、フォードの指導下でECBCを通じて、消費者と社会にとってのEVのメリットを拡大するとともに、電動化された未来を実現するためのインフラの支援や消費者へのインセンティブといった政策を政府に提唱している。全米自動車労連も同じ要求を掲げると同時に、労働者の再教育とリチウム資源の米国内での開発も要求している

（テスラは、二〇二〇年九月に米ネバダ州でリチウム粘土鉱床四〇万平方キロメートルの権益を確保した）。これに応えて、バイデン政権は、ＥＶ振興に一七四〇億ドルを注ぎ込む計画で、消費者向けの買い替え補助金を米国製ＥＶ対象に配布し、米国ＥＶ市場の急拡大を目指す政策に出ている。

これだけでは、一種の国家育成産業として推進されるという脆弱性を持つ。そこで米国政府は、ＶＷ、トヨタ、ホンダなど日欧メーカーを自国に呼び込んで競争と提携の関係を維持しようとしている（図1―9）。

ＥＶ国産化（国家支援）に続いて、米国内での先端半導体国産化への産業政策転換における国家支援・補助金創設法案が、二〇二二年七月に米国上院で超党派の賛同を得て通過した。新自由主義政策から政府支援への転換については、議論は決着がつきにくかったが、インテル、ＧＭ、フォード、マイクロソフト、アルファベットなど米国企業を中心とする一二〇社による米国議会への要請の下、「脱中国依存」による半導体サプライチェーンの確立という共通の戦略目標を掲げて、「中国対抗法」としての半導体産業強化法案（CHIPS and Science Act of 2022）として成立をみた。米国内で新工場建設を計画しているインテル、台湾積体電路製造（ＴＳＭＣ）、韓国サムスンなどの企業に支給される（五二〇億ドル）。

同時に、日米両国政府は、量子コンピュータなどに使用する次世代半導体の量産に向けた共同研究を開始することで合意した（二〇二二年七月の日米外務・経済担当閣僚協議「経済版２＋２」決定）。「台湾有事」に備え、経済安全保障上の重要性が増す半導体の「脱中国依存の安定供給」とつなげようというものであり、先端半導体生産の世界シェア九割の台湾と、それに続こうとしている韓国も共同研究・量産へ引き込もうとしている。

米国は四〇年間の新自由主義のなかで、国家の産業政策を捨て去り、資本、モノ、労働力は、巨大企業の目先の利益極大化のためにのみ活用され、生産現場を海外に移し、イノベーション能力を衰退させた。これに対して国家産業政策（開発独裁型とはいえ）を持つ中国の〝ウサギ飛び〟的な台頭におされ始めている。

そしていま、米国自動車産業のＥＶ転換は、バイデン政権の気候変動対応の国家的推進計画の形をもとりながら、中国自動車産業のＥＶ化――気候変動対応戦略とビジネス覇権競争関係へ進み始めた。★39

★39　Timothy Puko,"Biden Push on Electric Cars Faces Hurdles", *The Wall Street Journal*, August 9, 2021.

（2）政府とウォール街が米国ＥＶ全面支援

ＧＭの場合は、二〇二〇年一一月に、メアリー・バーラＣＥＯが、「バイデン大統領の環境政策を全面的に支持する」と表明し、ＥＶと自動運転技術に（二五年までに）二七〇億ドルを投ずると宣言し、二〇二一年一月には、「二〇三五年の脱エンジン」も宣言した。五月にフォードがＧＭを上回る規模の投資を表明すると、翌六月には新設する電池工場を二か所から四か所に増加し、投資額を三五

〇億ドルに積み増すことにした。★40

★40　Peter Campbell, Claire Bushey, "GM leads way with targetto go electronic by 2035 deadline", *Financial Times*, January 29, 2021.

GMは、EVシフトを宣言する二〇二〇年一一月より二か月前の九月に、日本のホンダ・モーターとの間に戦略提携を結び、EV、自動運転車開発・生産の同盟を結び、韓国のLG化学傘下の電池企業LGエネルギー・ソリューションともEV用電池を共同開発し、二〇二二年以降にEVをフォード、VWなどと競って一斉に投入する。二〇二八年までに二〇車種のEV新モデルを投入する。

GMがフォードとともに大胆なEVシフトをはかる背景には、小型ガソリン車では日欧メーカーとの競争に勝てず、高収益の大型のガソリン車も北米以外で競争力が低く、ガソリン車（特にハイブリッド車）の競争ではジリ貧であり、欧州、（中国除く）アジア太平洋からも撤退に追い込まれている。米国内市場でも「二〇二一年~二四年にトヨタとホンダのシェアが上昇し、GMのシェアが下がる」、ただし「EVの投資と導入に関してはGMとVWが適切なポジションを得る」（バンク・オブ・アメリカの二〇二一年六月のリポート）というのが業界の常識となっている。

そこで、バイデン政権が、気候変動と米国製造業の復権のバイデノミックスの国家戦略として、自動車産業のEVシフト支援への財政スペンディング支援が期待できる時に一気に大転換をはかり、新たな競争環境で優位性を築こうというものである。

その大転換とは「創造的破壊」ともいわれ、米国の新車販売に占めるＥＶ（プラグインハイブリッド車［ＰＨＥＶ］も含む）の比率が、二〇二〇年で二パーセント（二一年で三パーセント）、中国（五・七パーセント）、欧州（一〇パーセント）と大きく遅れているものを、ＥＶとの距離を保ってきた米国民の消費者（米国自動車産業の労働者も含む）の意識を、米国政府の手厚い助成金による政策とメーカーの新車攻勢で大転換させようというものである。二〇二二年からＥＶを一斉に投入し、政府主導で（消費者向け買い替え補助金、ＥＶ工場労働者への購入所得控除）需要を喚起し、ＥＶニッチ市場を主力市場へ飛躍させようという戦略である。

ＧＭは、二〇二一年から年一〇〇億ドル以上を投じて、二二年からＥＶ新型モデルを次々と売り出し、二五年までに三〇種のＥＶ新型モデルを投入、三〇年までに、年七〇〇万台を米国内で販売しようという計画である。[★41] フォードも、これに準ずる開発・生産計画を持つ。ＧＭのＥＶシフトは拡大化し、同社は二四年に販売予定で水素駆動の大型トラック開発のナビスター、航空機用の水素駆動補助動力装置を開発中のリープヘル・エアロスペースに水素燃料電池システムを供給し、ロッキード・マーチンと組んでＧＭの電池駆動と自律走行技術を使った月面宇宙飛行士運搬用の次世代月面車の開発も行う。

★41　Stephen Wilmot, "GM Needs Some Cutting-Edge EVs to March Its Green Ambitions", *The Wall Street Journal*, February 11, 2021.

これらのプロジェクトを、ＧＭはフォードとともに、国家のプロジェクトとして支援するように要請している。ウォール街の巨大銀行最高経営者たち（とりわけ、ブラックロック、ＪＰモルガン・チェース）は、メアリー・バーラＧＭ最高経営責任者が率いる米国自動車産業の戦略転換の迅速さと、ＥＶシフトにおける労使協調（ＵＡＷ・米国自動車労組連合）のＥＶシフト転換指導力を評価している。★42

★42　Do., "GM's Big Battle for Flexibility", *The Wall Street Journal*, January 19, 2021.

バイデン政権にとっては、米国自動車産業のＥＶシフトは、バイデン公約の気候変動対応政策の遂行を兼ねるものであり、デトロイト三社とＵＡＷとの共同、そしてウォール街も全面支援する国家的プロジェクトともいえる。

ＥＶ普及策として、米国政府は、ＥＶ購入者に一台あたり七五〇〇ドルの補助金を米国車に限って支給する。従業員が労働組合に加盟する工場で生産したＥＶ購入者に一台あたり四五〇〇ドルの所得税を控除する。八月に中西部ミシガン州デトロイトのＧＭ、ＥＶ工場を訪れたバイデン大統領は、「米国で組合員がつくった車に税額控除を設ける」と公約している。★43

★43　Timothy Puko, op.cit.

全米乗用車市場で一パーセント（二〇二〇年）のシェアしか占めないＥＶを、二〇三〇年には五〇パーセントを占めるように飛躍させせようという冒険的な戦略は、「二一世紀のマンハッタン計画」とでもいうべく、労・使・政府共同のある種の国家計画として実現されようとしている。ＥＶで先行する中国との対決（戦略的競争者）をキーワードとして米国自動車産業のＥＶ化プロジェクトが推進されようとしている。ＧＭはニューディール期のＴＶＡ（テネシー川流域開発公社）に似た「国家プロジェクト会社」化を深め、米国経済・金融界では「Government GM」と呼ばれるようになっている。

ＧＭは二〇二一年一月に、二〇三五年までにすべての乗用車をＥＶ化し、ＥＶピックアップトラックのローズタウン・モーターズやリビアンへ投資すると発表した。ホンダとは九月に戦略提携を結び、ＥＶ世界戦略体制を組む。ソフトウェア企業にも進出し、シリコンバレーの新興ＥＶ関連企業とも結んで、ＥＶプラットフォーム企業化する。★44

★44　Stephen Wilmot, "GM Needs Some Cutting-Edge EVs to Match Its Green Ambitions", *The Wall Street Journal*, February 11, 2021.

韓国のＬＧ電子と結んで、米国内にバッテリー工場を建設する。他社への供給も視野に入れる。二〇二一年八月には、バイデン大統領は、二〇三〇年までに新車の半分以上を電気自動車（ＥＶ）、プラグインハイブリッド車（ＰＨＥＶ）、燃料電池車（ＦＣＶ）にする大統領令の目標を発表した。

（3）米中ビジネス覇権への創造的破壊

これに対し、米国ＥＶの一歩先を行くとされる中国ＥＶは、独自の技術も発展させ、新エネ車販売台数は、二〇二〇年に一三七万台、二〇二一年予測は三〇〇万台、二〇三五年の中国ＥＶの売上げ目標は一九五〇万台（新車販売台数は三九〇〇万台、プライス・ウォーターハウス予測）となっている。米国ＥＶの九〇〇万台（新車売上げ全体は一八〇〇万台）の二倍以上となる。中国政府は、二〇二五年をＥＶ需要急拡大の分水嶺としている。テスラ、ＢＹＤ（比亜迪）広州汽車、上海ＧＭ汽車などが中国ＥＶ市場の先行者だが、二〇二二年までにＶＷ、ＧＭ、ホンダが、二五年までにトヨタ―ＢＹＤ連合が中国専用二〇車種と、日産自動車が八車種を投入しようとしている。★45 さらに、中国はＥＶの世界へ

図1-10　EV生産世界シェアと中国からのEV輸出

Ⓐ EV生産世界シェア（2020年1～6月）

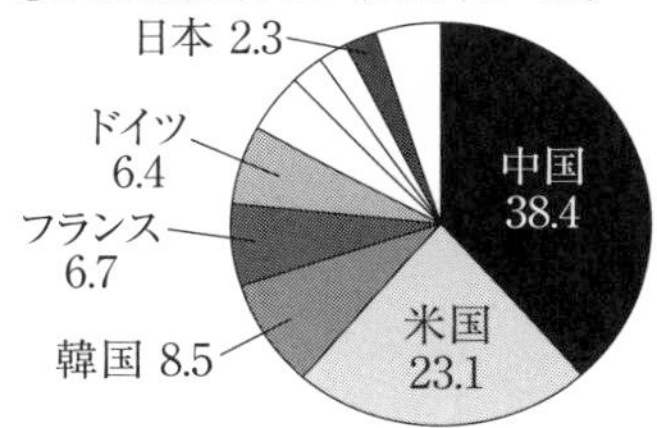

乗用車生産シェア（2020年1～6月）

中国 30.3
日本 11.4
米国 11.1
韓国 5.2
ドイツ 5.0

注：車両総重量（GVW）6トン未満を対象
出所：英LMCオートモーティブ

Ⓑ 主な自動車メーカーの中国からのEV輸出

米テスラ	上海工場で生産した「モデル3」を10月に欧州へ輸出開始
独BMW	遼寧省で新型EV「iX3」を生産し2021年はじめに欧州で納車
仏ルノー	欧州で最も安いとするEV「ダチアスプリング」を連合を組む日産と東風汽車の合弁工場で生産
重慶長安汽車	20年10月下旬に南米向けEVの輸出を開始
浙江吉利控股集団	傘下のポールスターがEVを欧州や北米に輸出

出所：日本経済新聞 2020年11月21日付

の輸出拠点となり、米テスラや独ＢＭＷが二〇二一年に中国から欧州に向け輸出を開始している（図1—10—Ⓐ、Ⓑ）。

★45 Rana Foroohar, "China wants to decouple from US tech, too", *Financial Times*, September 7, 2020.

そのことは、何よりも米中産業・企業・技術の「創造的破壊」が、米中に集中することによって、戦略産業・技術の地政学的対抗関係が形成されることになる。米中のみに新成長産業が集中する構図を形成することになる。

米国のＥＶ産業構築にはドイツのＶＷや日本のトヨタ、ホンダ、日産、そして韓国の電池会社が吸い寄せられ、中国のＥＶ市場にはＶＷ、ベンツ、トヨタ、ホンダが進出し競争関係にある。米中ともにガソリン車では日本企業に勝てない（特にトヨタがハイブリッドの特許を公開）ことから、気候変動対応戦略も兼ねた新興テクノロジー＝電気自動車開発の覇権競争に、この一〇年をかけるべく創造的破壊の賭けに出ている。

自動車産業に限らず、「二一世紀に入って創造的破壊をはたしたのは米中だけだった」と『エコノミスト』誌は述べる。[★46] 産業・技術覇権競争で米国と中国の企業が二強による独占体制を築こうとしているというのである。同誌によれば、米中の君臨ぶりを見ると、米国は世界のＧＤＰの二四パーセント、中国は一八パーセントを占め、両国のビジネス活動（上場企業の時価総額、公募による資金調達、ベンチャー・キャピタルによる資金調達、未上場の大型スタートアップ「ユニコーン」企業の数、それに世界の時価総額上位一〇〇位に入る企業数などを総合し、それぞれの国が占める比率をもとに算出）でのシェアは、米国が四八パーセント、中国が二〇パーセントを占める。

★46 Editor, "Geopolitics and Business", *The Economist*, June 5, 2021, p.9.

世界には、時価総額が一〇〇〇億ドルを超える創業二五年未満の企業が一九社あるが、そのうち九社は米国、八社は中国の企業であった。欧州と日本の企業は皆無である。米中の企業はコロナ禍の中でも資金調達が活発化し、両国企業は、フィンテックやEVなど新興テクノロジーの最前線で覇権を握っているというのである。[★47]

★47 Ibid.

米中EV産業覇権競争についていえば、両者とも、ガソリンエンジン車の分野では日欧企業に対して勝ち目はなく、気候変動対応――脱炭素への地球的責任から多くの犠牲を伴う冒険的な産業転換・創造的破壊を要求されている。

米国においては、自国の衰退、低賃金、巨大企業の独占（前掲『エコノミスト』誌の一八年推計では、米S&P五種株価指数構成企業の四分の一が反トラスト法違反の対象となる）の問題が深刻化し、中国では二〇〇〇年以降、アリババや新興テック企業の新自由主義的活躍が許容されるなかで、八〇〇万人

の国有企業社員が解雇されたといわれる。両国はそのなかで産業の創造的破壊を甘受しなければならなかった。★48

★48　Ibid.

米中ＥＶ覇権競争を生き抜くには、その戦略的関係において、互いの市場開放を必要とする。中国ＥＶの後を追う米国ＥＶ巨人企業は、世界一（米国の二倍）の中国市場への進出が不可避である。成長の機会がある限り、米国経済界が中国市場を重視するのは、ごく自然の成り行きである。中国政府が市場開放のチャンスを米国企業に提供している限り、それをつかまなければ、欧州や日本の企業に持ち去られてしまう。トランプ政権下で政府高官たちが切望していた「中国経済とのディカップリング（分離）」という発言は、バイデン政権下では下火になっている。医薬・医療産業はじめ米国多国籍企業の国内回帰には限界があることが明らかとなり、タイ米国通商代表が、ディカップリングを議論する意味がないことを認めるようになった。米中で覇権を競うこと、つまり米中による超大国による寡占体制の構築という形の「米中関係の進化」が見られる。

「フィナンシャル・タイムズ」紙のポリティカル・コメンテーターのジャナン・ガネシュ氏は、「米歴代政権が中国に対抗すべくアジア諸国や豪州との友好関係の強化」をはかり、バイデン政権入りしたブルッキングス研究所の中国専門家ラッシュ・ドーシ氏が「中国の力と秩序を抑え込む」ことが米政府の使命だと主張しているが、「それとは対照的にウォール街や米産業界にとってビジネスの上で

の中国の重要性は増している」と述べている。★49

★49　Janan Ganesh, "US political and business elites no longer agree on China", *Financial Times*, October 20, 2021.

米国内で「脱中国依存」が叫ばれるなか、二〇二一年の対中貿易総額は、日本が前年比一七パーセント増の三七二〇億ドルであるのに対して、米国は同二九パーセント増の七五六〇億ドルであり、過去最大を更新した（日本貿易振興機構データ）。米中ディカップリングは、戦略部門では進んでいるが、全体的に評価の依存関係から見ると、急回転するには至っていない。

バイデン政権の最大の金融バックボーンで、世界最大の米資産運用会社・ブラックロックの投資戦略アドバイザーたちは、投資家たちに中国向け投資残高（エクスポージャー）を三倍に増やすよう助言している。米国政府は、米国企業に対して中国とのビジネスを「抑制」するよう勧告しても、（AIや5G、軍事関連を除き）好調な中国事業をやめるように圧力をかけることはしていない。バイデン中国戦略は一方向のみではない。米中EV覇権の下では、直接、間接の協力関係（EV関連先端技術開発におけるシリコンバレーと深圳間の競争と協力）を築こうとしている。「中国封じ込め」より、「創造的破壊」を通じた米中覇権競争下での相互依存の深まりこそ注目点である。

ただ、半導体サプライチェーンの場合は、「台湾有事」に備えて、二〇二五年を目標に、米国政府資金を投じて、米国内に台湾企業、韓国企業をも引き込んで、開発・生産拠点を構築し、次世代半導体については日米共同で開発・量産を進め、できれば台湾・韓国企業も参入させて、「台湾有事」が発生しても、日米両国で一定量を調達できる態勢を確立しようとしている。「中国依存の完全なる脱却」を目指している。

米国は過去半世紀近くにわたり、中国やアジア諸国に向けアウトソーシングを進め、現在その供給網再構築に乗り出している。海外へグローバル展開したことで自国内でのイノベーション能力と国家的産業政策を捨て去り、一貫した国家産業政策を持つ中国に受け身の姿勢で対応している。

次節では、ウクライナ戦争後もF・D・ルーズベルト政権三期目のように、戦時体制へ進むのではなく、ニューディール型の米国新産業政策を展開する状況を論ずることとしたい。

5　半世紀ぶりの産業転換と「独占規制」

（1）　競争なき米国寡占経済

米国資本主義の最高指導者たちは、過去四〇年間の新自由主義下での経済活力低下からの回生に向けて、「現体制を変えることなく政府が経済に介入するニューディール経済政策」を切望している。

ＪＰモルガン・チェースのＣＥＯで米国最大手企業の団体ビジネス・ラウンドテーブル（ＢＲＴ）の最高責任者でもあるジェイミー・ダイモン氏は、先にみたように（第1節）、新自由主義政策の四〇年の間に失われた国家の役割、金融・産業政策や産業調整能力のなさを指摘している。[★50]

★50 Lauren Hirsh, "JPMorgan Chief Predicts a Boom", *The New York Times*, April 8, 2021.

「巨大企業に大なる力量を与えた四〇年間の実験は失敗であった」「競争のない資本主義は資本主義とはいえない」「それは搾取である」と、バイデン大統領は、二〇二一年七月にホワイトハウスで演説し、企業のＭ＆Ａ（買収・合併）を寛容に認めてきた米国政府の新自由主義の姿勢を転換する声明を出し、関係省庁に競争を促すための政策づくりを求める大統領令に署名した。

つまり、バイデノミックスの経済政策は、現代資本主義の行き詰まりのなかで、新自由主義の自動調整装置を信用せず、その自由放任を否定し、雇用と経済の安定化を政策の責任と自覚し、ビッグビジネスの国家たる現代資本主義を傷つけることなく、政府の適切な指導と管理調整によって、欠陥を取り除き、回復・再生・強化・維持しようというものである。

一九八〇年代から四〇年にわたって巨大化し続けてきた巨大企業による市場での極度の寡占状態の是正に乗り出したのである。それは、セオドア・ルーズベルト政権の「トラスト・バスター」（＝スタンダード石油トラストの解体）や、Ｆ・Ｄ・ルーズベルト大統領のニューディール経済政策におけるモルガン金融独裁解体（一九三三年グラス・スティーガル法成立）に倣(なら)った大企業との「戦い」

(battling) の始まりである。★51

★51 “The American tradition of battling big business”, *The New York Times*, July 16, 2021.

巨大企業が価格上昇や賃金低下（国内消費縮小）、成長力・技術革新力低下の原因であると判断し、M&A審査の厳格化や超大型合併の中止、超大型トラスト企業の分割や政府の産業統制を通じて競争促進や経済安全保障を確立しようというものである。

それが、ニューディール政策（特にF・D・ルーズベルト政権の第二期ニューディール政策）と同じく、どこまで実効性をあげられるかは不透明だが、競争力と成長力を劣化させる「悪い合併は許さない」として、バイデン氏は大統領令に署名した。レーガン政権以後、四〇年間にわたり新自由主義政策の下で、国際競争力を保つためとして企業の巨大化（業界一位、二位の巨大トラスト企業間のM&A、巨大資本による業界の垣根を越えた合併）に寛容であり、ニューディール期に設けられた独占規制の法制度（グラス・スティーガル法など）も事実上廃止され、巨大寡占体間のM&Aが極端に進むなか、M&Aが経済成長の源泉となるイノベーション（技術革新）を殺し（キラー買収）、ビッグビジネス同士のかつてなかった「文化戦争」（the culture war）が起き始めた。現在のグローバル合併は、二〇二一年実績が五・八兆ドルで前年より六四パーセントの増加で、一九九〇年代半ば以来最速の伸び率である（米リフィニティブ社の調査報告。図1―11）。バイデン政権の規制強化を見込んでの伸びでもある。

今回の大統領令は、反トラスト法（独占禁止法）を所管する司法省や米連邦取引委員会（FTC）

だけでなく、各産業の監督省庁も規制を見直し、幅広い分野における公正な競争を促そうと呼びかけている。産業分野ごとの政府機関に七二項目の取り組みを求めている。[★52、53]

★52 David McCabe and JIM Tambersley, "Biden Steps Up Mission to Rein Big Business in U.S. Economy", *The New York Times*, July 10, 2021.

★53 Briefing Room, Executive Order on Promoting Competition in the American Economy, PRESIDENTIAL ACTIONS , July 09, 2021.

図1-11　米中企業を主軸とするグローバルM&Aの推移

2019年からは「キラー買収」を中心に小型買収が異常に増大

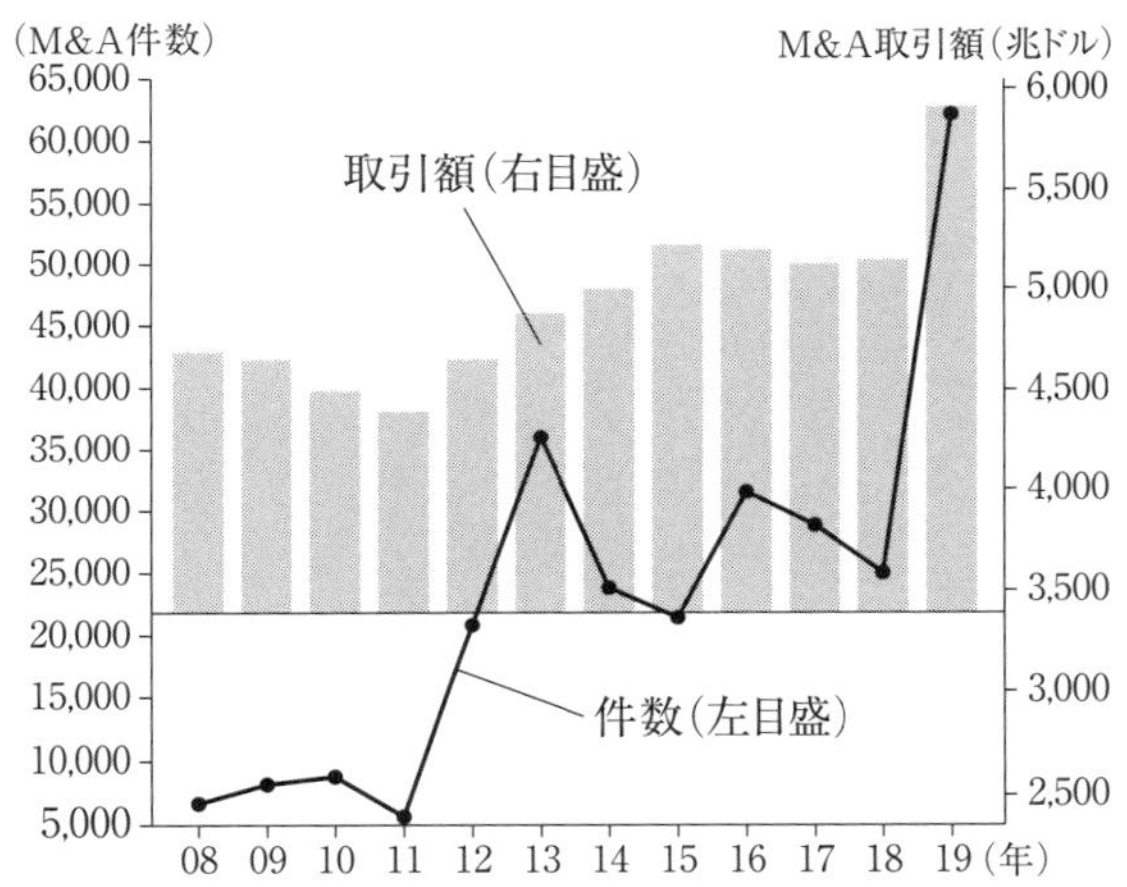

出所：Refinitiv Deals Intelligence, Global Mergers & Acquistions Review, Q4 2021

大統領がまず、指摘したのは巨大ＩＴ（特にＧＡＦＡＭ＝グーグル、アマゾン、メタ（旧フェイスブック）、アップル、マイクロソフト）と金融である。市場で支配的な地位を占め、彼らに反発・敵対する民衆をも手なずけるキメイラ型独占体のＩＴ（情報技術）巨人が競争を阻害し、プラットフォーム型企業モデルを活用して他産業企業を吸い込み、イノベーションを減退させていると断定している。

米国IT業界は、現代のM&Aを主導し、祖業以外の分野に買収の手を広げ、現代のM&Aブームの中軸をなしている。メタによる画像共有アプリの「インスタグラム運営会社」買収計画は、競合者潰し（つぶし）との批判を受けている。アマゾンは、通販プラットフォームに出店する企業の情報を不正利用しつつ、自社製品を開発しているという疑いをもたれている。

大統領令は銀行業界のM&Aを厳しく審査する方針も打ち出している。銀行合併に関するガイドラインを一八〇日以内に見直すよう司法や中央銀行の米連邦準備制度理事会（FRB）に求めた。過度の経営統合で店舗が閉鎖され、中小企業への融資額が減少し、金利の上昇を招く現象が起きている。すでに二〇〇八年金融恐慌によって、寡占化がオバマ政権下で極度に進んでいる米国銀行界に新たな買収者が出現している。アップル、フェイスブック、グーグル、アマゾン、ウォルマートをはじめ、シャドウバンキングやフィンテックカンパニーの金融界進出が増大し、銀行規制を受けない彼らの金融システムのなかで、銀行の役割は相対的に小さくなっている。彼らが、銀行界のM&Aに乗り出すのみならず、M&A遂行者の中心に躍り出ようとしている。

（2）ウォール街と多国籍企業の不安

新自由主義の代表企業GEは、「史上最高の経営者」と賛美されたジョン・ウェルチCEOによる

図1-12　新自由主義下のGEの株価低落（リーマン・ショック後）とGEの3部門分割

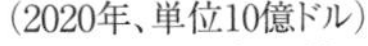

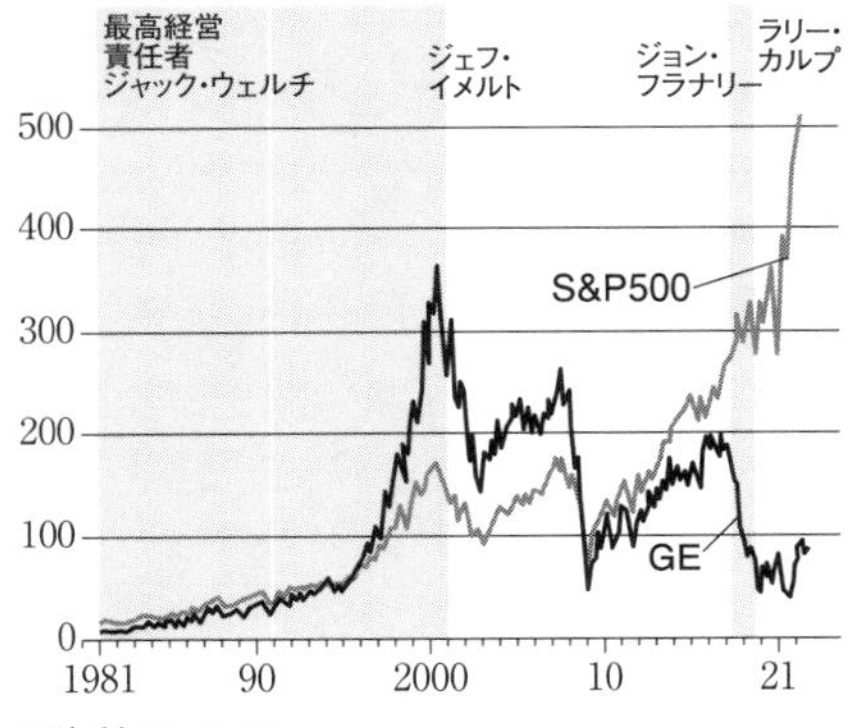

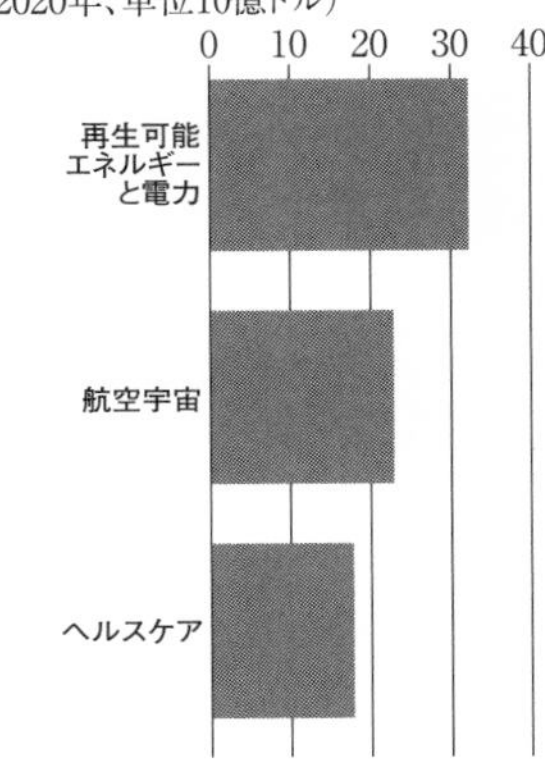

原資料：Refinitiv; company
出所：フィナンシャル・タイムズ 2021年11月11日付

二〇年間の指導の下で、一〇〇〇件のM&Aを達成し、四〇万人ともいわれる規模の労働者を切り捨て（故に彼は「中性子爆弾」とニックネームされた）、二〇〇〇年の春には、時価総額五五〇〇億ドルの最高値を達成した後、二〇〇八年の金融恐慌の後には一転して株価は急落し、五分の一の一〇八〇億ドルにまで反落してしまった（図1―12）。GEのコングロマリット経営を支えてきたのは、トリプルAの格付けをもつ「GEキャピタル」の資金調達力を動員した経営マジックによるものであったが、そのGEキャピタルが二〇〇八年の金融危機で破綻することによって、そのマジックの裏面が暴露されることになった。

「何をつくるかではない。どう経営するかだ」というGEマジック経営の裏面を知っている投資ファンドが、暴落したGE株を拾い集め

「物言う株主」として発言権を強めた。時価総額が上げられなかったら、この企業を分割するように迫ったのである。二〇二一年一一月にGEは三分割されることになった。米国資本主義の新自由主義の下にトップ企業として輝き続けてきたビッグビジネスは解体され、エネルギー事業、航空機関連ビジネス、ヘルスケアに特化していった（図1―12）。

GEのライバル企業である独シーメンスAGも、投資ファンド（とりわけPEファンド＝プライベート・エクイティ・ファンド　private equity fund）によって企業分割を余儀なくされた。バイデン大統領の政治家としての成長を支えていたデュポンも、ダウとの合併後に、PEファンドの圧力の下で三分割されることとなった。ダウとデュポンは、二〇一六年から一七年にかけて統合したが、そのダウデュポンはわずか二年後の二〇一九年に、PEファンドの要求で分割されてしまった。複合企業の評価が株式市場で割り引かれてしまう「コングロマリット・ディスカウント」を避けるためといわれていた。主要二事業のうち汎用化学事業を引き継いだダウ・ケミカルは分割後の株価が一五パーセント高、デュポンはほぼ横ばいで、二〇一九年から二一年にかけての同期間のダウ平均四割上昇を大きく下回った。農薬・種子事業を分社化したコルテバ・アグリサイエンスのみが約七割上昇したにすぎない。ダウデュポンの分割は企業経営の新潮流とはやしたてられたが、新型コロナ危機を境に株式市場においても、「脱・複合体」（トラスト解体）の評価は減退した。

米通信大手のAT&Tは、二〇一〇年代に、「総合メディア」事業をめざして、買収を重ね、二〇一五年に米ディレクTV、一八年にはタイムワーナー（現ワーナーメディア）を八五四億ドルで買収したが、巨額買収の結果、巨額負債で財務が悪化、投資余力を失い、米国携帯市場や5Gで同社の相対的遅れが目立ち始めた。やむなくAT&Tはメディア部門の縮小と通信事業への集中の方針を打ち出し、買収したディレクTVを二一年に分離、ワーナーメディアを二二年半ばに米ディスカバリーと統合させる縮小再編の方針を打ち出した。

エスタブリッシュメント企業が、ウォール街の名門銀行とパートナーシップ（資本的・人的結合）を組んで金融資本を形成する典型的な、モルガン－カーネギー－ロックフェラーが構築してきた米国資本主義の金融・産業・企業の連携・結合パターン（旧来の産業トラスト・コンツェルン）が崩れ始めている。全米に七〇〇〇社あるといわれるPEファンドの大手五社（ブラックストーン、KKR、カーライル、アポロ、アレス）は、コロナ・パンデミックの一年の間に膨れ上がり、エスタブリッシュメント企業の新自由主義的「経営マジック」を否定しつつ、「創造的破壊」と呼ぶ巨大企業を分割してバラバラに売り出す金融ビジネスを拡大しようとしている。IBM、GM、エクソン、ファイザーなどもそのターゲットとなり、最後の二社はNY証券市場のダウ工業三〇種平均株価指数銘柄の企業からも二〇二一年九月に脱落している。

（3）技術革新を遅らせ、民主主義を買い取る

また、GAFAの米国四社によるM&Aは、二〇一〇年以降、急増している。米議会資料・QUI

ＣＫファクトセットのデータを日本経済新聞社が集計したところによると、総数は四五八件で祖業以外の異業種を対象とした案件が八割を占めた。ＧＡＦＡの足元の現金および短期資産をあわせた手元資金は円換算で四一兆円で、一〇年に五倍以上に増えた。新技術・新ビジネスモデルの企業を幼少の時期に買い取って、新しい競争者の出現を封ずる「キラー買収」が増大している。データの収益がもたらすＧＡＦＡによるＭ＆Ａ膨張は発明や新事業の創出を妨げる。米シカゴ大学のラグナム・ラジャン教授の二一年の研究では、グーグルとフェイスブックの買収があった業界は、その後の三年でベンチャー・キャピタル投資が四〇パーセント減り、案件数は二〇パーセント減ったというのである。★54

★54 「デジタルのジレンマ――ＧＡＦＡ、10年で買収４００件」、日本経済新聞二〇二一年七月一五日付。

巨大トラスト企業による寡占の進行がイノベーションを阻害する要因になっているのではないか。二〇〇八年のリーマン・ショック＝金融恐慌以降、中央銀行の役割が増大し、金融緩和が加わってＭ＆Ａが加速するとともに、利益を自社株買いなどで、株主に還元する傾向も強まった。ファイザーやメルクなどの研究開発企業である国際医薬資本も、研究費を上回る自社株買いを行っている。メルクは、二〇一八年の純益は六二億ドルであり、研究開発費には一〇〇億ドルを、配当と自社株買いに一四〇億ドルを投じている。一九八〇年以後の新自由主義的経営とともに自社株買いが増大し始め、二〇〇八年以後、それが加速した。二〇〇八年から二〇一七年の間には、自社株買いと株主配当が、同

期間の純益の一三三パーセントに達した。[★55]

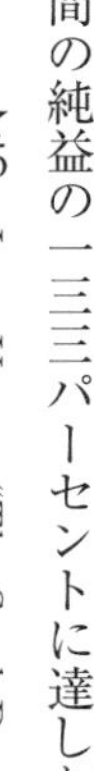

★55 Jerry Useem, "The Stock-Buyback Swindle", *The Atlantic*, August, 2019, p.28.

寡占化による競争環境の弱まりと相まって、企業の研究開発に資金を投入する意欲は低下する。世界の上場企業（日米欧七六業種約九〇〇〇社、金融は除く）の研究開発費を五年ごとに集計し、その伸び率を比較すると、二〇一〇年代以降、Ｍ＆Ａが増える一方で鈍化が明らかで、二〇〇〇年代に比べて半減している（図1—13）。ＩＭＦの二〇一〇年三月のリポートでは、「リーダー企業がＭ＆Ａで優位性を高めると競合他社が競争意欲を喪失し、研究開発の抑制につながる」と、上位企業による寡占化がイノベーションを阻み、技術革新の停滞が成長力の低下につながると警告している。[★56]

図1-13　M&Aが増える一方、研究開発費の伸びは鈍化

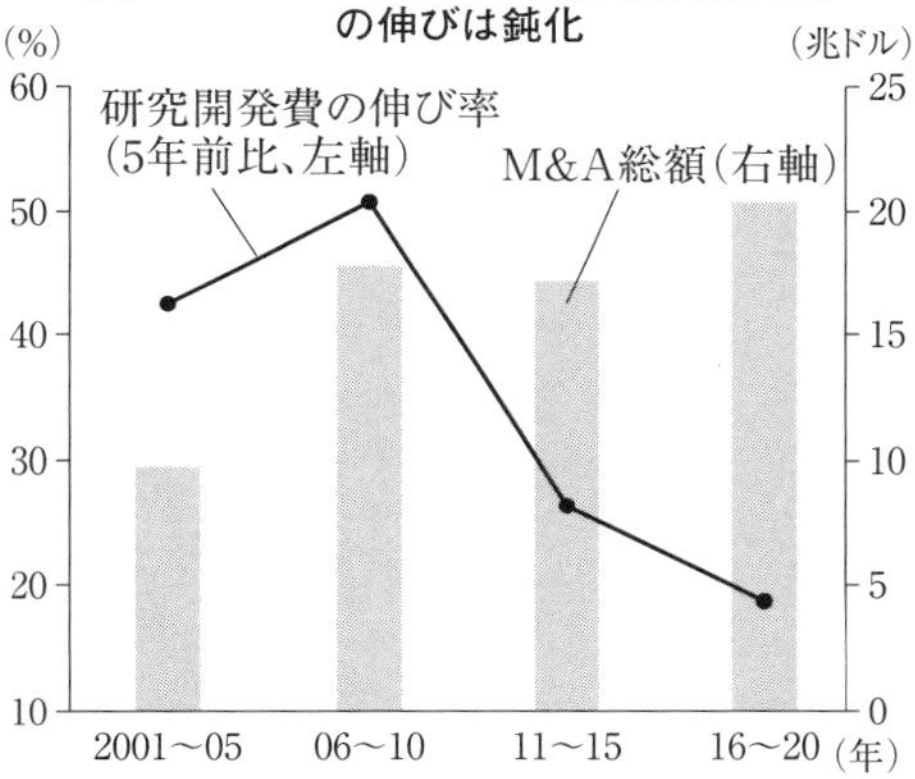

(%)
(兆ドル)
研究開発費の伸び率
(5年前比、左軸)
M&A総額(右軸)
60
50
40
30
20
10
25
20
15
10
5
0
2001～05
06～10
11～15
16～20
(年)

注：世界全体のデータ、研究開発費は上場企業ベース
　　QUICK・ファクトセット、リフィニティブ
出所：日本経済新聞 2021年5月16日付

★56 真鍋和也・古賀雄大「進む寡占　技術革新に影——Ｍ＆Ａで規模拡大、研究開発費　伸び半減」、日本経済新聞二〇二一年五月一六日付。

巨大ＩＴ企業による市場独占とＭ＆Ａ加速への批

判のなか、技術革新を促進させる競争政策をどう実現するか、米欧などでは従来の競争政策を見直すべきとの議論が強まっている。

ニューヨーク・タイムズ紙によれば、米国経済の多くの分野における最大の問題といえば、競争ダイナミズムの欠如がその役割を果たしている。過去四〇年間の失望すべき経済成長、労働者への富の分け前の減少傾向、その結果として所得格差のさらなる拡大をもたらしている。この事実は、ビッグビジネスの巨大化する力と、貧困化する労働者・国民大衆との新たな対立を物語っている。[★57]

★57　David Leonhardt,"A Lack of Competition a Plan to Fix It", *The New York Times International*, July 10, 2021.

そこで、「健全な競争が効率的な資本主義システムにおいて決定的重要性を持つ」と大統領の主席経済顧問でウォール街を代表して国家経済会議の議長に就任したブライアン・ディーズ氏はいう。「それこそが高い賃金と物価の値下がり、さらなるイノベーションと新事業の創出をもたらす」と述べている。[★58]

★58　Ibid., February 10, 2021.

ビッグビジネスの最高経営者たちも、「新自由主義」（ケインズ主義的福祉国家の解体、「小さな政府」による大企業向け規制緩和の徹底、減税、福祉・ヘルスケア・教育予算の削減、労働組合への攻撃、少数民族への優遇策の放棄）による労働者の弱体化は、資本主義を弱体化し、中国との競争に勝てないことを自覚し始めた。リン・フォレスター・ド・ロスチャイルドのいう「持続できる資本主義」（sustaining capitalism）のための労働力強化が米英金融資本の間で強調され始めた。米国二〇〇大企業のビジネス・ラウンドテーブル（ＢＲＴ）の最高幹部の一人であるＩＢＭ会長のジニー・ロメッティ氏は、会員企業に、労働者の学習、修業と労働力強化を要求している。彼女は、「個々の企業の目先の要請を超えて労働者たちを将来追い出すことになるかもしれない技術変化を乗り越えられる技術力をつけるべき」と主張している。[★59]

★59　Alan Murray, "A New Purpose for the Corporation", *FORTUNE.com*, September 2019, p.44.

かつて、ＩＢＭもＧＥとともに、技術力の遅れた労働者を大量にレイオフしてきたが、それではsustaining capitalism が保てないと反省し、ドイツ資本主義にならって労働者の再教育・強化・革新が必要だと考えるようになったのである。

（４）巨大寡占下で虚構の「医療大国」

だが、現実は巨大寡占企業と米国民大衆との間に対立（内戦・南北戦争 civil war）が起きている。ニューヨーク大学のエコノミスト＝トーマス・フィルビンの推計によると、企業間の競争がなくなっ

ために、高物価と低賃金を通じて、一世帯当たり年間五〇〇〇ドルの過剰追加支出を余儀なくされているという。★60

★60　Ibid., September 2019, p.44.

米国の医療費の高さは、日本の四倍といわれるほどに世界で突出している。国際医療資本、医薬資本、医療保険、病院チェーンの世界最大規模の政治資金支出は巨大ＩＴのＧＡＦＡＭをしのぐもので、医薬品価格と大病院の合併に伴う医療高騰を、大統領令も指摘している。近年、地域医療に貢献してきた総合病院が年間一〇〇件のペースで買収され、今や全米各地で巨大資本による買収・統廃合が進み、農村部では次々と病院が消え、米国内陸部に「病院砂漠」が広がっている。病院と病院の間が一〇〇マイル（一六〇キロ）以上離れているところもさして珍しくないといわれる。

病院数が減るのに反比例して、ヘルスケアシステムといわれる巨大病院資本グループが、ウォール街のＫＫＲ、ベインキャピタルなどのＰＥファンドやメリルリンチなどの投資銀行の出資を一九八〇年代から受けて台頭している。最大の「ＨＣＡヘルスケア」は八〇以上の病院を所有し、「アヤンシャン・ヘルス」「コモンスピリット・ヘルス」「コミュニティ・ヘルス・システムズ」「トリニティ・ヘルスウェア」がこれに続き、ビッグ５を形成している。五社の全米での総合病院所有数は七〇〇を上回る。

医薬資本は、巨大病院チェーンや医療保険と連携して、国民皆保険制度の創設を防ぐ「鉄壁」を構築しつつ、高薬価による新自由主義的利益至上経営を貫く。メルクは二〇世紀前半過ぎまでは、ビッグファーマ＝医薬独占体形成が低位の段階にあって、米国医薬企業の模範企業とされて、ジョージ・メルク二世は、一九五二年の『タイム』誌に、「メディスンは人々のためのものであり、企業利益追求のためにではない」と述べている。だが、現今のメルクは、医薬は研究開発資金のために高価格と株高を保つ必要があると主張し、二〇一八年には一〇〇億ドルをR＆D（研究・開発）に、一四〇億ドルを自社株買いと配当（つまり株価つり上げ）のために投資した。CEO兼会長のケネス・フレイザーは、二〇一九年七月に吊り上げた株価を売って五億八〇〇万ドルを手中に収めた。[★61]

★61　Ibid., September 2019, p.44.

政治献金は、医薬業界が巨大IT業界を上回り、大統領令では、先進世界で最も高い米国の医薬医療費について指摘しながらも、対策として「カナダからの低価格の医薬品輸入」と「ジェネリック医薬やバイオ後続品の販売促進」を、米食品医療局（FDA）や保健福祉省に求めたにすぎない。

米国ヘルスケア市場では、ドラッグストア業界最大手のCVSヘルス（CVS Health Corporation）と医療保険大手のエトナ（Aetna Inc.）の合併（二〇一八年）や、大手医療保険会社の経営統合は、競争政策当局とアマゾン脅威への対抗策としてすすんでいる。[★62]その裏では、米業界最大のロビー活動費（巨大ITや軍事産業を上回る）によって、国民皆保険制度の成立を阻止し、世界一の医薬、医療、医療保険のトライアングル支配により、新自由主義の高収益を維持しようとしている。

図1-14　米国ヘルスケア（医療・医薬）産業の利益増大と政治ロビー活動費増大

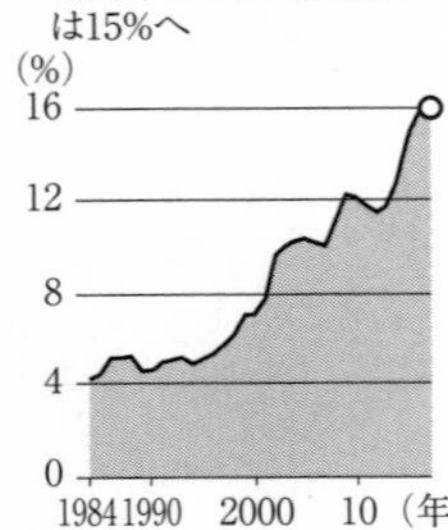

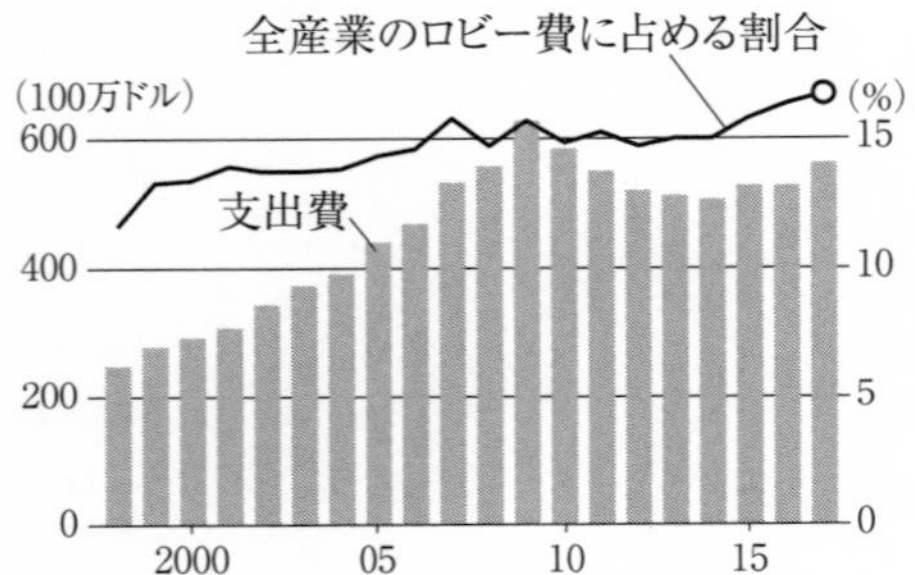

原資料：WSJ analysis of S&P Global Market Intelligence data.　　原資料：Canter for Responsive Pofitics.
注：adjusted for inflation to 2017 dollars.
出所：ウォール・ストリート・ジャーナル 2018年8月1日付

★62　松岡博司「米国ドラッグチェーンと大手保険会社の経営統合」、ニッセイ基礎研究所『保険年金フォーカス』二〇一八年二月一三日、一〜五ページ。

新型コロナのパンデミックの世界で、ファイザーはじめ米国医薬資本は、ワクチン、特効薬の開発・生産の先頭に立っているが、新型コロナによる米国の死者は、二〇二二年五月には一〇〇万人を超えて、世界一の惨状を呈している。多くの米国大衆が巨大資本のビッグファーマ（医薬・医療資本）を信用せず、ワクチン接種に参加しなかった結果でもある。

世界中の軍事費の半分以上を投ずる米国で、軍事費より重要な国家安全保障である「医療」については、相対的貧困のままで「虚構の医療大国」として放置されている。その隙を突いて、アップル、アルファベット（グーグル）などのプラットフォーマーが急速なヘルスケアＩＴとして、新ビジネスモデルを用いて参入しようとしている。そこで、ビッグファーマは新技術や新ビジネスモデルをもつ新興企業を初期のうちに買い取っておく「キラー買収」（killer acquisition）に乗り出し、自社防衛のために技術革新の芽を摘み取っている。★63 研究開発の支出を企業買収に向けたことになる（図１―14）。

★63 Colleen Cunnigham, "Killer Acquisitions", *Journal of Political Economy*, vol.129, no.3, March 2021, pp.649-702.

（５）新聞砂漠と民主主義の喪失

通信では、インターネット接続業者の寡占状況が問題視されている。米国民の二億人以上がネット通信接続サービスの選択肢が一社か二社しかない場所に住み、ネット接続料金の高止まりを招いている。その対極に民主主義の主柱の一つであるジャーナリズムを衰退に追いやり、弱体化した新聞社にハゲタカ・ファンドが襲いかかる。

巨大ＩＴやＰＥファンドによる「民主主義」の買収も問われようとしている。アマゾン・ドット・コムによる映画会社ＭＧＭ（メトロ・ゴールドウィン・メイヤー）の買収が米連邦取引委員会で審議されているが、巨大ＩＴによるメディア、新聞社、広告会社の買収が、次々と広げられている。二〇一三年に、米国きってのクオリティ・ペーパーといわれるワシントン・ポスト（The Washington Post）が、アマゾン・ドット・コムのオーナーであるジェフ・ベゾスの掌中に落ち、彼の「もう一つの政府」＝「ジェフ・ベゾスのユニバース」を築こうという野心がめざされるようになった。

過去一五年にわたって、巨大ITとヘッジ・ファンドによる新聞買収競争によって、米国新聞社の四分の一は彼らの手中に呑み込まれたといわれている。

米国五大PEファンドの一つであるアルデン（Alden Global Capital）は、二〇二一年五月にシカゴ本社の中西部の最有力紙の『シカゴ・トリビューン』（The Chicago Tribune）を買収した。同紙は輝かしい歴史を持ち、南北戦争の際には、断固として奴隷解放を掲げるリンカーン大統領を支持し、第一次大戦講和会談でのベルサイユ条約をスクープするなど、数々のピューリッツァー賞に輝き、さらに実力政治家や市長の汚職追及でも成果を上げてきた。このアルデンが買収してきた新聞には他に、東部のボルチモア・サンやニューヨーク・デイリーニュースがあり、さらに地方新聞社二〇〇社がある。総発行部数は全米で二位になっており、「全米のトップを目指している」と、東部を代表する高級誌の『アトランティック』誌（The Atlantic）は警告している。買収後には社員を削り、資産を売り、新聞の購読料金を値上げする——同誌は、被買収新聞社の命運を分析し、その手口をハゲタカ・ファンド（a vulture hedge fund）であると結論する。★64

★64　McKay Coppins, "Who Killed America's Newspapers?", *The Atlantic*, November, 2021, pp.34-35.

米国では、二〇〇五年から二〇二〇年の間に地方紙の二五パーセントにあたる二一一〇紙もが廃刊となり、オハイオ州ヤングスタウンでは、一五〇年続いた日刊紙ザ・ビンディケーターが二〇一九年八月に廃刊（従業員一四四人）を宣言し、米国の新聞砂漠化と民主主義の喪失が広がり始めた。

（6）新自由主義下のM＆A拡大

現代もM＆Aは活況を呈し、米国がそのリードをとっていくことには変わりはないが、「独占や悪い合併は許さない」とバイデン大統領令は述べ、巨大テックや金融をまず指摘するが、七二産業分野ごとに取り組もうとしており、反トラスト法（独占禁止法）を所管する司法省や米連邦取引委員会（FTC）だけでなく、各産業の監督省庁も規制を見直し、幅広い分野の公正な競争を促そうとしている。あわせて、穀物、食料、飼料の国際貿易（取引）は、米国のブンゲ、カーギル、ADM、アンドレなど四大国際穀物商社（穀物メジャーズ）によって、ほぼ完全に（九〇パーセント強）支配されている。

バイデン政府は、家族経営の農家への支援も打ち出し、さらに、コンバイン・トラクターなどの農機や種子・肥料の流通の寡占が小規模農家の経営を圧迫していると指摘している。穀物や畜産品の販売先が大手に握られ、店頭価格が上昇しても農家が安値での販売を強いられる状況の改善を求めてい

図1-15　ビッグビジネス合併1年後の株価低落（%）―巨大合併の限界

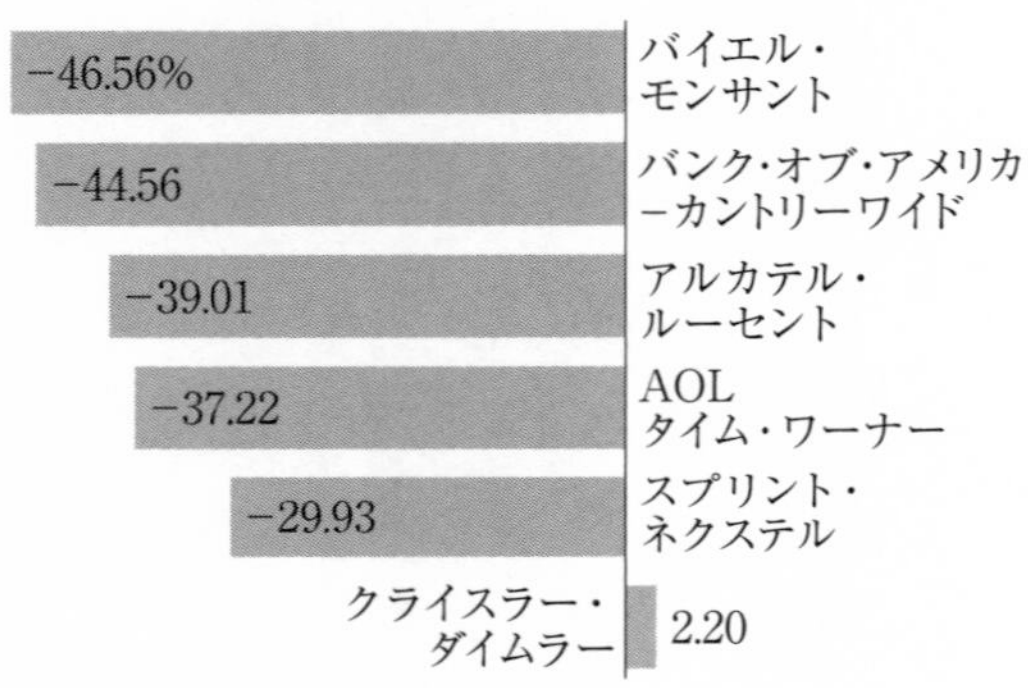

注：251 trading days＝1year
原資料：FactSet
出所：ウォール・ストリート・ジャーナル 2019年8月29日付

る。

企業は巨大化したが、労働者にとっては賃金も上がらず、利益分配率は圧倒的に下がり、労働者の身分の縛り――雇用主が結託して賃金を不当に抑えることがないよう司法省に反トラスト法の見直しを求めた。かつ同じ業界内企業間での転職を禁ずる契約についても、FTCに法制度の見直しを整備するよう指示した。合わせて、州ごとの制度統一を連邦監督当局と州当局に示している。

米国の競争政策が転機を迎えている。一握りの企業にシェアが偏り、経済力、成長力が鈍り、内部矛盾対立が激化しないよう規制の強化を大統領令は要求している。国内企業間の独占化に目をつぶってでも、日欧企業の成長に対抗すべく国際競争力向上を旗印に一九七〇年代から独占禁止を緩め、大量の労働力を「リストラ」しつつ巨大企業間のM&Aを促進してきたが、その巨大トラスト企業合併も、結果として技術革新力を失い買収資金のための負債拡大等で限界が生じ、経営効率化は進まず株価が下落した（図1―15）。

特に一九八〇年代以降の新自由主義化では、最大手企業（メジャーズ）間の合併、さらに巨大資本による他分野企業の合併（水平合併、垂直統合）など、一九八二年の司法省指針改訂で、M＆A審査の条件は大幅に緩和され、特にレーガン、クリントン政権以後、米国政府当局は独占化進行に寛容そのもので抵抗は許されなかった。

新自由主義の観点から、合併によってその企業内の経済効率が計算上高まり、消費者も価格低下などの恩恵を受けられるという「説明」がつけば、巨大独占企業間の合併も企業間の合併も容認された。ビッグビジネスは、金融トラストとも結合した巨大資本として国家を支配下におき、国家は大資本に奉仕すべく「小さな政府」と「規制緩和」「企業減税」（M＆Aは企業の減税・節税を目的とする）、反労働組合の立場から、M＆Aに伴う大規模な従業員の整理解雇の条件緩和も司法面から支えられていた。それが米国資本主義、とりわけ製造業（アメリカンＩＮＣ）と主柱企業の凋落を招くこととなった。

（7）デジタル・トランスフォーメーション

米国のM＆A推進派、製造業で日欧が躍進し、中国が台頭するのに対する米国優位の保持に役立つという説明もなされたが、デジタル・トランスフォーメーションが一気に進み、ＧＡＦＡＭ五社による「勝者総取り」（Winner Takes All）の「M＆A劇場」の出現となるにしたがい、事態は一変した。

一部のデジタル企業が巨大化する一方、デジタル化の流れに乗れない企業との間に二分化が進む。スタート・アップ企業の数が相対的に減少し、雇用創出が大幅に減少、需要の縮小傾向という近年の傾向の最大の要因は、おそらくこの「勝者総取り」の影響による。

アップルやアマゾンなどGAFAM企業による寡占化が、記録的な水準のM&Aによって示されている。米国議会やQUICKファクトセットのデータを日本経済新聞社が集計したところでは、GAFA四社によるM&Aは、二〇一〇年以降に急増したことは先に述べた。[★65]

★65　前掲54「デジタルのジレンマ――GAFA、10年で買収400件」、日本経済新聞二〇二一年七月一五日付。

本来、情報はタダで自由・中立のはずだった世界をして、データをカネにする世界へと変え、情報の民主化の目標がいかにして民主主義の素地そのものを破壊する結果となったのか。そのデータが収益をもたらし、さらなるM&Aへと膨張を続ける。その膨張が他社（特にスタート・アップ企業）の技術革新・発明や新事業の創出を妨げる。前述の日本経済新聞は、米シカゴ大学のラグラム・ラジャン教授による二〇二一年の研究を紹介し、グーグルとフェイスブックのあった業界では、その後の三年でベンチャー・キャピタル投資が四〇パーセント減り、その案件も二〇パーセント減少したという例をあげている。[★66]

★66　同前。

（８）ＩＴ巨人が新たなＭ＆Ａを推進

「アップルやアマゾンなど一部ＩＴ巨人による寡占化が、記録的な水準のＭ＆Ａをもたらしている」とフィナンシャル・タイムズ紙のグローバル・ビジネス・コラムニストはいう。[★67]

★67　Rana Foroohar, "Apple sows seeds of next market swing", *Financial Times*, May 14, 2018.

ＩＴ企業が、既存企業の伝統的なビジネスモデルを破壊し始めたことによって、ビッグビジネスのＭ＆Ａが激化し始めたのは、トランプ政権下の二〇一七年頃からで、米携帯電話大手、ＴモバイルＵＳと同スプリントの合併、米通信大手ＡＴ＆Ｔと米メディア大手タイムワーナーの合併、米ドラッグチェーン最大手のＣＶＳヘルスによる米医療保険大手エトナの買収、米小売最大手ウォルマートのフリップカート買収などである。いずれもビッグビジネスがさらに大きなＭ＆Ａに対応すべく打ち出したＭ＆Ａである。[★68]

★68　Ibid.

通信業界やメディア業界はこの傾向が最も大きく、動画のストリーミングやデジタル媒体が当たり前となった新たな事業環境では規模を拡大し競争力をつけようと多額の借り入れをして次なるM&Aへ進もうとしている。M&A合戦の多額の借入金で生き残りが困難になれば、たちまち不振企業から利益を上げようとするハゲタカ・ファンドが襲いかかってくる。

かかる形態の独占体の急成長は、世界のM&A市場を急拡大させる。バイデン政権発足直後の二〇二一年一~三月のM&A金額は、前年同期比倍増で、世界M&A金額は一兆三〇〇〇億ドル超、一九八〇年以降、最大の伸び率となっている（金額は情報会社リフィニティブの集計）。「カネ余り」を背景として投資ファンドや特別買収目的会社（SPAC。別名「空箱会社」）による買収も金額の押し上げ要因となっており、買収競争の過熱によるリスクを高めている。

最大市場の米国では、同期間のM&Aは七〇〇億ドルで前年同期の二・五倍となり、米国企業が世界全体を大きくけん引している。二〇二一年二月には半導体会社のルネサスエレクトロニクスが、同業の英ダイアログ・セミコンダクターを六〇億ドルで買収合意した。米マイクロソフトがチャットサービスの新興企業・ディスコードとの間で、一〇〇億ドル買収の協議が報じられるなど（その後交渉は打ち切られた）、GAFAMによる新興テクノロジー企業の争奪戦が激化している。

さらに、過剰資本下の金融緩和の中で、米国内に七〇〇〇社あるといわれる投資ファンドの活動も活発になっている。米投資ファンド大手のアポロ・グローバル・マネジメントは二〇二一年三月に保険会社、アテネ・ホールディング買収（一二〇億ドル、株式交換）を発表した。

有力企業の買収のみを目的とした上場会社SPAC（「空箱会社」）が、二〇二〇年以降の各国中央銀行の金融緩和策の拡大の下で急増した。上場ＳＰＡＣは二〇二一年三月には四〇〇社近くに急増し、一〇〇〇億ドルの資金を調達した。ＳＰＡＣによる企業買収は世界で二五〇〇億ドルで、前年同期の三〇倍近くの規模になっている。米国ではＭ＆Ａ全体の三分の一をＳＰＡＣ関連が占めて、今後も大型案件が続き、買収先として、オープンドア（不動産テック、買収金額六〇・四億ドル）、クアンタムスケープ（ＥＶ用電池、三六・八億ドル）、クローバーヘルス（医療保険、五三億ドル）、フィスカー（ＥＶ、一七・五億ドル）、カノー（ＥＶ、一七・五億ドル）などがあげられている。[★69]

★69 Elliot Bentley, "The SPAC Boom", *The Wall Street Journal*, February 12, 2021.

図1-16 日米欧では上位企業の成長優位が続く

各産業の上位3社の4位以下に対する超過増収率、5年ごとの累積

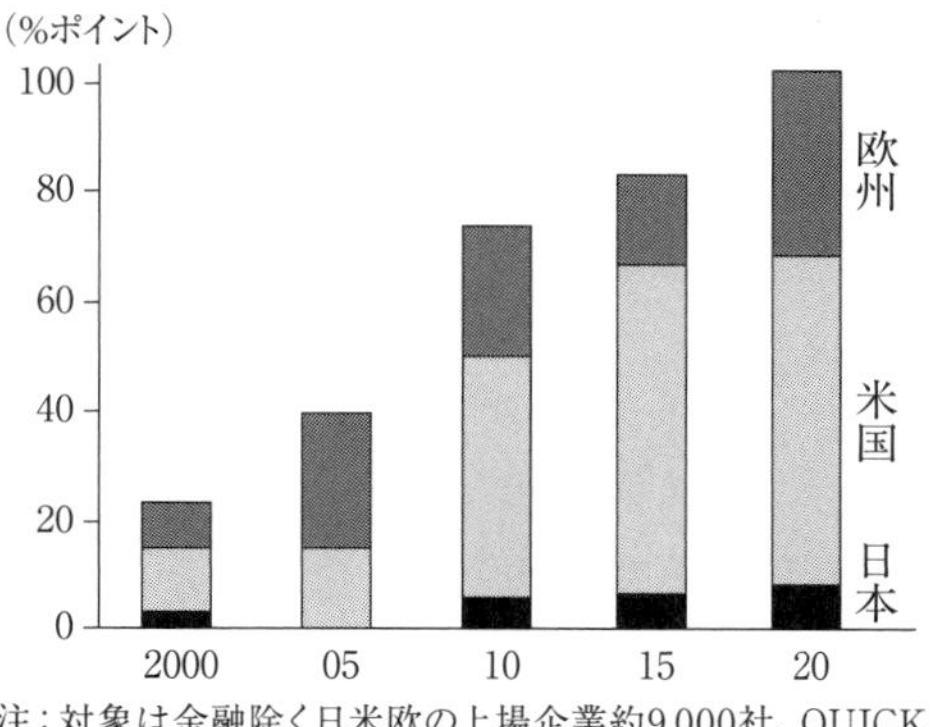

注：対象は金融除く日米欧の上場企業約9,000社、QUICK・ファクトセットの分類にもとづく76業種

出所：日本経済新聞 2021年5月16日付

このようにして、米国経済全体の新規設備投資やイノベーションは相対的に減少していき、米国企業は競争力と成長力を失うことになる（図１―16）。

(9) 利益総取り型独占のカラクリ

グーグル、メタ(旧フェイスブック)などは、多くのサービスを本来無料で提供している。独占価格によって消費者を損なうことはないが、情報がタダで自由のはずだった世界は、「データをカネにする世界」へと変換され、新興企業の相次ぐ買収で市場支配力を高め、取引業者に対して優位に立つ政府のエスタブリッシュメント企業のビジネスモデルを混乱に陥れる。

GAFAMのプラットフォーマーの利益総取りの市場独占は、競争相手を根絶やしにし、顧客のデータを顧客の知らないところで加工し、又貸しし、広告用に搾取し、選挙操作の餌(えさ)にまで活用してきた。情報の民主化の目標が民主主義の素地そのものを破壊する結果になろうとしている。

キメイラ型独占体の彼らは、じつのところ米国を技術革新的な国家にするどころか、中長期的には生産性と成長を阻み、衰退へと向かわせる可能性が強いと、ウォール街も見なすようになってきた(ただし、米ハリスポールの調査では、一八歳〜二八歳の若者の八〇パーセントは、GAFAは技術革新を促しているとみている)。

二〇年前には、革新的で楽観性に満ち満ちていたGAFAMは、米国型資本主義の例に倣って、貪欲で排他的かつ傲慢となり、独占による過剰利潤を維持するための米国政治プロセスの買収にとりかかっている。トランプ政権末期から始まっている議会とFTC(連邦取引委員会)による独占解体の動きを食い止めるべく、ＧＡＦＡＭとシリコンバレー各社のワシントンでのロビー活動費は、製薬業に次いで多い。利益をグローバル・ネットワークを活用してオフショアに隠し、税金逃れをしている。

こうした新たな形態のキメイラ型独占は、エスタブリッシュメント企業の超過利潤獲得にもっぱら奉仕してきた新自由主義・シカゴ学派の観点から十分に問題視しにくい。そこで台頭してきたのが、「新ブランダイス学派」（ルイス・ブランダイスの思想を受け継ぐ）と呼ばれる研究者たちである。

その流れをくむハイテクノクラートがバイデン政権で要職に就いている。大統領特別補佐官のコロンビア大学ティム・ウー教授は、巨大企業が市場を一〇年以上支配して変化の兆しもない場合は、反トラスト法（独占禁止法）で分割すべきだと提案している。

同氏の観点は、ＩＴ巨人企業は買収を繰り返すことによって寡占体制を築き、競合他社の商品とサービスを模倣して地位を不当に強固にしたという立場に立つ。三二歳でＦＴＣの委員長に就任したリナ・カーン氏は、二〇二一年七月の公開声明で、近年のＩＴ巨人に対する法の執行はまったく不十分であったと従来の規制のあり方を完全に否定している。

バイデン大統領自身が、セオドア・ルーズベルト、フランクリン・Ｄ・ルーズベルト両大統領の独占分割・規制論に倣って、規制強化論の立場に立つ。バイデン大統領は一九八〇年代の後半、レーガン政権下で、新自由主義のシカゴ学派の法学者、ロバート・ボーク教授の連邦最高裁判事就任を議会で阻止した経歴を持っている。

「（独占化が頂点に達し）企業のみが巨大化することに対する新たな懸念は、共和党議員（ジョージ・

ハーレー、ケン・バック）や、民主党（エリザベス・ウォーレン、アーミー・クロバッカー）の間にも広がっている」と、ニューヨーク・タイムズ紙の主筆記者デービット・レオンハート氏はいう。[★70]

★70　David Leonhart ,"A Lack of Competition, and a Plan to Fix It", *The New York Times*, July 10, 2021.

バイデン大統領は、ブラックロックの最高幹部の一人となったブライアン・ディーズを国家経済会議議長に任命すると同時に、大統領経済諮問委員長とした。ホワイトハウス内の競争力推進委員会も指導しているブライアン・ディーズ氏は「健全な競争体制は、効率的資本主義にとって死活的に重要であり、それが高賃金と低廉な物価にイノベーションと新産業創出をもたらす」と述べている。[★71]

★71　Ibid.

米国多国籍企業とウォール街を代表する国家ハイテクノクラートの彼の観点からすれば、二一世紀になってから二〇年間の経済は、二〇世紀末と比べてダイナミズムを欠き、現存する大企業の雇用ペースも鈍化し、労働者の新産業への移動も鈍っている。企業の新規投資・新分野開拓にも活気がなく、新技術・新産業の中小企業が米国経済に占めるシェアも縮小し、活力を欠くと見ている。そこで、良い競争環境を展開し、製造業を活性化し、労働力を強化し、イノベーションと新技術・新産業創出をはかって、二一世紀に入ってから二〇年の停滞と老化現象から脱却をはかろうという、新ブランダイス学派の立場に立つものである。

バイデン大統領も、米国五〇〇大企業の多くが財務本部を置くデラウェア州ウィルミントンの会社弁護士（デュポン）でもあるフィナンシャル・ポリティシャンとして、米国資本主義の若返りを熱望している。大統領顧問のバラット・ラマムルティ（Bharat Ramamurti）によれば、バイデン政策の基本は「セオドア・ルーズベルトやフランクリン・D・ルーズベルトが打ち立てた米国の反トラストの伝統を復活させることであり」「高度の産業集中は、米国経済の緊張激化（国民大衆と巨大企業との）の根底をなしている」と断じているという。[★72] 資本主義の現体制をそのまま維持しつつ、救済、回復、改革を図るというニューディールの原則に従った改善策である。

★72 Ibid.

彼は、ビッグビジネス大企業の国家の大統領が「最大の支持基盤であるビッグビジネスと戦う」伝統に従って、米国資本主義の再活性化に向けて「これまでの（新自由主義の）四〇年間の体験は誤りであった」「競争のない資本主義は資本主義ではない」と大統領令において宣言した。[★73]

★73 Nelson Lichtenstein, "The American tradition of bailing big business ?", *The New York Times*, July 16, 2021.

バイデン政権の宣言は、ミルトン・フリードマン教授の「企業の社会的責任は利益の最大化」という一九七〇年九月号の『ニューヨーク・タイムズ・マガジン』誌の論文、つまり「経営者は株主価値の最大化のみに専念することによって社会貢献ができる」というシカゴ学派の立場を完全に否定するものである。二一世紀の米国資本主義には健全な競争環境こそ必要であり、それはどんな競争かということについて、フィナンシャル・タイムズ紙の主席エコノミクス・コメンテーターの調査論文「五〇年後のミルトン・フリードマン」(Milton Friedman 50 years later) では、具体例を上げて、次のように述べている。

「気候変動と環境について企業がエセ科学を吹聴しない。鎮静剤中毒を助長して何十万人の人を殺さない。利益の大半をタックスヘイブン（租税回避地）に預けられる租税制度を求めるロビー活動をしない。巨大金融危機のもととなる不十分な自己資本基準を求めるロビー活動をしない。著作権期間を延々と引き延ばさない。危険な事業活動を通じて起きる社会的な悪影響を取り繕うロビー活動をしない」――などである。[★74]

★ 74 Martin Wolf, "The free market doctrine that has guided us for 50 years now needs re-evaluation", *Financial Times*, December 9, 2020.

当然のことながら、四〇年ぶりの政策変更―競争促進の大統領令は、寡占的大企業から猛反対を受ける。ターゲットとなっている産業・企業の経営者とロビイストは、同大統領令は労働者と消費者を傷めつける、だからまじめに受け取らない方がよいというわけである。米国司法界にはいまなお故ロバート・H・ボーク教授を代表するシカゴ学派の影響力が残り、連邦最高裁判所判事は、その「保守派」が多数を占める。二〇二一年六月には、メタ（旧フェイスブック）に対するFTCの提訴が連邦地裁によって却下された。FTC側は逆提訴したのである。

新ブランダイス学派の思想に貫かれた四〇年ぶりの新政策がどこまで浸透するかは十分に読みきれていないが、バイデン政権の政策アドバイザーたちは、用心深くその第一歩を踏み出そうとしている。米国産業経済の成長鈍化の二〇年の間に急成長し、エスタブリッシュメントとワシントン政府にも混乱を持ち込んだ巨大寡占体＝ビッグテックの独占解体問題が眼前にある。

その前には、ルーズベルト一族の二人の大統領が対峙したロックフェラー＝スタンダード石油やモルガン＝AT&Tよりも、巨大な資本主義の壁が立ち現れている。リナ・カーンFTC委員長の下で、ソフトバンク・グループ（SBC）の子会社の英国半導体設計会社のアーム社を米半導体大手のエヌピディアへ売却する計画を「半導体業界の競争力を維持するため」として、二〇二二年二月に断念させた。同じく、ロッキード・マーチンによるエアロジェット・ロケットダインの買収計画も中止させた。

残る問題は、二一世紀型のプラットフォーマー独占体である。欧州（EU）では、この米国IT巨人（ビッグテック）の包括的規制に乗り出したが、米国ではその弊害が叫ばれつつもなお手つかずの状況にあり、バイデン政権には最大にして喫緊の課題である。★75

★75　Cecilia Kang, "U.S. lags behind european tech regulation", *The New York Times international edition*, April 25, 2022.

6　ウクライナ戦争のネットワーク武器

ただし、ウクライナ戦争では、ＩＴ巨人・ＧＡＦＡＭとバイデン政権、ＥＵ連合との緊張関係にある種の変化が生ずるかもしれない。

二〇一〇年以来、米国を代表してウクライナに関わり続けてきたバイデン氏が西側諸国を一丸としてかかわっている二一世紀型の地域戦争で、ＩＴ巨人たちは、そのネットワーク武器を活用して、バイデンの戦いを有利に進めてきている。米国ＩＴ巨人と欧州通信企業はウクライナに通信インフラ戦力を提供している。イーロン・マスク氏は、ロシア侵攻直後からウクライナにネット接続を維持すべく、同氏の率いるスペースXの衛星通信システム「スターリンク」のウクライナ向け無料サービスを始め、専用の通信設備を大量に提供してきた。米グーグルやメタはロシア政府のプロパガンダを遮断した。[★76]

★76　Rana Foroohar, "Weaponised networks now deline warfore", *Financial Times*, March 7, 2022.

ウクライナでは通信会社のインフラの維持に米欧の業界が一丸となっている。携帯大手三社のキーウスター、ボーダフォン、ライフセルが共同して三月から活動を開始、エンジニアが通信維持のため前線にとどまり、修復作業を続けている。マリウポリでは、ボーダフォン・ウクライナのエンジニアが基地局の電力を維持すべく銃撃戦が続くなか、危険を顧みず燃料の供給を続けた。ライフセルは、地下の避難所などにもＷｉ―Ｆｉ環境を整備し、同国西部中心に五〇〇以上の地域で通信容量を拡大した。キーウスターも一日に一五～二〇か所の避難所でネット環境を整備している。

「ネットワークは国家権力を大幅に強化する」[★77]（ジョンズ・ポプキンス大学教授、ヘンリー・ファレル）。現代国家の相互関係はネットワーク武器化されており、今の時代を生き抜くには決済システムからＳＮＳ（交流サイト）上の交流言語の動向、供給網、ガスパイプラインといった主力のネットワークを支配しているか否かが重要である。

★77　Ibid.

技術発展によって、相互に接続され、大規模化、高速化された現代のネットワークは、戦争の展開を早め加速させる。二一世紀の戦争（戦場とその後のシステム）に、軍隊組織に民間組織が加わるようになったことで高度化と複雑化を進める。企業やコミュニティ、国家がネットワークの結節点を形成し、互いに協力し競い合っている。バイデン政権が西側諸国を協力させて展開するウクライナの戦争には、ホワイトハウスと対立してきたアマゾン、グーグル、メタの協力を得ている。

現代の戦争に民間ネットワークが参入することは重大な意味をもつ。民間ネットワークは、国家権力を強化することができるが、その国家が気に入らなければ国家に逆らうこともできる。米テック大手は、ロシア政府の偽情報拡散は抑え込んだが、米国議員の要請にもかかわらず、ロシアでのネットワークの閉鎖はしなかった。[★78] イーロン・マスク氏の宇宙通信子会社＝スペースXの参入は、直接ウクライナ政府との交渉で実現したものであり、バイデン大統領が命じたものでもない。ウクライナ政府との直接交渉で、民間商業衛星通信ネットワークが武器化したのである。

★78　Adam Satariano and Sheera Frenkel, "Powerful tech giants feel the pressures of war", *The New York Times International*, March 2, 2022.

バイデン氏が本格的にウクライナ問題にとりかかったのは、バラク・オバマ大統領の副大統領であった二〇一〇年代前半のことであり、その前にも一九七三年に上院議員に初当選して以来、彼は上院外交委員会で活動してきた。一九九〇年代のユーゴスラビア内戦、コソボ紛争、そしてアフガニスタン侵攻、イラク戦争に、近年米国の戦争・武力介入に上院外交委員長ないし議会幹部として関わってきた。

二〇一四年にはロシアがクリミア半島を併合し、ドネツク、ルガンスクを傀儡政権の「人民共和国」に仕立てると、バイデン副大統領（当時）は、ウクライナ担当の最高責任者として、この地域の米国外交・安保政策を統括した。ウクライナへの米国の軍事援助は二〇一四年からで、ロシアのクリミア半島併合の戦いでは、通信ネットワークシステムの弱さを痛感していた（そこで、ウクライナではロシア侵攻前から国家の通信インフラやＩＴの基盤強化を進めてきた。その中心人物はミハイロ・フェドロフ副首相兼デジタル転換相で、オンライン広告会社の起業を経て、二〇一九年のゼレンスキー政権発足時に三〇歳前で入閣）。

バイデン氏は、ウクライナに特別に精通した国家指導者として「ロシアの侵攻準備」を最も早い段階で、中国やフランスにも警告し、侵攻開始直前には、ジェイク・サリバン大統領補佐官（国家安全保障問題担当）を中心に、国防・エネルギー・商務・財務などの関係官庁と米軍、情報当局の精鋭を集めた特別プロジェクトチームを形成した。

バイデン大統領は、「ウクライナ戦争には直接介入しない」ことを早々と宣言したが、実は最も早々と対ロ戦争準備を開始していた。そして、米国軍産複合体は一兵も派遣せずしてウクライナ戦争の主導権を握った。大統領との対立関係にあったＩＴ巨人の参入は、最も有力な援軍となったが米国政府の命令下にはない。ペンタゴンも、アマゾンはじめＩＴ巨人は「インフォメーション・マシーン」となってくれるよう下交渉を持ち掛けている。[★79]

★79　Richard Waters, "Pentagon effort to tap valley information machine ears no medal", *Financial Times*, March 18, 2022.

欧州連合（ＥＵ）が、巨大ＩＴ（ゲート・キーパー）への包括的な事前規制にかじを切る「デジタル市場法案」（ＤＭＡ＝ The Digital Markets Act in The EU）に二〇二二年三月二四日に合意したが、ジーナ・レモンド米国商務長官は、「米国企業に対する不適切なターゲットの設定である」と反論している。ＥＵ域内においても、ウクライナ戦争でのネットワーク戦争における米欧情報通信企業の役割を重視して、巨大ＩＴ（ＧＡＦＡＭ）へのＤＭＡによる締め付けを弱めるべきという意見が強まっているといわれる。[★80]

★80　Editorial, "Europe tripes to loosen Big Tech's grip", *Financial Times*, March 28, 2022.

ロシアのウクライナ侵攻と並んで、好戦的な姿勢の中国が可能性を否定しない武力による台湾統合の予行演習が、「ペロシ米下院議長の挑発的な台湾訪問」に対する応戦として実施され（二〇二二年八月）、米国におけるシミュレーションで中国側が優勢との結果が出ることによって、米国防総省にとって巨大テックのソフトウェア活用が重要な課題となっている。

すでに、米議会の二〇一八年報告書でも、台湾を巡る戦いで（ハード技術中心の）米国が中国に「決定的な敗北」を喫するとしている。米国防総省技術関連機関「国防イノベーションユニット（ＤＩＵ）」のリーダーであるマイケル・ブラウン氏は、「世界的競争力を保有する米国ソフトウェア企業と米国の兵器巨大メーカーの緊密協力があれば、右の問題は解決できる」と述べている。[★81]そして、二〇年来のペンタゴンの戦争シミュレーションでは、ついに中国を制したことになっている。勝利の決め手となるのは、ハードの追加や改良だけではなかった。高度に賢いソフトが使えるペンタゴンが開発中の「全領域統合指揮統制」（ＪＡＤＣ・センサーと部隊がリアルタイムでデータを共有する戦場システム）のようなものを投入したからである。テクノロジーは戦争のあり方を変えようとしている。これからの戦争は「ソフト第一」といわれるようになり、ペンタゴンのテクノロジー観を変えつつある。

★81 Editorial, "Can tech reshape the Pentagon?", *The Economist*, August 13th, 2022, p.54.

ビッグテックは、すでに軍隊や法執行機関にデータベース・ロジスティクなどを納入している。アルファベット、アマゾン、マイクロソフト、オラクルは、国防総省がクラウドを導入する九〇億ドル規模のプロジェクトの五年間契約「ＪＷＣＣ」を共同受注しようとしている。

ただし、グーグル社は二〇一八年にペンタゴンのクラウドコンピューティング契約の入札に参加しようとしたとき、技術者・科学者の従業員数千人が反対の抗議をしてこれを中止させ、同社の人工知能の開発指針は、兵器に技術を利用しないことを明記している。テック企業が軍事ソフト市場に進み、全体を制覇するとは限らない。アップルは二〇一五年に戦争対応型のウェアラブル端末を開発する国防総省の案件を受注したが進んでいない。

中国は軍事技術の面でも競争を強めており、「台湾有事」といえども、テクノロジーが戦争のあり方を変える。ビッグテックと新興軍事ソフト企業は、年間一四〇〇億ドル規模のペンタゴン調達を得ており、米国の同盟諸国からもかなりの規模の受注を得ていると思われる。バイデン政権の中国警戒の深まりは、テック巨人を軍需に傾けている。

これに対してバイデン大統領は特別の政策変更の発言をしていないし、リナ・カーンＦＴＣ委員長はＩＴ巨人の抑制強化を声高に主張している。バイデン政権は、ルーズベルト政権三期目のように戦時体制へ移行する気配はなく、「インフレと成長鈍化」のなかのルーズベルト政権第二期のニューディールをモデルに、半導体、戦略資源増産への国家支援やサプライチェーン変革へと、ロシア制裁後の、グローバル化再編をかねて政策を展開しようとしている。★82 そして、中国との新型冷戦に国力を集中させようというのである。

★82　Nale Clohn, "Unlike Roosevelt, Biden Shifts Focus From Crisis to Goals of His Party", *The New York Times*, January 21, 2022.

補論　ウクライナ侵攻と多国籍企業のロシア制裁

（1）クレプトクラシー独裁政権の侵略戦争

クレプトクラシー（Kleptcracy）に基づくプーチン独裁（その階級的基礎はオリガルヒ、シロビキ、軍産原子力複合体）による二一世紀型帝国主義戦争が、ウクライナ侵略の本質といえよう。ウクライナ民族が帝国主義の侵略から自らを解放する闘争は、他の帝国主義権力（アメリカ、ＮＡＴＯ）によってその国の利害のために利用されるかもしれないが、「正義の戦争」である本質は変わらない。クレプトクラシーの権威主義的資本主義下で主として石油・ガス・鉱産物などの採掘レント収入取得の独占権をオリガルヒ（新興財閥）に配分する一方、収入の一部を国民にも配布して国民的合意を得て大ロシア主義の伝統の下で皇帝化した独裁者が「偉大なる帝国」（新ロシア国歌）の回復を目指し侵攻を開始。さらに「プーチン皇帝」は、軍産複合体企業と民間軍事会社「ワグネル・グループ」を使ってウクライナ、ジョージアなどロシアの諸境界のみならずシリア、リビア、サヘル地域への戦争と軍事介入でツァーリ・ロシア型の帝国を拡張しようとしている。★91

★John Hea Thershaw, Alexander Cooley et al, "The UK's Kleptocracy Problem-How serving post-Soviet elites weakens the rule of Law", Chatham house, December, 2021.

「狂気ではなく邪悪」——クレプトクラシー権力が彼を腐敗させ、広大な宮殿に住む「プーチン皇帝」（ツァーリ）は、望むことだけを進言する人々に囲まれ、帝国の回復を目指す。彼はクリミア半島奪取で欧米をはじめ全世界の批判を乗り切り、原油高で数千億ドル規模の外貨準備を持ち、中国を（共に軍事作戦を行う域に達してはいないが）「無制限の同盟者」（習近平主席）と言わしめて準同盟者に惹きつけた。ＮＡＴＯ（北大西洋条約機構）脱退をほのめかしたトランプ前大統領や欧州ポピュリズムの台頭は「米国—西側帝国の没落・分裂」と映り、中露で米国に対して二正面作戦を仕掛ける戦略を想起させた。

もともとプーチン政権は、①ＮＡＴＯの東方拡大、②米国主導のイラク戦争やカダフィ政権の崩壊、さらに③隣国のジョージア、ウクライナが西欧型の資本主義に引き込まれることに対する恐怖を抱いていたが、その思いから逃れるべく「西側の衰退」を信ずるようになり、現実から逃避する独裁者の誤算に陥っている。プーチンは、米欧に支持されたウクライナの反抗力、国連の一四一か国によるロシア非難決議、製造業が衰退して石油、ガスに依存するロシア経済に対する西側諸国による制裁を過小評価することになった。その一方で、ロシア連邦中央銀行総裁のエリヴィラ・ナビウリナ氏だけは、「西側から受けている経済制裁がロシア経済に重大な打撃となる」ことを「皇帝」に進言したが（二〇二二年三月）、「皇帝」は彼女に次の五年間の総裁任期を継続させることにした（同氏とサリバン米大統領補佐官との緊急時の対話は可能とみられる）。

（2）ウクライナ侵攻における「二つの戦場」

ウクライナ戦争は二〇世紀型の地域戦争ないし代理戦争とは異なる。クレプトクラシー・ロシアとグローバル化成熟の西側資本主義国・米国とＮＡＴＯ諸国との世界規模の戦いである。「流血を伴う戦争」と「流血を伴わない」、つまり金融、経済、産業の世界戦争の組み合わせから成り立っている。「流血を伴う戦場」における残虐性に変わりはないが、その戦場空間の拡大はできるだけ避けると同時に、全世界で最大利益追求の多国籍企業が先頭に立つ「制裁」と米欧・露・中の軍産複合体の強化・拡大とが組み合わさった組織・政治の連合体を形成した戦場が展開している。

ロシアに対してGDPで一三倍強（二〇二一年実績）の米国が西側資本主義国を率いて、経済、産業、金融の連合制裁と資源・食糧の支配争奪戦を持ちかけている。製造業衰退のロシアで軍事産業の基礎を打ち砕こうというのである。バイデン政権は、対露石油制裁はロシアの軍事費調達源を断つためと説明している。

(3) バイデン政権のウクライナ戦争主導権

バイデン政権がウクライナ戦争へのリーダーシップを握る。バイデン大統領は二〇一〇年から米国副大統領・議会幹部としてウクライナ問題に関与し、それ以前にも一九七〇年代のユーゴ内戦、コソボ紛争、アフガン侵攻、イラク戦争のすべてに関与。二〇一四年のロシアによるクリミア併合、ドネツクとルガンスクでのロシアによる傀儡政権の樹立の際に、バイデン氏は副大統領・ウクライナ担当責任者であった。一四年からウクライナへの軍事援助を開始し、地上戦（平原戦）、宇宙通信活用のネットワーク戦の訓練を開始。フランスや中国へロシアの機密情報を提供し、ウクライナ・ポーランドと安全保障上の内密な関係「西側の団結」のための大掛かりな外交を開始。ウクライナ侵攻直前に、ジェイク・サリバン大統領補佐官のもと関係省庁（国防、国務、商務、エネルギー）と米軍、情報当局の精鋭を集めた「チームタイガーⅠ――NATO諸国との協力体制」と「チームタイガーⅡ――戦況評価と軍事支援」を組織。ロシアから撤退すべき多国籍企業四七〇社のリストを発表。続いて世界の金融システム（特にＳＷＩＦＴ＝国際銀行間通信協会）、四大会計会社、ＩＴ巨人のロシアからの撤収を促し、西側諸国のロシア市場からの撤退を促した。独露の特別な関係を解消させ、スウェーデン、フィンランドさらに永世中立国のスイスまでも、米国との安全保障協力により深く組み込むこととなった。

オースチン米国防長官は「ロシアの経済基礎を弱体化させねばならない」と述べ、「米国のシビリアンコントロールの劣化」の下で、軍事経済政策にまで言及し、バイデン大統領は「プーチンは最高権力に留まることはできない」と主張、ペロシ米下院議長（当時）は「勝利の日まで、米国はウクライナを支援する」と声明、欧州全体にもこの機に「プーチンのロシア」をつぶせとの意気が広まっている。二二年五月九日にはバイデン政権は、米国史上で最も好戦的とされるセオドア・ルーズベルト政権に倣って、ウクライナ戦争の長期化をにらみ、ウクライナと欧州連合（ＥＵ）諸国へ速やかに武器を貸与する「武器貸与法」（レンドリース法）を承認（第二次大戦への米国本格介入とＦ・Ｄ・ルーズベルト政権のニューディール経済政策から戦時体制への転換のきっかけとなった一九四一年の対英国武器貸与法に相当）。欧州連合でも兵器の共同調達・共同運用体制の形成を開始することとなった。

バイデン政権は四〇〇億ドル以上の軍事財政支援パッケージをウクライナに提供する軍事支援案件を議会に上程。米国は一兵も投ずることなく米国製兵器投入の権限を得て、英仏独の軍産複合体も武器援助の形でウクライナ戦争に参入を開始した。ミシェル欧州理事会議長は「欧州連合は、国防軍需産業の発展で合意した」と語り、欧州六か国の兵器トラスト（スウェーデン軍需企業を含む）がロビー活動を開始した。特にドイツは「欧州で最も伝統的かつ最大の軍になる」とショルツ独首相は言明している。NATOにおける米国の主導権は強化された。

続いて、民間衛星通信産業も戦場進出。欧州の携帯大手のキーウスター、ボーダフォン、ライフセルとアマゾンのスペースX社の宇宙衛星システム「スターリンク」もウクライナで専用通信サービスを開始。フェイスブック、グーグルはロシアのプロパガンダを遮断し、ウクライナ側への戦場情報提供者に転じた。中国の公式メディアは「この戦争の最大の勝者は米国の軍産複合体」と述べている。

バイデン政権はロシアの恒久的弱体化とNATO欧州諸国の対米経済・軍事的依存の拡大を望んでいる。ただし、ウクライナが米欧製兵器の輸出市場化、駐屯地化すれば、米国軍産複合体のためにはなるだろうが、長期戦を覚悟しなければならない。そうなれば、ロシアの帝国主義的侵略に対するウクライナの主権を守り独立を回復するための正義の戦争の目標を達することが困難になる。こうしたジレンマにも米国は直面している。

ウクライナのような被圧迫民族が帝国主義の権力から自国を解放しようとする戦いは、他の帝国主義権力によってその国の利害のために利用されるかもしれないが、そのことを理由に民族自決の戦いを止めることはできない。事実、ウクライナ戦争支援の中心に立つ「米帝国」は、政府も、軍産複合体も、多国籍企業も、国際金融機関も、ウクライナ戦争を活用して最大限の利益を引き出そうとしている。

（4）米英国際石油資本と国際穀物商社（穀物メジャーズ）

ロシア経済・産業・金融制裁において、最大の受益者（多国籍企業）は、米英国際石油資本と米国の四大国際穀物商社（グレイン・メジャーズ）である。世界第二位、第三位のロシア石油ガス巨大企業と世界最大のロシア穀物市場、その取引銀行たるロシア最大のズベルバンクをＳＷＩＦＴ決済網から排除することと合わせて、世界市場から追放することとは、米英石油資本と穀物メジャーズを再び世界のスーパートップに返り咲かせることになる。ウクライナ侵攻から一か月以内に米国シェールガス企業が、ドイツ、イタリアベルギーなど欧州各国からスポット買いだけでなく二五年以降の長期契約を次々獲得した。二二年末には、米国のＬＮＧ生産は年間一億トンを突破し世界一となった。さらに三〇年の生産能力は三億トン（クウェートは一・七億トン）とし、世界の三割を占め欧州と中国の需要に的を絞る。

その狙いは、「ロシアの戦費調達源を断つこと」にあるとはいえ、石油・ガス・穀物の国際価格高に火をつけ、量的にもロシア原油輸入禁止分を、欧米と日本が他の市場から輸入して埋め合わせることは困難である。インドなどは国際的に割安なロシア原油の輸入増大へ政策転換を図っている。

世界最大の穀物輸出国たるロシア（二二年二月予想小麦収穫高は約八七〇〇万トンと史上最高。輸出量は三三〇〇万トン）を世界市場から締め出す制裁の結果、米国産穀物への世界中からの注文が殺到する。カーギルはじめ米国四大グレイン・メジャーズには穀物価格高騰のウインドフォールがもたらされる。米国からの中国向け大豆輸出は過去最大である。米国農業の生産高は、中国とインドに続いて世界第三位だが、小麦や大豆、トウモロコシの輸出では、世界一。この三〇年は過剰生産で悩み、中国と日本に輸入増を迫ってきた。

米国四大グレイン・メジャーズともつながりの深い世界銀行と国連世界食糧計画（ＷＦＰ）は、「世界」で飢餓の瀬戸際にある人は、新型コロナ発生時の一億三五〇〇万人から、二二年には倍増の二億七六〇〇万人になるかもしれないと警告。米国（財務省）と世界銀行は、米国が先頭に立ってＧ７（世界主要七か国）とＥＵ、さらに豪州とニュージーランドでロシアとウクライナからの供給が減少する分の「穴を埋める」構想を五月に発表しつつ各国の了承を得ている。五月中旬に米国政府と世界銀行、アフリカ開発銀行、アジア開発銀行が集って、アフガニスタン、スリランカ、そしてアフリカの最貧二〇か国に食糧支援実施を決めた。

ウクライナ戦争はロシアとの穀物・農業戦争の様相を呈し、二〇二〇年の世界の小麦輸出国上位一五か国のうち一〇か国がＮＡＴＯのメンバー国である。六月のＮＡＴＯ首脳会議には、ウクライナ（小麦輸出世界第五位）と豪州（同六位）も招かれ、巨大ライバル国ロシア包囲の決意を示すものでもあった。

バイデン政権は、五月の四〇〇億ドル規模の対ウクライナ軍事援助案が米連邦議会を通過する際には、米国農家への「二毛作支援」（五億ドル）など、各種農業支援が組み合わされていた。クアッド加盟国のインド（輸出高世界第一五位）も目下輸出禁止体制下にあるが、国内の業者と農業者は輸出増を目指し、豪州は二年連続の生産高更新中で、二二年は生産高・輸出高ともに史上最高を目指す。日本と韓国は食料自給率（食料安全保障率）が先進国中で最も低く国際価格高騰に苦しむばかりだが、米国主導の下、ウクライナ戦争が数年間は続くと見通して、世界の農業地図をクアッド、NATOによる増産主軸の体制へ強引に切り替えようとするものである。だが現実には、国際価格高騰の下で、ロシア、ウクライナの穴の埋め合わせが量的にもできるという保障はない。

さらに刮目すべきは、EUの対米依存の深まりである。特にドイツは「①安全保障は米国に、②エネルギーはロシアに、③輸出主導の経済成長を中国に」を国是としてきたが、今やその三つを米国の手に委ねようとしていることである。

第1章のおわりに——ニューディールのエネルギーはなお

（1） 色褪せた新自由主義

市場競争と自由貿易、巨大資本の自由奔放な利益追求の「新自由主義」は色褪（あ）せようとしている。

新自由主義に代わる新しい経済のパラダイムが、バイデン政権下で出現し始めている。その新たな枠組みとは、良質な雇用と気候変動、「より強靭で立ち直りの速い」(resilient)社会を支える投資(インフラストラクチャー、サプライチェーンの構築と政府主導の産業政策)の決定について政府や地域社会に重い責任を与えると同時に、「市場」や巨大資本の自由奔放に対しては警戒的、懐疑的である。

市場の神格化による新自由主義の行き過ぎた姿勢に対する反発から、国家への依存・政府の経済への介入による救済・回復・改革へと経済イデオロギーの振り子が転じつつある。

新自由主義からニューディール政策やケインズ主義高度福祉社会へと、資本の自由奔放な資本主義に取って代わるとき、バイデン政権の政策立案者たちは、かつてのような重商主義的な慣行へ回帰しようとするのではない。GAFAMや巨大多国籍企業に対する新しい規制と社会保険制度を確立して、ケインズ主義という形での経済への政府介入を強めようとしている。

新自由主義最盛期には、経済構造の改革を目指した産業政策は効率が低いとされてきたが、欧米で展開している「ラストベルト＝さびた地域」(ペンシルバニア州、ウィスコンシン州、イリノイ州、ウェストバージニア州など、重厚長大、産炭鉄鋼業地域)へのハイテク・新エネルギー投資による雇用創出奨励の産業政策は多くの成功例を見ている。新自由主義下における政府の産業政策の衰退が、米国産業の中国国家・産業複合体との競争力低下(その代表が5G産業における米国の遅れ)を招いている。米国においてもインターネット、GPS(全地球測位システム)は、ペンタゴンを含む公共部門との共同によって世界的地位を築いた。

オバマ政権下で、米国政府の融資保証を受けた後に破たんしたソリンドラ（太陽電池メーカー）のような例はあるが、オバマ政権の時代から全力支援を投入している電気自動車（EV）において、テスラは重要な初期段階で政府の支援を受けて成功を収め、世界の先頭を行くことになった。

米国議会で二〇二二年八月一六日に成立した気候変動対策を主柱とする「インフレ抑制法（The Inflation Reduction Act）」と称する歳出・歳入法は、米国と世界の企業減税競争はじめ経済悪化にも歯止めをかけようというものである。気候変動対策・再生エネルギー・薬価基準引き下げ、企業減税転じて増税策から成り立っている。

バイデン政権が実現したニューディール型プログラムは、二〇二一年の①米国の労働者と企業をセットで強化し米国の国際競争力を強化しようとする一・九兆ドルの経済レスキュー・プラン、②インフラストラクチャー法案・一兆ドル、③（中国に対抗する）米国内での半導体製造加速への緊急投融資・二八〇〇億ドルである。④の「インフレ抑制法」、歳出金額は四五〇〇億ドルと決して大型ではないが、ウォール・ストリート・ジャーナル紙は「バイデン就任以来の最重要の業績」（Mr. Biden's most consequential accomplishment）と表現する。

第一には、バイデン政権の主公約での画期的な気候変動対策（Climate Gamble）の漂流に歯止めをかけ、政府介入による気候変動、再生エネルギー経済の全国民的スケールの開始であり、世界的リーダーシップの確立である。★83

★83　Andrew Restuccia, "Heath, Climate, Bill Signed -- Legisllation, smaller than earlier versions, is major win for Biden, but noe he has to sell it", *The Wall Street Journal*, August 17, 2022.

バイデン政権は就任以来、この分野でまるで実績はなかった。それに、二〇二一年末に同対策を柱のひとつとする大型経済対策であるビルド・バック・ベター（Build Back Better）法案（歳出額は一・七五兆ドル）が、与党・民主党の産炭州＝ウェストバージニア州出身のマンチン上院議員の反対で頓挫した時には、バイデンのニューディール政策も終わりかとさえいわれていた。二〇二二年七月には、連邦最高裁が、温暖化ガスの排出規制を大幅に制限する判断を下し、化石燃料が主要産業の州において、脱炭素をスローガンとする金融機関との対立関係を見直す法制化を進め、脱炭素推進のバイデン政権に逆風が吹いていた。

だが、米国内の固体燃料発電プラントが次々と閉鎖される一方で、石油・ガス生産が（投資不足から）需要に追いつけないなかで、これに代替すべく、リニューアブル発電の供給量が十分に拡大しないことから、米国内で「五〇年来最大のエネルギー危機」がやって来るとの観測＝「アメリカの新エネルギー危機」が迫っている。★84

★84　Christopher M. Mattews and Katherine Blunt, "America's New Energy Crisis", *The Wall Street Journal*, July 30-31.

（2）国家主導の気候対応――再エネ政策

そこでバイデン政権は、①米国の二〇三〇年の温暖化ガス排出量の削減幅は対二〇〇五年比で約四〇パーセントに拡大されねばならない、②世界第二の超巨大排出国たる米国の国際協約に対応すべく、民主党のシューマー院内総務が石炭州ウェストバージニアのマンチン議員を説得し、③さらに巨額の政府グリーン投資を要求するバーニー・サンダース議員など党内進歩派を抑えて、④「気候変動対策と再エネ」（Energy Security and Climate Change）を主柱とする「インフレ抑制法」と称して提出した。

歳出は、気候対策に三八〇〇億ドル、医療保険の延長に七〇〇億ドル、合計四五〇〇億ドルで、二〇二一年のビルド・バック・ベター法案の歳出額＝一・七五兆ドルに比べて三分の一以下、同じく二〇二一年の超党派のインフラストラクチャー法案一兆ドルの半分弱、さらに、民主党進歩派の「社会民主主義者」を自称するバーニー・サンダース上院議員のグリーン・ニューディール・キャンペーン・パッケージ要求額＝一六兆ドルの四〇分の一弱でしかないが、米国経済のグリーン転換と気候変動対応をスピードアップさせる意味で歴史的な意味を持つといわれる。

それでも、米国史上最もアグレッシブな気候変動対策である。二〇三〇年までに全米に五〇万の充電ステーションができ、ＥＶが全車数の五〇パーセントを占めるようになる。全米はクリーン・エネルギー革新と投資のマグネットとなる。

バイデン大統領は、ＥＶ・バッテリー・チャージ・ステーションに、すでに八五〇億ドルを投じてきた。米国の太陽光発電製造能力は二〇二四年までに三倍になる。二〇二一年だけでも、地上・海上風力発電サプライチェーンに二二〇億ドルが投ぜられた。広大かつ複雑な米国経済の完全なる新改造が始まった。鉄鋼・セメントメーカーも新エネ・ベースの設備を必要とする。

一つは、財政の無規律と不公平に歯止めをかける同法の歳入の中心は、巨大企業への減税に終止符をうち、米欧企業間の新自由主義的減税競争を止めたこと。いま一つは、自社株買いに一パーセントの課税を取り決めたことである。公平性を確保し財政と税制への不審を幾分なりとも喰い止めた。

いまひとつは、民主党の内部対立への終止符を打ち、二〇二二年一一月の中間選挙での（バイデン大統領が〝労働者の味方を装うセミ・ファシスト〟と呼ぶ）共和党トランプ派との対決姿勢を示すことができる。[★85] インフレ抑制効果（企業の税負担増・一年間で二〇〇〇億ドル、薬価の引下げ二三〇〇億ドル、自社株買いへの課税七〇〇億ドルなど）は一時的といわれるが、抑制法が成立しなかった事態と比べれば、中間選挙へのそのインパクトは異なる。

★85 Michael D. Shea, "Heading into midterms, Biden turns combination", *The New York Times*, August 3-4, 2022.

オバマ政権が、その政策意欲はあっても実現できず、トランプ政権はその意欲すら持てなかった気候変動・再生エネルギーの法律が成立した。英『エコノミスト』誌によれば、「『米国における史上最大の気候変動スペンディングのパッケージ』は、たとえ政権が変動しても、容易に揺らぐことはない」と論じている。[★86] このバイデン政権のランドマーク・ポリシーは、気候変動対応と医療・医薬（メディケア）の二本立てとなっており、米国が生活安全保障をかけて切実な要求を抱く分野である。

★86　Editor, "The Democrats' tax-and-spend bill — And now for my next act", *The Economist*, August 13, 2022, pp.27, 28.

三六九〇億ドルの気候変動―再エネ・ＥＶパッケージプログラムは、二〇二一年に成立した一兆ドルのインフラストラクチャー法と連関している。後者の半分の五〇〇〇億ドルは、前の気候変動―再エネ・ＥＶプロジェクトと結合される。

米国の温室効果ガス削減は、二〇〇五年比で二〇三〇年に四〇パーセントとなり、バイデン大統領の公約数値であるマイナス五〇パーセントには及ばないが、これまで「有言不実行」のＣＯ２排出超大国といわれてきた米国の信用と世界的リーダーシップは回復される。

バイデンの気候変動対応―再エネプロジェクトには、米国のエネルギー関連企業のみならず、自動車をはじめとする製造業と金融機関も、政府が主導するこのグリーン・エネルギー革命のブームに乗り込もうとしている。

エクソンやシェブロンなど国際石油資本も、グリーン革命には反対の立場をとってきたが、環境派の取締役も経営に参入して経営戦略の転換を迫られている。BPやシェルを見習って再エネ進出を開始し、再エネ関連企業の買収にも乗り出し、炭素回収・貯留（利用）のCCS技術開発に進出しようとしている。石油州のテキサスやカリフォルニア、石炭州のウェスト・ヴァージニアに（中国に差をつけられている）太陽光、風力発電を展開し、鉄鋼の街ピッツバーグが風力発電機器の基地に生まれ変わろうとしている。

アマゾンはじめグーグル、メタは、IR法に則って世界最大級の太陽光、風力発電の開発者を目指し始めている。コダックやモトローラの旧城下町もハイテクや再エネの新興工業都市へ生まれ変わろうと歩み出している。GM・フォードが米国政府の全面的支援の下（Government GMとなって）、テスラや中国EVを抜いて世界最大のEV企業の地位を得ようとしている。

気候変動は対決する森林保護（森林火災防止）、農地環境保全農業の推進も含まれる。「グリーン・トランジションが（全米に）起き始めた。米国の気候対応法は動き始めようとしている」とニューヨーク・タイムズ紙は高らかに論述する。★87

★87 David Wallace-Wells, "The green transition is happening, and the U.S. climate bill will speed it up", *The New York Times*, August 23, 2022.

バイデン大統領は、議会に対して、クリーンエネルギー産業の台頭による数百万人の高級（組合）労働者の創出に向けて、一〇〇億ドルの「雇用計画」（Jobs Plan）の発動を要求している。それは、一九三〇年代のニューディール期に三〇〇万人以上の雇用を創出して国土建設、ＴＶＡ、フーバー・ダム建設などインフラ建設を推進した政府機関ＣＣＣ（市民保全部隊＝Civilian Conservation Corps）に範をとった「次世代労働力保全と労働者再生」（The next generation of conservation and resilience workers）の機関を設けようというものである。労働力・研究開発人材の育成への直接投資については、その実現の見通しは立っていないが、二〇二一年秋から着手されている。★88

★88　Jim Tankersley, "Biden Signs Bill on Taxes and Climate", *The New York Times*, August 17, 2022.

気候変動対策―再生可能エネルギー開発を主柱とするインフレ抑制法（ＩＲＡ）のなかに、もう一つの柱として、アメリカ人が最大の難問としているメディケア（医療保険の補助延長、薬価基準の引下げ、高齢者の高額医療の引下げ）をとりあげている。オバマ、トランプ政権が取り上げようとして、いずれも国際医薬・医療資本、巨大医療保険の抵抗に遭って敗退しているが、バイデンのこの挑戦が、ワシントンで「石油ロビー」やＧＡＦＡＭの巨大ＩＴロビーより強大な最大の政治ロビーである「ビッグファーマ」ロビー活動による業界反対圧力（fierce industry opposition）を克服できるとすれば、バイデン・ニューディールの奇跡的成果といえるであろう。★89

★89　Ibid, *The Economist*, Aug. 13, 2022, p.28.

もともと、F・D・ルーズベルトの改革は政治的配慮が濃くて、現実の政策上裏付けの弱いもので、大資本・エスタブリッシュメントの基盤を安定させる方策を主軸とするのであったにせよ、積極的な施策を通して社会改革や民主化を成し遂げ、その先鞭をつけた。そして、米国の大衆層は、自ら「忘れられた人々」でなかったことを悟り、現行の社会体制から離反しなかっただけでなく改革政策を推し進める政党を支援する有力な議会勢力となった。

バイデンのニューディール体制は、深刻な「格差拡大」のなかで、新しい規制と社会保険制度を確立し、企業は政府から財政、技能労働者、技術供与などの支援を受け、それと引き換えに投資と雇用の目標を達成する。バイデン・ニューディール経済政策は、米国製造業復活の「生産主義」のもとに、社会のすべての地域と階層の生産能力の強化に主眼を置く。学歴や技術の低い労働者、技術や技能が古くなった労働者が、どこに住んでいても得られる雇用の量や質の向上を直接目指そうとしている。

ただし、米国の政策の半分以上がハイテク製造業の振興に向かっており、米国製造業の回復・発展・サプライチェーン国内回帰で成功したとしても、雇用へのプラス効果は限られた範囲にとどまる。米国の雇用の大半は、製造業ではなく、ヘルスケア、長期介護、小売りサービス業からで、製造業部門の労働者は一〇人に一人でしかない。その意味で先の「インフレ抑制法」に「気候対策」と並んでヘルスケア、メディケア条件を盛り込んだのは、バイデン政権の新たな挑戦である。

同法案は、二〇二二年七月決定の半導体製造業への五二〇億ドル補助金法案とともに、中国への米国の国家安全保障強化、「質の高い雇用」（特に独自の労働者政党を持たない労使協調型の「中間層」としての労働組合）を目指すが、前者は達成できても、後者の目標はなお見通し困難である。そして、バイデンの「ニューディール」の戦略エネルギーは、なお尽きることを許されない。

（3）ウクライナ戦争の〝勝者〟として

バイデン政権のいまひとつの挑戦は、ウクライナ戦争における米国のリーダーシップと、政権樹立以前から用意してきた中国との新型冷戦の展開により「民主主義陣営」の新国際秩序の再構築の問題である。ウクライナ戦争は、クレプトクラシー（Kleptcracy 泥棒政権）のプーチン独裁ロシアと西側資本主義との世界的規模での戦いである。それは、「流血を伴う戦場」の地域戦争と「流血を伴わない」金融・経済・産業の「制裁」と封鎖という世界的パワーポリティックスを組み合わせた世界規模の戦争である。

いずれも米国が主導権を握り、「残虐な流血を伴う戦争」では戦場空間の拡大を避けると同時に、バイデン政権は、二〇二二年の武器貸与法（レンドリース）でウクライナ、欧州連合（EU）諸国に速やかに武器貸与する（一九四一年のF・D・ルーズベルト政権の武器貸与法に範をとる）。米国軍産複合体は欧州軍産複合体を伴い、長期戦に備える体制を確立した。

戦闘がソフト第一となるなかで、IT巨大企業も「戦場関連ソフト」市場に近づこうとしている。アルファベット、アマゾン、マイクロソフト、オラクルは、国防総省が導入する「JWCC」という戦場関連クラウドのプロジェクト（九〇億ドル、五年契約）を共同で受注しようとしている。

同時に、ロシア産業・経済・金融制裁において、多国籍企業・金融資本が先頭に立って包囲網を形成する。クレプトクラシー・ロシアに対して、GDPで一三倍強（二〇二一年実績）の米国が西側資本主義諸国を率いて、産業・経済・金融の連合制裁を仕掛けている。世界第二位と三位のロシア石油・ガス巨大企業と世界最大の穀物生産力、そしてその取引銀行であるロシア最大のズベルバンク等を、世界金融取引システムであるSWIFT決済網から排除した。それは、米欧国際石油資本と米（欧）国際穀物商社（国際穀物メジャーズ）が、ロシア勢を追放して彼らが再び世界のスーパートップに立ち返り、価格急騰の極大利潤（ウィンドフォール）追求者となることを意味する。エクソンモービルやシェル、BPは二〇二二年第2四半期に史上最大利益と株価急騰を得、三〇年来生産過剰に苦しんできた米国穀物生産は世界最大の輸出者に返り咲いた。

その対極で、世界的なエネルギー価格高騰と二億七〇〇〇万人の飢餓をもたらす危機を伴いつつも、制裁から発した経済優越性に基づく軍事同盟型のパワーポリティックスの世界へ進もうというもので、一九三〇年代の「カール・シュミットの世界」（地政学）を二一世紀二〇年代に持ち込もうというものである。

バイデン大統領は、帝国主義者呼ばわりを注意深く避けつつ、世界のデモクラシーと自由の陣営の再強化と強権独裁政権との戦いという米国外交のリベラル国際主義の伝統（グローバルな平和と安定、民主主義と自由市場、米国主導の国際秩序への参加）の「炬火持ち走者」（torch bearer 啓蒙家的指導者）

としてウクライナ戦争に対決している。それは、「アメリカ・ファースト」の孤立主義の立場に立ち強権的独裁者（autocrat）や極右勢力を擁護し、米国の理想と断絶するトランプ主義者とは際だった対極を示すものである。★90

★90 Edward Wong, "Biden puts democracy at the center of his agenda", *The New York Times*, September 7, 2022.

それはあたかも、Ｆ・Ｄ・ルーズベルト大統領が、国内経済情勢悪化で不利とされていた第三期目を目指す大統領選で（一九三九〜四一年）、自由・民主主義陣営の防衛と国際主義を掲げて、チャールズ・オーガスタス・リンドバーグがアメリカ・ファースト協会を設立し「アメリカ・ファースト」を叫び、親ナチズム・孤立主義を掲げつつ国民的人気を高めていた政治状況下、ナチズム、ファシズム、日本軍国主義の急速台頭のなかで、逆転大勝した歴史的展開の事実を連想させるものである。

（４）中国との新型冷戦へアジア版ＮＡＴＯ形成

米国には、ロシア制裁で新グローバル秩序構築の力量はなく、新たに日本、豪州などを含めた全構成国参加の米国システム再構築を目指さなくてはならない。だが、欧米諸国が取りかかる反ロシアの体制づくりは、ドイツはじめ欧州諸国に経済軍事化によるＧＤＰの縮小を強いるものであり、米国経済もインフレに見舞われ、ウォール街の頂点に立つJPモルガンのダイモン最高経営責任者は世界的不況の「ハリケーンが近づいている」と警告している。

本来ならクレプトクラシーの「その将来」を見過ごして、中露を排除・包囲を目指すのではなく、共同者に引き込んで、人類共通の緊急課題（気候変動など）に取り組まねばならない。だが、日本、豪州、ニュージーランドにも出席を求めた六月のNATO首脳会議では、ロシアを世界経済への「戦略パートナー」から「脅威」と決めつけ、中国を「挑戦者」として露・中を包囲した新戦略構図を目指す。経済的制裁から発する「経済的な権力地位」の経済優越性に基づく軍事同盟型のパワーポリティックス世界へ進もうとするもので、一九三〇年代初期の「カール・シュミットの世界[★91]」を二一世紀二〇年代に持ち込もうというものであり、エマニュエル・トッド氏は「世界は第二次世界大戦の瀬戸際」と表現している。バイデン政権はウクライナ戦争で獲得した主導権を中国との新冷戦に結びつけようとしており、NATOと来たるべき「アジア版NATO」との結合を図ろうとしている。そしてロシアは、制裁対象に入っていない欧州NATO諸国向け天然ガスの実質輸出停止の挙に出た。

★91 「経済的優越によって獲得された政治的地位が、（ヨゼフ・シュムペーターが、一九一九年にその著『帝国主義の社会学』でのべたように）「本質的に非好戦的」であるなどと信じることも誤りであった。（中略）経済的な基盤にたつ帝国主義は、もとより、たとえば信用の停止・原料封鎖・他国の本位制の攪乱等々の経済的権力手段を妨げられることなく使用でき、またそれによって切り抜けていけるような状態を、地上に招来しようと努めるであろう。」C・シュミット『政治的なものの概念』田中浩

／原田武雄訳、未来社、一九七〇年、一〇一ページ。

ロシアのウクライナ侵攻が長期化する一方で、アジアにおいては、中国がインド太平洋地域で攻勢に出て勢力圏拡大を進めている。バイデン政権は、ロシアと中国という二正面での対応を迫られ、急ぎ日独との同盟強化の下に軍事費を増額、米中に続く世界第三位（日本）、第四位（ドイツ）の軍事大国に仕上げ、米・英・豪の安全保障の枠組み（軍事同盟）＝AUKUSとクアッド（QUAD 日米豪印戦略対話／四カ国安全保障対話）、ASEANはじめアジア諸国の防衛協力を組み合わせて「アジア版NATO」をめざしている。日独両国も米国の新型冷戦の下、第三、第四の軍事大国への道を模索し始めている。「日米同盟」の強化、「米独軍事協力」の強化によって、アジア版NATOと欧米NATOの組織化に特別の役割を果たさせる。

中国が「中華民族の偉大なる復興」のスローガンの下、西側同盟の態勢が整わないうちに新秩序を先取りしようと軍事外交攻勢を強めている。中国は、米国海洋帝国とドイツ海洋帝国（第一次世界大戦時）の原典となったアルフレッド・セイヤー・マハンの『海上権力史論』（The Influence of Sea Power Upon History）に倣った太平洋（南シナ海）とインド洋に展開する海洋帝国の建設に二一世紀に入って着手し始めた。インド洋ではジブチに最初の海軍基地を建設し、パキスタンのグワダル港、スリランカのハンバントタ港と軍艦船寄港地を加え、中国の「内海」としての南シナ海の軍事活用化を進め、武力による台湾統一の可能性も示唆し、中国とソロモン諸島の安全保障協定をはじめ太平洋諸国への軍事外交攻勢も開始し、中露爆撃機共同運用、中露艦艇の共同パトロールも強行する。中国の二〇三〇年までの（米国に対抗の）大型空母六隻保有（うち原子力空母は二隻）は、台湾を軍事的に制圧しようとするもので、アジア、アフリカ進出中国企業に向けた人民解放軍や警察官の派遣と現地の治安管理に進出し始めた。覇権展開から「帝国」へと戦略移管を開始したといえよう。

これに対しバイデン政権は、政権発足当初から対決姿勢を表明し、中国が台湾に武力侵攻すれば「米国は台湾防衛のため軍事力を行使」と明言し、一九七九年の米中国交正常化の際に制定した「あいまい戦略」（Strategy of Ambiguous 台湾に自衛の武器は提供するが防御義務は明示しない）からの転換さえ表明した。米国政府は二二年会計年度から六年間で二七三億ドルの、沖縄からフィリピンを結ぶ第一列島線に沿った米国の対中ミサイル網建設計画をスタートさせた。

さらに米軍は中国の核ミサイル増強と海洋展開に向けアジア・太平洋の各地に軍事拠点を拡張しようとしている。ウクライナに五〇〇億ドル近くをつぎ込んだ米国の目的は、軍事同盟参入強化（日米核兵器共同管理、敵基地攻撃能力保有、ＮＡＴＯとの関係密接化など）であり、米豪日印の「クアッド」四か国と韓国、ニュージーランド、ＡＳＥＡＮ七か国（シンガポール、タイ、マレーシアなど）を加えたＩＰＥＦ（インド太平洋経済枠組み）の形成であり、アジア版ＮＡＴＯ結成をめざしている。

けだし、日本を含むアジア各国は、またインドはじめグローバルサウスといわれる多数の国々も、国家安全保障の多くを米国に依存しているとはいえ、経済成長は中国に依存し、現下のロシア経済制裁にも反対である。米主導経済枠組みのＩＰＥＦに参入しても、アジア各国の中国依存の経済的基盤に変化はなく、米国の経済依存（貿易拡大）もバイデン政権発足以後はいっそう強まっている。米中新型冷戦は双方の国家利益を大きく損なう。

「冷戦に勝者なし」（ニューヨーク・タイムズ一九九二年一〇月二八日論文）という、かつて冷戦理論のイデオローグであったジョージ・ケナン氏の貴重な教訓を、クリントン大統領以後の米国大統領は聞き入れることができなかった。中国と対決する新型冷戦でも勝者はあり得ない。単に日米核兵器共有、敵基地攻撃は時代錯誤であるばかりではなく、東アジア全体の非核地帯構築に向けたＡＳＥＡＮ一〇か国＋日米中による平和の枠組み構築のオールタナティブに進むべきであると教示している。中国の人民日報も、「中米新冷戦は何人の利害にも符合しない」という論調を二〇二〇年から掲げている。★92

★92　彼得・沃克（米中問題の第一人者）「『新冷戦』不符估何人利益」、人民日報、二〇二〇年八月一三日号。

この東アジア非核地帯構想は一九七一年に立案され、一九九五年の冷戦終了後に米国政権の賛同のもとに東南アジア非核兵器地帯条約として成立した非核地帯構想を基本とし、中国の軍事力強化や南シナ海での領海権主張にも対応し得るものでもある。アジアは世界製造業の中心で、特に台湾は先進半導体の世界中心地となりつつある。これを軍事同盟諸国内でのサプライチェーンに組み替えることは、グローバル経済の流れを歪めるものである。中国をめぐるグローバル化推進モデルは、中国の経済発展が世界の安定と成長にとって相互互恵関係を深めた段階から、経済超大国化した中国が脅威となり軍拡を伴う膨張主義に転じ、台湾、インド、日本、フィリピンはじめインド太平洋に向け、領土拡大や影響力拡大に乗り出す段階へ転じたのである。中国の経済発展は、世界中で望まれるところであり、今後も続く中国の台頭をどう管理していくかが緊要課題となっている。いまこそアジアに非核平和繁栄秩序の構築を目指す好機である。

F・D・ルーズベルト大統領の革新政策を見習ってきたバイデン政権が、政権発足当初から中国に対しては敵意まる出しの政策を打ち出し、歴代大統領で最も好戦的なセオドア・ルーズベルト政策パターンに転じ、アジア・アフリカのみならず全世界が「恐怖」の懸念を深めている。[★93]

★93 Edward Luce, "Speaking softly serves the US surprisingly well.", *Financial Times*, December 1, 2022.

バイデン政権は、外交の軸足を完全にアジアに移し、超党派の集団思考からくる拙速な敵視政策に基づく強硬策で台湾問題に臨んでいる。新冷戦ともいわれる米中対立は、①二〇一〇年代後半のオバマ政権第二期から南シナ海の安全保障、サイバースパイ問題、トランプ政権期には貿易戦争が持ち上がり、②二〇年以降のコロナウイルス感染問題では米国側は中国の一党独裁共産党体制へ圧力をかけ、③二二年二月のロシアの侵略以降、米中対立は第三段階に入った。米国はロシアの敗北をめざし、中国はロシアを擁護し、世界秩序をめぐる衝突へ発展し、そこへ台湾問題をめぐる軋轢（あつれき）が深まり、このまま緊張が強まれば、意図せざる衝突が起きかねない。

中国側の習近平国家主席は、全国政治協商会議で、米国を名指しして、中国を「封じ込め」「包囲」し「抑圧」していると述べている（二三年三月）。中国が懸念しているのは、日本の防衛費倍増と日米共同作戦計画、米国のフィリピン・インド接近、米英豪の軍事同盟（ＡＵＫＵＳ）、米日豪印の「多角的連携」クァッド（Quad）などである。

それでも米中経済は相互依存関係にあり、二〇年以降の貿易は急成長で、米国多国籍企業の中国ビジネスは好調である。米国として対中制裁や貿易制限は半導体、人工知能（ＡＩ）、バイオなど、対中競争上の必須部門に絞って、中国が台頭し存在し続けることを前提とした長期の戦略的競争を続けていくほかない。米中の、とりあえずは突発的軍事衝突を防ぐ制度を設ける必要がある。★94

★94 Gideom Rachman, "Halting China's growth can not be West's Goal", Financial Times, 3 January, 2023.

第2章　ＩＴ巨人・ＧＡＦＡＭの解体的規制をめぐる攻防

1　巨大プラットフォーム企業の膨張性と破壊力

巨大ＩＴ（情報通信）企業の成長力は、いまやその頂点を過ぎたともいわれている。二〇二二年の後半に至って、その収益性は悪化し、投資増額ペースの鈍化、アマゾンやメタなどにおける数万人のレイオフ、そして米国株高の牽引役だったネットフリックス、テスラ、ＧＡＦＡＭ（グーグル、アップル、フェイスブック、アマゾン、マイクロソフト）株価の暴落を見ることになった。二一世紀米国のベスト&ブライテスト企業の典型とされるＧＡＦＡＭ五社の解雇に続いて、大量リストラの嵐は八〇〇社に近いテック企業にも広がり、あわせて一五万人以上が、二二年一～一一月の間に解雇された（米情報サイト layoffs.fyi）。電子メールで五〇〇〇人を解雇したツイッター社のイーロン・マスクＣＥＯ（最高経営責任者）の残酷さは特別としても、この大量解雇が「業界風土」になるかもしれないと米国ＩＴ業界では語られている。

ＧＡＦＡＭは、その成長体験を忘れることができず、大量解雇を乗り越えて新事業分野の拡張を続ける。ヘルスケア（デジタル医療）、金融から再生可能エネルギー事業へと挑戦し、エスタブリッシュメント企業に先駆け、後から追いかけてくる新技術革新経営のスタート・アップ企業を成長期前に買い取る「キラー買収」を急ぐ。だが、米欧におけるＧＡＦＡＭの新型独占・寡占体（反対者であろうと、それに依存せざるを得ず、その巨大情報独占体の支配のもとで、知的生産者の独立性や自由が掘り崩され、企業の操り人形とされる）に対する警戒は一段と強まり、バイデン政府は、ＧＡＦＡＭの解体的規制を国家政策として推進し始めている。ＧＡＦＡＭのＭ＆Ａ（合併・買収）を主とする成長はより難しくなりつつあるなかで、戦略転換をはかり始めた。

アマゾンやメタが、バイデン再生可能エネルギー政策に参入し、マイクロソフト、グーグルがペンタゴンのＡＩ兵器開発プロジェクト受注をめざす戦略へ転じようとしている。

業績悪化のなかでも、ＧＡＦＡＭの政治ロビー活動費は史上最大規模となり、新たな主要な国家政策研究機関（シンクタンク）への資金提供も開始した。「もう一つの政府」をめざしていたＧＡＦＡＭ帝国は、国家と共同し、国家を活用するパワー・プレイを打ち出している。

（1）　ＧＡＦＡＭ・ビッグテック帝国の範図拡大

四〇年ぶりの産業政策転換のなかで、バイデノミックスが当面する最大の難関は、二一世紀型の巨大テクノロジー企業（米国ではビッグテック・世界的にＧＡＦＡまたはＧＡＦＡＭ）のトラスト規制問題である。

「バイデン大統領は、我々が今後の半世紀には経験することのない大難題に直面している。新自由主義の過去四〇年間の成長と失敗がもたらした企業集中——それが米国デモクラシーの基礎を脅かしている。ほかならぬ現代のテック巨人の実体がそれであり、かつて（F・D・ルーズベルト政権下）の難題、巨大トラスト＝スタンダード・オイルやAT&Tよりも大きい影響力を持つ。現代の巨大トラストは我々の生活に浸透し、ソーシャル・リレーションを仲介し、情報アクセスをもコントロールする」と、マーク・プライヤー民主党上院議員は「ニューヨーク・タイムズ」紙上で述べる。★1

★1 Mark Pryor, "F.D.R took down giants , Biden can, too", *The New York Times*, March 31, 2021.

GAFAはスケール効果とネットワーク効果を最大限に発揮し独占利潤を入手する。さらに、そこからフィードバック効果を引き出し製品の高度化をはかる。コロナウイルス危機のなかでも膨張し続け「利益総取り」現象を創出している。

GAFAにマイクロソフトを加えたGAFAMは、一〇年前までは、米国のイノベーション力の象徴とみられていた。だが、プラットフォームとしての市場独占によって、競争相手や新興成長企業を根絶やしにし、顧客のデータを、その顧客が知らないところで加工、又貸しし、広告用に搾取し、選挙操作の餌としている。GAFAMはパソコンを使いこなすエリートばかりでなく、彼らに反発する民衆をも手なずけてしまう象徴支配のキメイラ（ギリシャ神話の多頭獣人）である。彼らのサービスは生活の隅々に浸透し、経済・政治・文化をまるごとかすめとってしまう。

彼らは実のところ米国を技術革新の産業国家にするどころか、長期的には生産性と成長を阻み、衰退へと向かわせる可能性を秘めている。「フィナンシャル・タイムズ」の主席コメンテーターのラナ・フルーハー氏によれば、「ビッグテックのコロナにおける富の膨張はデジタル巨人独特のものであり、アップル、アマゾン、メタ（フェイスブック）、グーグルとネットフリックスのFAANGの五社の株式時価総額はフランスのGDPを上回り、フェイスブックのユーザー数は三〇億人有余に達しており、中国の人口を上回るだけでなく、米英仏日とロシアの総計人口を上回る。この二〇年間にビッグテックが膨張するにつれて、米国の上場ハイテク企業の半分以上が消え去り、米国経済はいっそう集中し寡占化され、ビジネスダイナミズムと企業化精神は劣化した」という。[★2]

★2　Rana Foroohar, "*Don't Be Evil The Case Against Big*", Penguin Random House. 2019, pXiii.

アマゾン・ドット・コムが既存の小売業を脅かして、「アマゾン・エフェクト」（米国小売り一万店が一七〜一九年の三年間に閉店）がその典型である。「アマゾンは史上のどの企業よりも早く、長く、大きく成長しすぎていると投資家たちは見る。はたしてそのままでいいのだろうか」と、『エコノミスト』誌が一七年に警告を発している。[★3]

★3　Editor, "Briefing Amazon-Primed", *The Economist*, March 25, 2017.

主に「略奪的価格設定」（predatory price）と初期企業買収によってターゲット企業を倒しつつ、アマゾンは、書籍通販から家電、日用品からEV、ロケット、AI、太陽光発電の有望企業を傘下に取り込んできた。ベビー用品のダイバース、一一年には名門書店のボーダーズ、一五年には家電量販のラジオシャック、一七年は玩具販売のトイザラス、一八年には名門百貨店シアーズ・ホールディングスを傘下に取り込んできた。

プラットフォーマーとしてのアマゾンは、ダーウィン型の無慈悲な適者生存競争環境を社内に取り込み、次々と新興成長ベンチャーを買い取って、多数のプロジェクトを同時に走らせて、その中から優秀なイノベーションを取り上げ、途切れることのない体制を創り出していった。

その結果、一九七四年の発足から二六年余で、売上高はウォルマートについで世界二位、株式時価総額はクライマックスに到達、米国と世界で一位アップル、二位マイクロソフト、四位アルファベットについで、五位（一兆六三五二億ドル）である（表2－1）。

ダウ工業三〇種平均指数銘柄企業にも組み込まれようとしている。そして、ワシントンDCの連邦政府の建物が集中するアーリントンに第二の本社（戦略本社）を築いた。二〇一四年に、米国第一のクオリティ・ペーパーの「ワシントン・ポスト」紙をジェフ・ベゾス個人の資格で買収している。デジタル世界の広大な領域を支配するプライベート・コーポレーションによるプライベート・ガバーメント（もう一つの政府）である。[★4]

★4　Binyamin Appelbaum, "Why are tech companies acting like governments?", *The New York Times*, May 21, 2021.

二〇年前には無頓着で革新的かつ楽観的だったビッグテックが、なぜいまや貪欲かつ排他的かつ傲慢になったのか。それは、「もし永続的な価値を吊り上げそれを手にしたければ独占を構築すること」という、シリコンバレーの教祖ピーター・ティールの教えを死守するためである。巨大テックは圧倒的なプラットフォーム支配力を武器にコンテンツ事業者やアプリ開発企業をコントロールする。新たな企業モデルのライバル出現の芽を摘む「キラー買収」を徹底。膨大な労働者群を労働組合もほ

表2-1　世界時価総額ランキング（TOP10）

2019年4月

順位	企業名	時価総額（億ドル）	業種	国名
1	アップル	9644.2	IT・通信	米国
2	マイクロソフト	9495.1	IT・通信	米国
3	アマゾン	9286.6	サービス	米国
4	アルファベット	8115.3	IT・通信	米国
5	シェル	5368.5	エネルギー	英国
6	ハザウェイ	5150.1	金融	米国
7	アリババ	4805.4	IT・通信	中国
8	テンセント	4755.1	IT・通信	中国
9	フェイスブック	4360.8	IT・通信	米国
10	JPモルガン	3685.2	金融	米国

2022年1月

順位	企業名	時価総額（億ドル）	業種	国名
1	アップル	28281.9	IT・通信	米国
2	マイクロソフト	23584.4	IT・通信	米国
3	サウジアラムコ	18868.9	エネルギー	サウジアラビア
4	アルファベット	18214.5	IT・通信	米国
5	アマゾン	16352.9	サービス	米国
6	テスラ	10310.6	一般消費財	米国
7	メタ	9266.8	IT・通信	米国
8	ハザウェイ	7146.8	金融	米国
9	NVIDIA	6817.1	IT・通信	米国
10	TSMC	5945.8	IT・通信	台湾

出所：日本経済新聞「世界時価総額ランキング—2019年と2022年」より

とんどない状況のまま苛酷かつ低賃金で抱え込む（労働分配率の極端な低下による原始的蓄積）。その高度独占体制を維持すべく、政治過程の買収を加速する。議会とＦＴＣ（米連邦取引委員会）による独占解体の動きを止めるべく、ワシントンでのロビー活動を強化している（後述）。ロビー活動出費は、利益をオフショアに隠し、税金逃れの政治力、外交力にも転化する。クレディ・スイスの二〇一九年の推計では、アップル、マイクロソフト、オラクル、グーグル、クアルコムなど、シリコンバレーの大手ＩＴ企業一〇社は、海外口座に六〇〇〇億ドルを「合法的」に逃避させている。★5

★5　Rana Foroohar , *"Don't Be Evil-The Case Against Big"*, Penguin Random House, 2019 Author's. Note Xiii（Author' preface）.

アップルについては、二〇一六年八月に、欧州連合（ＥＵ）の執行機関・欧州委員会で競争政策担当のエリーザベト・ヘステア委員が、同社が税務当局の手の及ばないオフショアに推定二一五〇億ドルの資産を保有し、アイルランド政府による税優遇措置を使って、同社の税率は〇・〇〇五パーセントでしかないと言明。アマゾン、米マクドナルドについても問題視していることを明らかにした。二〇世紀初めのＪＰモルガンと同様に、「自分が絶対に正しい」との怒りを込めて、アップルのティム・クックＣＥＯは、欧州委の長年にわたる調査と判断に対して「たわ言」と痛罵した。★6

★6　Rana Foroohar,"Apple Sows Seeds next Market Swing" *Financial Times*, May 14, 2018.

さらに、GAFAのプラットフォームは、ロシアや中国がディスインフォメーション（デマ）の地政学的通路（手段）とすることを許可してきたという。二〇一六年の米国大統領選挙の際に、ロシアのプーチン政権がフェイスブック上で情報戦を仕掛け、フェイスブックはこれを放置して共和党側を有利にしたというので、米国民から批判を浴びた。さらに若年者に中毒性が強く精神の健康被害があることを知りつつ「利益優先で」一〇代の少年少女向けの新サービス開発を進めたことから、連邦議会で非難を浴びた。

バイデン大統領は、二一年七月にフェイスブックをはじめとするソーシャル・メディアがロシアによる大統領選への介入やパンデミックにおける情報操作による「(大事件）引火点」(the latest flash point）になっていると警告し、「フェイスブックなどのプラットフォームがコロナウイルスに関するディスインフォメーションの流通を仲介し多くの人々を殺してきた」と、メリーランド州のキャンプ・デービッド海兵隊基地で演説し、「国家安全保障にかかわる危機」と示唆した。★7

★7　Zolan Kanno and Cecilia Kang, "Biden Condemns Vaccine Disinformation on Facebook", *The New York Times*,July 27, 2021.

フェイスブックの創立者兼最高経営責任者のマーク・ザッカーバーグ氏にしてみれば、フェイスブックの会員は三〇億人強であり、人口三億人の米合衆国の大統領の「抗議」もそれほど大きくは見えず、謝罪する必要性も感じていないようだといわれる。

それは、二〇世紀初頭に、（アンドリュー・カーネギーの）鉄鋼、（トーマス・エジソンの）電力と電機、（アレクサンダー・グラハム・ベルの）電話・通信の巨大企業創設に携わった銀行家・帝王のジョン・ピアモント・モルガン一世が（大統領専用ヨットより大きく高速の渡洋ヨットに乗って）、自分は大統領と対等の立場にあると考え、発言して、セオドア・ルーズベルト大統領を怒らせたのに似ていると、ウォール街やワシントンでは語られているという。同大統領は、スタンダード石油トラストの解体に着手し、四代後のフランクリン・デラノ・ルーズベルト大統領は、モルガン金融独占の解体とスタンダード・ヴァキューム・オイルとアルコア・アルミニウムの独占解体を断行した。バイデン大統領は当時よりはるかに大きな怪物に当面しているのである（図2―1）。

（2）シャーマン反トラスト法の変革

二〇年以上前には、ＧＡＦＡはまとまりがなく頼りのないユニコーン（評価額一〇億ドル以上で非上場のベンチャー企業）であり、カリフォルニア・シリコンバレー流の情報・データの世界は、無料・中立で自由だったはずが、いかにしてデータをカネに変えて世界の支配権力に変化したのか。情報の民主化の目標がどのようにして民主主義の素地そのものを破壊する過程になったのか。

「創造的破壊」をもたらした企業・経営者も、制約がなければ、強欲資本となり、企業は独占に走り、それによって技術革新をもたらした企業には利益が集中する。創造的破壊で急成長・急膨張した

図2-1　GAFAによる世界市場シェア

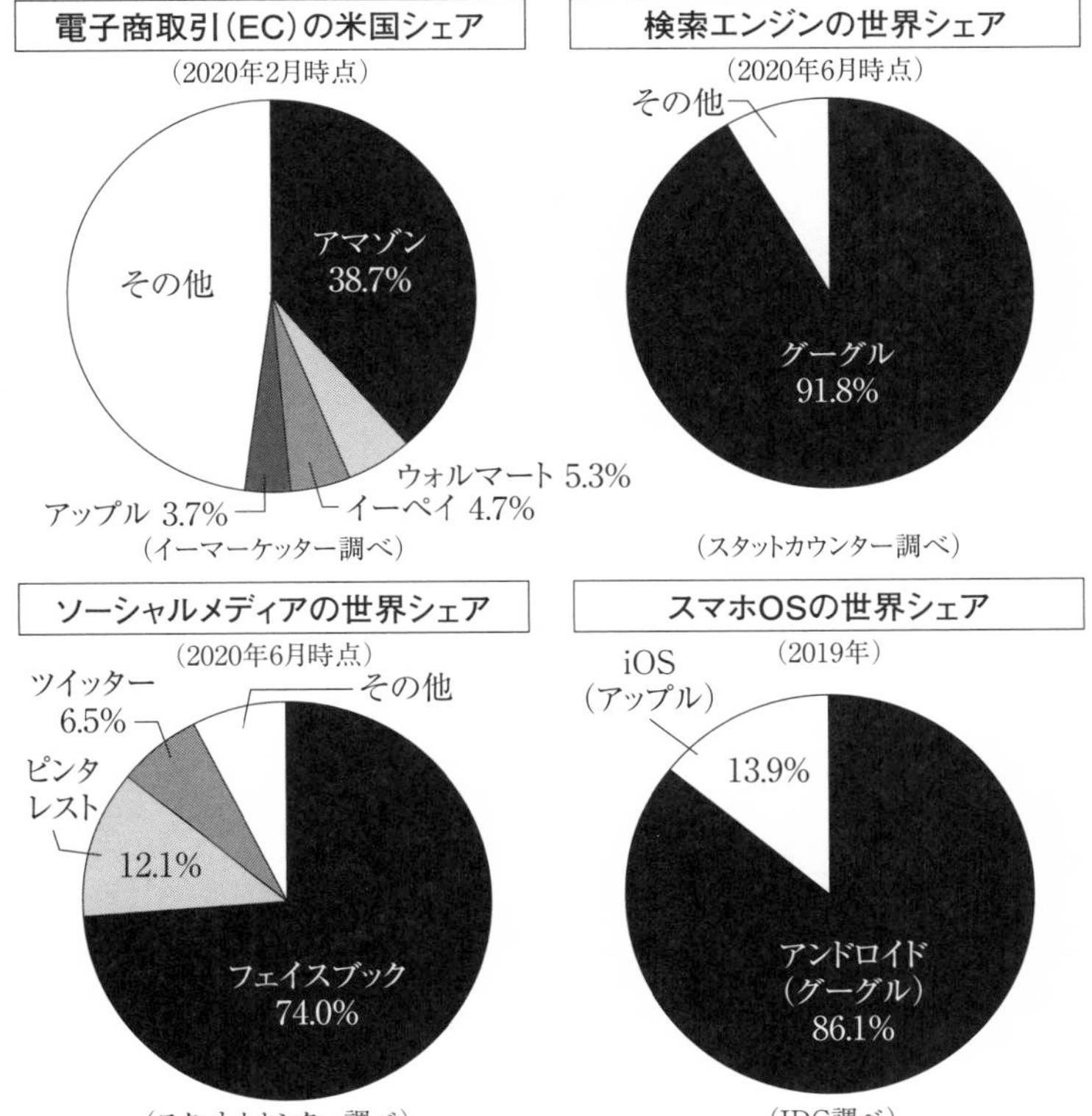

出所：日本経済新聞 2020年10月8日付

独占企業は既得権益を守り、そこに安住しようとする。資本主義は、時代ごとに強欲な資本家の手から救出する必要があり、それによって競争をもたらせば再機能するが、大成功の資本家は競争をこのまないのみならず新しく台頭する競争者を買収するか打ち倒し、新しく出現し成長する新生の小企業を圧殺するか、買い取ってしまう（キラー買収)。

この事実をよく理解していたのが、第二六代セオドア・ルーズベルトで、彼は二〇世紀初頭に、カルテルやトラストの独占を禁ずる独占禁止法のシャーマン法(一八九〇年)を使って、巨大トラスト企業の独占利潤追求を規制しようとしてきた。「トラスト・バスター」(trust baster)と呼ばれつつ、最大の献金者たるスタンダード石油トラストの解体へと挑戦した(スタンダード石油の解体は一九一一年)。

以後、時代によって変化はするが、反トラスト法(独禁法)は、シャーマン法、クレイトン法(一九一四年)、パットマン法(一九三六年)へと追加・強化されたが、ビッグビジネス(メジャーズ)も、競争下でなら利益をあげることが正当化されてきた。

(3) 新自由主義下の独禁法変革とGAFA

だが、新自由主義の一九八〇年代から四〇年間にわたって、反トラスト法の解釈・運用は、フリードマン教授の司法界における盟友ロバート・H・ボーク(イェール大学法学部教授、レーガン政権の高等裁判所判事・ニクソン政権末期の司法長官代理)の下で大変革を遂げ、「反トラスト法は、巨大企業の力量を制限するどころか、これを促進するツールとなり、米国の消費者たちは従来にもまして高い代償を払うことになった」と、弁護士で法学者でもある民主党上院議員マーク・プライヤー氏は「ニューヨーク・タイムズ」紙上で述べている。

同氏によれば、反トラスト法は、本来は巨大企業の力量と集中を制限する法律であったにもかかわらず、一九八〇年代から政府機関とボーク教授指導下の米国法律界によって競争力を維持するよりも企業力を強化する法律に書き換えられた。[★8] 四〇年の間に司法省をはじめとする米国反トラスト機関の退化は、民主党・共和党間に浸透した。四〇年間の衰退のなかで最大の落ち込みは、オバマ政権の八年間で、その間に独占化推進事例審査機能は完全に停止してしまった（リーマンショック下のウォール街四大銀行・投資銀行への集中合併。同時に労働分配率の低下、企業の新規設備投資の減少、生産性の伸び率低下が始まった）。

★8　Mark Pryor ,"F.D.R. took down giants, Biden can, too", *The New York Times*, March 31. 2021.

この間に、シャーマン反トラスト法は、ロバート・ボーク教授らの勢力によって変革され、ジョン・シャーマン上院議員の名を冠することができないほど書き改められたという。ちなみに、レーガン政権下で、同大統領がもっとも信頼していたロバート・ボーク氏を最高裁判事に任命しようとしたが、これを阻止した民主党上院議員のひとりが、米国ビッグビジネスの拠点、デラウェア州の会社法律事務所弁護士出身のバイデン上院議員であった。一方、クリントン大統領はイェール大学でロバート・ボーク教授の薫陶を受け、新自由主義経済政策を推進し、巨大企業、巨大銀行同士の合併統合化を推進した。

約二〇年間は、マイクロソフト訴訟を除き巨大企業の訴訟に着手しなかった司法省と米連邦取引委員会（FTC）だが、二〇年一〇月にグーグルに対する米司法省の法廷闘争が始まり、世界中に衝撃を与えた。

GAFA規制の動きは、二〇一五年以来、欧州が中心だったが、米国でも国家をしのぐ影響力を持ち始め、様々な弊害が出始めたことから、規制すべきという意見が主流を占めるようになった。二〇一九年から、司法省、FTC、そして議会（特に下院司法小委員会）で調査が始まった。

二〇二〇年には、一二月にFTCが、四八州の司法長官とともに、フェイスブックの過去の買収（インスタグラムの一二年とワッツアップ一四年の買収）に関して提訴した。

また、テキサス州はじめ一一州の司法長官がグーグルの広告事業に対して、コロラド州など三八州・地域の司法長官が同社の検索事業に関して、それぞれ反トラスト訴訟を起こした。いずれも事業分離を求めたもので、巨大IT企業をめぐる米国司法機関の動きは、巨大テックの規制強化を選挙中から主張していたバイデン政権発足直前からにわかに活発化した。

GAFAによる「市場の独占」は、談合やカルテルといったこれまでの反トラスト法の適用とは異なり、立証や違法行為の認定が難しい。四〇年間の新自由主義経済政策で、大企業の巨大化と集中化に有利なように反トラスト法が書き改められ、大企業規制執行には消極的で判例の積み重ねがない米国で、どこまで司法省独禁局やFTCがたたかえるのかには、当初から疑問の声が多かった。

ＧＡＦＡは、新型の独占による過剰利潤の体系を維持すべく、政治過程に発言力強化の手を広げつつある。彼らのワシントンでのロビー活動費は、製薬業・国際医薬資本に次いで米国全産業のなかで二位だったが、二一年は七〇〇〇億ドルで業界一位になった。前民主党政権時代の政府高官を含む大型の弁護士団とコンサルタント軍団を編成して、議会とＦＴＣによる独占解体の動きを食い止めようとしている。けだし、ワシントン地裁や高等裁判所、最高裁には、シカゴ学派のロバート・ボーク氏の司法理念を受け継ぐ、法律家の勢力がなお多くを占めていたといわれる。★9

★9 Greg Ip, "Latest Antitrust Approach Has Its Own Risks", *The Wall Street Journal*, July 8, 2021.

二〇年一二月のＦＴＣと四八州司法長官によるフェイスブックの過去の買収に関しての提訴についてのワシントン連邦地裁の判決は、①フェイスブックの個人向けＳＮＳ市場の六〇パーセント超のシェア独占の訴えは根拠不十分、②インスタグラムなどの六年以上前に完了している買収への訴えそのものを棄却――というもので、事実上の門前払いとなった。

二〇年六月のＦＴＣによるグーグルへの訴えについては、公判が開かれるのは二三年後半になるという。二一年以後、米国ではＭ＆Ａ（合併・買収）が急増中で、反トラスト訴訟の数が増せば、結審までに五年間はかかるとみられ、現行法改正の議論も加速し始めている。

(4) リナ・カーン氏のFTC委員長任命

二一年一月に発足したバイデン政権の見解は、新競争政策の中心に立つGAFA規制について、①訴訟だけでは米国企業の独占部門は解決できない、②合併案件の急増で審査当局は対応に困難、③独占企業の潜在的競争相手の買収（キラー買収）の制限が必要、というものであった。

バイデン大統領は、国家の統制力を超えて膨張するGAFAの超大型寡占体を規制できる陣容を整えるべく、二一年六月に独占禁止法（競争法）当局であるFTCの委員長に、ビッグ・テックに対する反トラスト法（独禁法）の規制強化を主張する若手学者として高名を得ているリナ・カーン氏（コロンビア大学ロー・スクール准教授）を任命した。

カーン氏は、二〇一七年に執筆した二一世紀のデジタル化時代の反トラスト法のあり方を分析解明した論文「アマゾンのアンチ・トラスト・パラドックス」（Amazon's Antitrust Paradox）で注目され、一八年にはFTC委員・ロビット・コプラ氏のアドバイザーに就いた。同論文が注目されたのは、デジタル経済の独占形態を解明し、シカゴ学派・新自由主義の観点から巨人企業間のM&Aを肯定するロバート・ボーク教授の著書『アンチ・トラスト・パラドックス』（Antitrust Paradox）を批判しつつ、反トラスト法そのものの改正を主張している点である。それは、セオドア・ルーズベルト政権下でのスタンダード石油トラスト解体の原典となったアイダ・ターベル著の『スタンダード石油の歴史』

(The History of Standard Oil Company, 1904.5 D・ロックフェラーのスタンダード石油における独占価格形成のメカニズムを解明）と同程度のインパクトを持つ論文である。[★10]

★10　David Streitfeld, "Amazon's Antitrust Antagonist-With a scholarly article, an unknown law student reframed monopoly law", *The New York Times.* September 11, 2018.

そして、翌一九年には、下院司法委員会の反トラスト・商業法・行政法小委員会のアドバイザーに就任した。

同司法委員会が、デービッド・N・シシリン委員長の下で、GAFAの独禁法違反を指摘した二〇年一〇月の調査報告書（INVESTIGATION OF COMPETITION IN DIGITAL MARKETS）作成に参加した（後述）。この調査報告書は、二一年六月一一日のGAFAはじめビッグテック規制法案（五件）提出の基礎となった。

カーン氏のFTC委員長就任は、米国独占禁止法の執行を支える政策理論の変化を意味する。現在のシカゴ学派の競争理論によっては、アマゾンの略奪的価格設定や事業分野を横断する企業統合による競争阻害は、必ずしも違法ではない。メタのインスタグラム買収のように、新生技術企業を成長期前に買いとる「キラー買収」による競争阻害を、シカゴ学派理論では、十分に認識・分析することはできない。また、垂直統合についても、一九五〇年にクレイトン法第七条を改正し「反競争的」とみなされてきたが、現在のシカゴ学派の見解では「競争を促進する」という立場に立っている。シカゴ学派は、市場支配力や高度集中力は、効率性や価格引き下げなどの「消費者福祉」につながり、それを創出するという見解に立っており、市場構造の問題は重視されず、市場独占の実態は十分検討されることはない。合併時には効率化で価格は計算上下がるが、独占の成立後は独占価格が引き上げられることは考慮されていない。それは、新規事業の成長率低下を招き、起業家の機会の減少と経済の停滞を招いている。[★11]

★11 Lina M. Khan, "Amazon's Antitrust Paradox", *The Yale Law Journal*, volume 126, number 3, January 2017, p716.

アマゾンの驚異的な成長は、略奪的価格設定によって市場での拡大をはかって達成できる。GAFAは「利益度外視」の戦略で金融サービスやヘルスケア事業への参入を開始している。アマゾンは、電子取引で中心的な位置を占め、それに依存する他の事業者にも不可欠なインフラとなっている。このアマゾン型の企業行動は、競争阻害を生じさせるが、目下のところ欧州（EU）は別として、米国の国際競争規制当局では必ずしも厳格な調査対象とはなってこなかった。

そもそも、司法省とFTCは長期間にわたって（特にこの二〇年間）、新自由主義下の無為を決め込んできたといわれている。司法省は、二〇年の間、IT大手企業をめぐる大型訴訟を起こさなかったのみならず、独占が疑われる企業の調査すら行ってこなかった。FTCはそれでもやや積極的だったが、頻繁に標的にしてきたのはマイナーな独占企業に対してであった。英独仏など欧州（EU）とは対照的であったが、二〇二〇年になって、巨大ＩＴを相手取った大型訴訟が相次ぎ起こされた。二〇年夏には、米エピックゲームズがアップルとグーグルを相手取り、両社によるスマートフォン向けアプリの流通独占とゲーム購入に関する決済処理が反トラスト法に抵触するとして訴訟を起こした。一〇月には司法省と一一の州の司法長官がインターネット検索市場の独占は反トラスト法違反としてグーグルを、一二月にはＦＴＣがフェイスブックを訴えた。

欧州に続いて中国もアリババなどの巨大テック企業の規制に踏み切ったこともあって、米連邦下院の司法小委員会が一九年六月から、ＧＡＦＡの独占化実態調査にとりかかった。これらの動きは、欧州と中国が巨大デジタル独占体への規制強化に乗り出すなかで、米国内でも反トラスト当局と被害企業が巨大ＩＴに、なんとしても責任をとらせようとのメッセージを発するものでもあった。

二〇二一年一月に就任したバイデン大統領は、反トラスト法の執行者であるＦＴＣと米司法省反トラスト部門のトップに、独占禁止やプライバシー保護の強化論者を指名した。大統領は、米国経済を新自由主義から解放し、寡占化を改め、競争とイノベーションを促進すべく二〇二一年七月には企業・産業間での競争と革新の大統領令（Excutive order on promorting competition in the American Economy, The S.U.Inovation and Competition Act）に署名し、そのサインペンをＦＴＣ委員長に指名したリナ・カーン氏に渡した。大統領は政府の経済関係機関に七二件の取り組みを求めたなかで、最優先事項が、ＩＴ寡占体の解体的規制強化で、ＦＴＣに中軸的な役割をまかせようというものである。★12

★12　John D. Mckinnon and Meghan Bobrowsky, "FTC to Play Central Role in Battle With Big

Tech", *The Wall Street Journal*, July 12, 2021.

2　GAFAM帝国の解体的規制に向けて

（1）「反トラスト法」再変革の若手チーム

バイデン大統領は二一年七月の大統領令において、「反トラストに関する現在の法執行体制は軟弱」であり、「巨人ITには、連邦政府の当局による厳格な監視と調査が必要」と述べ、ホワイトハウスとウォール街主導の国家経済会議（NEC）――競争評議会、司法省、FTCと連邦通信委員会（FCC）による新たな改正反トラスト法による統一的な法執行体制の必要性を強調した。[★13]

★13　Ibid.

そこで、中核となるFTCの委員長に史上最も若い三二歳のリナ・カーン氏を任命したのと同時に、その同僚で政策を共有するティム・ウー＝コロンビア大学教授を国家経済会議の反トラスト競争政策担当委員長に任ずるとともに、大統領の技術と競争政策に関する特別補佐官に就任させた。ウー氏は

政権中枢にあって今後予想される反トラスト法改正（二一世紀型デジタル独占対応）に影響力を行使できる。★14

★14　Jim Tankersley and Cecilia Kang, "Biden assembles aggressive Antitrust team", *The New York Times*, July 26, 2021.

司法省では、メリック・ガーランド長官が独禁法の専門家として、GAFA解体をめざしており、バイデン政策を受け継いでいる。そして、同長官の下で反トラスト局の責任者となったのが、長年フェイスブックやグーグルに対抗しようとする新興ハイテク企業の弁護士として戦ってきたジョナサン・カンター氏である。さらに、同年七月には、ティム・ウー教授の共同研究者でもあるジェシカ・ローゼンウォーセル氏が連邦通信委員会の委員長代理に任命された。★15

★15　Ryan Tracy and Aruna Viswanatha, "Biden to Nominale Antitrust Chief at DOJ", *The Wall Street Journal* July 22, 2021.

かくして、GAFA＝ビッグ・テックに対する「アグレッシブな反トラスト政策チーム」が出来上がり、改正反トラスト法適用の規制組織が整ったことになる。その戦略シナリオは、二〇年一〇月に米連邦下院の司法委員会が一年半をかけた報告書「デジタル市場における競争調査」(INVESTGATION OF CONPETITION IN DIGITAL MARKETS) に描かれている。二一世紀型の新しいタイプの独占体の抑圧に対しては、事業分離ないし解体のロードマップが示されている。この報告書作成には、リナ・カーン、ティム・ウー氏が最初から関与し、カーン氏が実質上の執筆者といわれ、「わが国の民主主義が危機に陥っている」との切迫意識が全四四九ページの中にみなぎっているという。バイデン政権にとって、一九九〇年のマイクロソフトへの反トラスト法適用以上の重大事態である。[★16]

★16　Ryan Tracy, "House Panel Says Big tech Has Monopoly", *The Wall Street Journal*, October 17, 2020.

（2）　巨大トラストに有利な現行反トラスト法

米国資本主義の各発展段階において、独禁法は、「消費者の利益を守る」という名目が立ち、かつ大企業間で競争が保たれる限り、適度の利益をあげることが認められてきた。だが米国資本主義の成熟と停滞の新自由主義の四〇年間、特に二一世紀にいたっての二〇年の間に、米国独禁法は巨大企業間の独占的結合を抑止するどころか、巨大企業間の高度な買収合併を推進するためのツールに変化したともいえよう。ＧＡＦＡの場合は、「相互に利益を守るためのエコシステムを組み」（生態系連携）、一種のトラスト体制を組み多面的なＭ＆Ａを展開し「利益総取りの体制」を組んでいる。[★17]

★17　Rana Foroohar, "Big Tech Collaborates to Conquer", *Financial Times*, October 26 2021.

そこで、有効な「事業分離」要求をふくめ規制強化に向けて、米下院報告書は、次の三項目について、改革案を提示している。

（Ⅰ）デジタル経済における競争の復活

○「構造的な分離」と事業部門の規制による利益相反の軽減

○他の企業に対する差別と自社サービス優遇を防ぐルールの形成

○サービス連携、データの連携とデータの持ち運びの促進

（Ⅱ）反トラスト法の強化

○同法による保護対象を消費者から労働者、新生企業の起業家に拡大する

○合併規制の強化

○独占化規制の強化

（Ⅲ）反トラスト法の執行運用強化

○議会による監視の強化

○米連邦取引委員会（ＦＴＣ）等の機能の強化

――など（報告書・提案二〇～二一ページ）。

これは「反トラスト法執行当事者たちにとって深く調査されたロードマップで、革新勢力とみられていたシリコンバレーへの評価を、具体的な形で変化させるためのロードマップ」となっている。民

主党の委員からはGAFAの独占性を強調し（四四九ページで一二〇回）、「わが国経済と民主主義が危機に瀕していく」と強調し、共和党の委員は、GAFAが独占力を得た後に保守化していくことを強調している。★18

★18 Ryan Tracy, "House Panel Says Big Tech Has Monopoly", *The Wall Street Journal*, October 17, 2020.

報告書によれば、八五パーセントのアメリカ人が、GAFAがプラットフォームの間に情報データをため込んでいることを懸念し、八一パーセントが彼らのため込んだデータをより複雑かつ高度な消費者からの利益吸収に再活用しようとしていると懸念している。さらに七九パーセントが、ビッグ・テックによるM&Aが不当競争を生み出し消費者の選択を縮小すると考えているという。

欧州（EU）そして中国でもデジタル巨人の規制を緊急重要政策として有効な手を打とうとするなかで、米国でもその意識が強まり始めた。米国では、GAFA、GAFAMへの不満は、二〇〇〇年代に入ってからでもなお少なく、タダないし低価格のサービスの見返りに、ユーザーがビッグ・テックに渡している個人データには表向きは金銭的価値がなくて、自らがその巨大テックに膨大な利益をもたらしているメカニズムには気づきにくかった。米国ではなお多くの人々は、巨人テックが技術革新を主導するリーダーと見なしている。新自由主義政策下で、規制緩和・企業買収の多面的な展開、企業減税（グローバル体制下の合法的脱税）、反労働組合的経営で急膨張し「国家をしのぐ影響力」をもつにいたった。その二〇年間、反トラスト機関のＦＴＣと司法省は無為を決め込んできた。

メタのように、世界最大のソーシャル・メディアの影響力は、世界のどこの指導者の言葉よりも強力である。バイデン大統領とは一九年一二月に「一六年の大統領選でトランプ前大統領を勝たせるべくロシア側と共謀した」、二一年七月には「新型コロナワクチンに関するデマを流した」として、正面から対立したが、メタ側は一歩も引くことなく、逆にバイデン側が発言を撤回するほどであった。同社はグーグルとともに、ロシアのウクライナ侵攻以後、ロシア政府のプロパガンダへのプラットフォーム提供を遮断したが、米国議員たちの要請にもかかわらずロシアでのネットワーク閉鎖には応じなかった。

先の報告書の前文には「過去一世代にわたり、石油王、鉄道帝王、電信電話会社（マーベル）やマイクロソフトといった強権的独占企業と対決させられてきたが、議会は経済や民主主義の不当なコントロールを防いできた」と述べ、そして次のことを前提としている。「約一〇〇年前、最高裁判事のルイス・ブランダイスが書いている。『我々ははっきり選択をしなければならない。我々は民主主義を手にする一方で、富は少数者の手に集中したままにしておいていいのか――いや、その両者を同時に選択することはできないのだ』。この言葉は我々に今日の緊急事態を知らせている」と。[★19]

★19　Ibid.

ところが、調査委員会の調べでは、反トラスト当局機関は、重要機会ではことごとく失敗して、米国民をして独占権力の下に追いやり、民主主義の劣化のなかでの物価高、低賃金、増税、医療崩壊、生活費の高騰——その対極にＧＡＦＡを先頭に巨大テックの高成長（規制緩和、減税、反労働組合経営があり、高利益増、積極投資——企業買収、「破壊的創造」、産業秩序の混乱・破壊）があった、というわけである。[★20]

★20 Ibid.

（3） 現行法でも可能な改革から着手

先に述べた政策転換に向けた一連の人事のあと、二一年七月から、まず現行法で権限を行使できる部門から活動を開始した。反トラスト法そのものの改変を最終的にはめざすが、当面は、現行法の一部改正の下に、三つの措置を処理しようとしている。

（1） スタートアップ企業の買収（キラー買収）。ＧＡＦＡの年間数百件のスタートアップ買収（多くはキラー買収）が競争を妨げて、次代のイノベーションを妨げているという懸念が深まっている。フェイスブックのインスタグラム、ワッツアップ買収は、一二年、一四年にＦＴＣが承認したが、後に彼らの買収が競争者の出現を排除することを目的としていたことが明らかになった。ＦＴＣは買収承認を取り消すべく二〇年一二月に訴訟を起こした。

（2） 他社製品のコピー問題。アマゾン等のプラットフォーム上で取引しているベストセラー製品のコピーを製造し、自社のプラットフォームで事業展開する他の企業よりも低価格で自社製品として販売していると非難されている（この事実は、日本公正取引委員会・ＪＦＴＣの事実調査でも明らかにされている）。

（３）プラットフォーム企業が他社のコンテンツを自社のコンテンツとして平等に扱ったり、ユーザーに自分のアプリケーションを使用させたりしない行為。人気ゲームのフォートナイトの運営会社・エピックゲームズは、三〇パーセントの収益シェアを請求するアップルのアプリストアを使用することを余儀なくされたため、アップルに対して訴訟を起こした。

だが、新体制は発足早々に出鼻をくじかれることになる。新反トラスト陣容の発足と前後して、ＦＴＣによるフェイスブックの反トラスト法違反の訴訟は、連邦地裁によって「すでに二〇一〇年代に買収合併を承認した事項である」と、六月に門前払いとされた。

九月には、アップルへの訴訟もカリフォルニア州連邦地裁によって、アップルのシェア独占度は五五パーセントを認めるが、同社の行為は参入障壁や技術革新の阻害にはならないと、独禁法違反の主張を退けた。欧州と米国では、独占シェアに対する考え方が異なる。欧州連合（ＥＵ）の競争法は四〇パーセント以上のシェアのある企業の場合は、競争制限的な行為が支配的地位の乱用とみなされうるが、米国法下では七〇パーセント、米連邦最高裁では七五パーセントのシェアがないと独占による力の行使とは認定されづらい。

シャーマン反トラスト法など現行の独禁法では、原告での国側の方が敗北しやすい立場にある。バイデン政権が四〇年間続いた市場至上主義（巨大企業のM＆Aの事実上の放任主義）から競争と成長性復活のために、寡占化を防ぐべく「悪いM＆A」の制限へ転じようとしても、独禁法体系そのものが、大企業に有利なように改変されてきている。

現在の法律は、力量のある企業に有利にできていて、政府機関にせよ、他の大企業にせよ、訴訟にこぎつけるだけでも多くの費用と手続き上の障害を乗り越えねばならず、告訴から判決までに何年もの時間を必要とする。現行の法律には問題があり、IT巨人による差し迫った経済・社会のゆがみを正すには、訴訟では無理であるという観測が政府内にも、ウォール街にも強まっている。

（4）「キラー買収」、ウォール街の懸念

とりあえず、現行の法規の下で、大企業によるさらなる寡占化を防ぐことを目的としている。M＆Aについては、企業同士の水平統合だけでなく、業間をまたいだ「垂直統合」として、IT大手が新興企業の買収により将来のライバルの芽を摘み取る「キラー買収」を抑制しようというわけである。

とりあえずの解決策としてFTCは七月に反トラスト法、とりわけ米国独禁法のひとつである「連邦反トラスト法」の運用を柔軟にする措置を講じた。判例上に限った厳しい基準にとらわれず「不公正な取引」への執行を可能にした。

目下、巨大IT企業の規制強化につながる法案も相次ぎ提出されている。五〇パーセント以上のシ

ェアをもつ企業による反競争的行為を禁止する条文を独禁法に追加する法案である。一定規模のＩＴ企業が自社商品を優遇する行為を禁ずる立法はなかった。だが巨大ＩＴの影響力がグローバルスケールに増大するなか、気候変動と同じく、国際的スケールで協議しようという段階になった今日、米国巨大ＩＴの制御は、米国議会の党派を超えた課題となっている。独禁法（反トラスト法）の適用を抜本的に変革する立法も実現しようとしている。その際、ロシアのウクライナ侵略の情報戦における巨大ＩＴの役割が考慮されるかもしれない。

ＦＴＣは、二一年八月にフェイスブックを独禁法違反の疑いで、ワシントンの連邦地裁へ再提訴した。五月にアマゾンはハリウッドのスタジオ・映画配給の会社メトロ・ゴールドウィン・メイヤー（ＭＧＭ）買収についてＦＴＣへ申し込んだが、アマゾン批判の立場からリナ・カーンＦＴＣ委員長が反独占、Ｍ＆Ａ規制の新たな観点から時間をかけて審査することとなった。[★20]

★20　Brent Kendall, "FTC to Review Amazon-MGM Deal", *The Wall Street Journal*, June 23, 2021.

米国議会や情報会社ＱＵＩＣＫファクトセットのデータと「日本経済新聞」の集計によれば、グーグル（アルファベット）、アップル、メタ、アマゾンのＧＡＦＡ四社によるＭ＆Ａ数は二〇一〇年以降急増し、二〇二一年までに四五八件で異業種を対象とした案件が八割を占めた。アマゾンのＭＧＭの買収も、動画視聴とネット通販の購買データを融合した顧客ニーズをきめ細かく把握するという狙いをもっている。

さらに、カーン新委員長下のＦＴＣは、ＧＡＦＡとマイクロソフトの五社による企業買収当局に報告不要の小規模な企業買収案件が、過去一〇年（二〇一〇～一九年）で六一六社あることをつきとめた。反トラスト法を共同で所管するＦＴＣと司法省は一定の基準（現在は九二〇〇万ドル以上）を上回る規模の買収案件を企業の届け出にもとづき審査する。競争を妨げると判断すれば、買収完了を阻止するか、一部事業の売却を命ずることになる。

六一六件のうち、九四件は報告が必要な基準を上回る大型買収だったにもかかわらず、「報告不要」だった。報告義務の適用除外が認められるなど「合法的に」審査を免れていた。少なくとも三九パーセントは買われた企業が「創業五年未満」だった。若い企業が特別有望な技術やサービスを持っていれば、積極的に買収する巨大ＩＴ企業の姿勢が浮かび上がってくる。ＦＴＣが小規模買収に目をつけたのは、巨大ＩＴ企業が、ライバルに育ちそうな企業を成長期に入る前に買収し、競争を妨げるのではないかとの疑念が深まっているからである。[★21]

★21　Federal Trade Commission, "Non-HSR Reported Acquistions by Selected Technology Platforms", 2010-2019 : An FTC Study, September 2021, p36.

いわゆるＭ＆Ａがイノベーションを殺す「キラー買収」であり、巨大ＩＴ企業や巨大医薬医療資本（ビッグファーマ）に広がっている。米国経済は史上最大のＭ＆Ａブームのなかにあるが、その件数の大半は、この少数の買収合併で将来の競争者を買い取っておく「キラー買収」で、イノベーションと競争力を劣化させるものである。★22 ウォール街は、テック企業の新規上場の二一世紀に入ってからの減少傾向とユニコーン企業出現の滞りに懸念を深めてきた。★23

★22 Ibid., p.13

★23 Editor, "Tech IPOS Silicon Valley vs Wall Street", *The Economist*, August 22nd 2020, pp9-10.

(5) 〝利益総取り〟型企業の脆弱性

現行のシカゴ学派的な法軍団体制(ロバート・ボークの独占解釈の法理論)に守られて国家の支配力を超える巨大プラットフォームの「多業種垂直統合」「略奪的価格設定」による「利益総取り」型の巨大IT寡占体四社の市場支配力の拡大は、GAFAのキメイラ型の支配力は、資本主義の機能不全、民主主義の危機をもたらすとして、排除すべきとする国民的世論が急速に台頭するなか、米議会の競争政策・独禁法理解も変化し始めた。

コロナ禍のなかで、史上最大の増収増益を達成するなか、大統領演説のなかで強烈な独占批判を受けて、マイクロソフトを加えたGAFAM五社は、企業分割の危機が迫っていることを痛感せざるをえなかった。

〝米国のインフォメーション・テクノロジー部門は長期にわたりイノベーションと成長のエンジンと見なされてきた。だが、今日、ほんのわずかの圧倒的に優勢なインターネット・プラットフォーマーがその力を行使して市場参入者を排除し、独占的に利益を総取りし、個人情報を集合して自己利益増進に活用している。経済界のあまりに多くの小企業がこれらのプラットフォームに依存し、存立のためにごく少数のオンライン寡占市場を活用しなければならない。そしてあまりに多くの地方新聞がインターネット・プラットフォームの広告市場支配のために、閉鎖ないし発行部数減少となっている〟と二一年七月、バイデン大統領の競争促進令は主張している。★24

★24 Joseph R. Biden JR, "Executive Order on promoting Competition The American Economy", July 09, 2021, Presidential Actions THE WHITE HOUSE.

すでに先進各国やインドなどの政府当局内では、巨大IT企業のもたらす独占力が市場の競争環境を大きくゆがめるものであるという認識は確立している。プラットフォーム規制がまず欧州で本格化し、二〇二〇年一二月に、フェイクニュース――ディスインフォメーションに関する包括的な政策パッケージ「欧州民主主義計画」(EDAP)と、プラットフォームのコンテンツ管理に焦点を当てた「デジタルサービス法」(OSA)、巨大テック企業に対する規制強化と競争促進に焦点を当てた「デジタル市場法」(DMSA)――の規制法案を発表した。日本は二一年春に「デジタルプラットフォーム取引透明化法」が施行された。二一年二月には、オーストラリアで、プラットフォームにメディアへのニュース使用料支払いを義務化する「ニュースメディア・デジタルプラットフォーム契約義務化法」が成立。カナダ、EUにも同様の動きが波及し始めた。

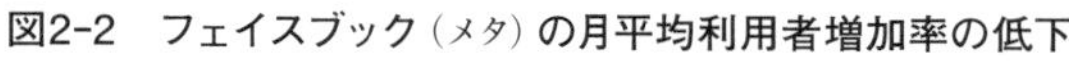

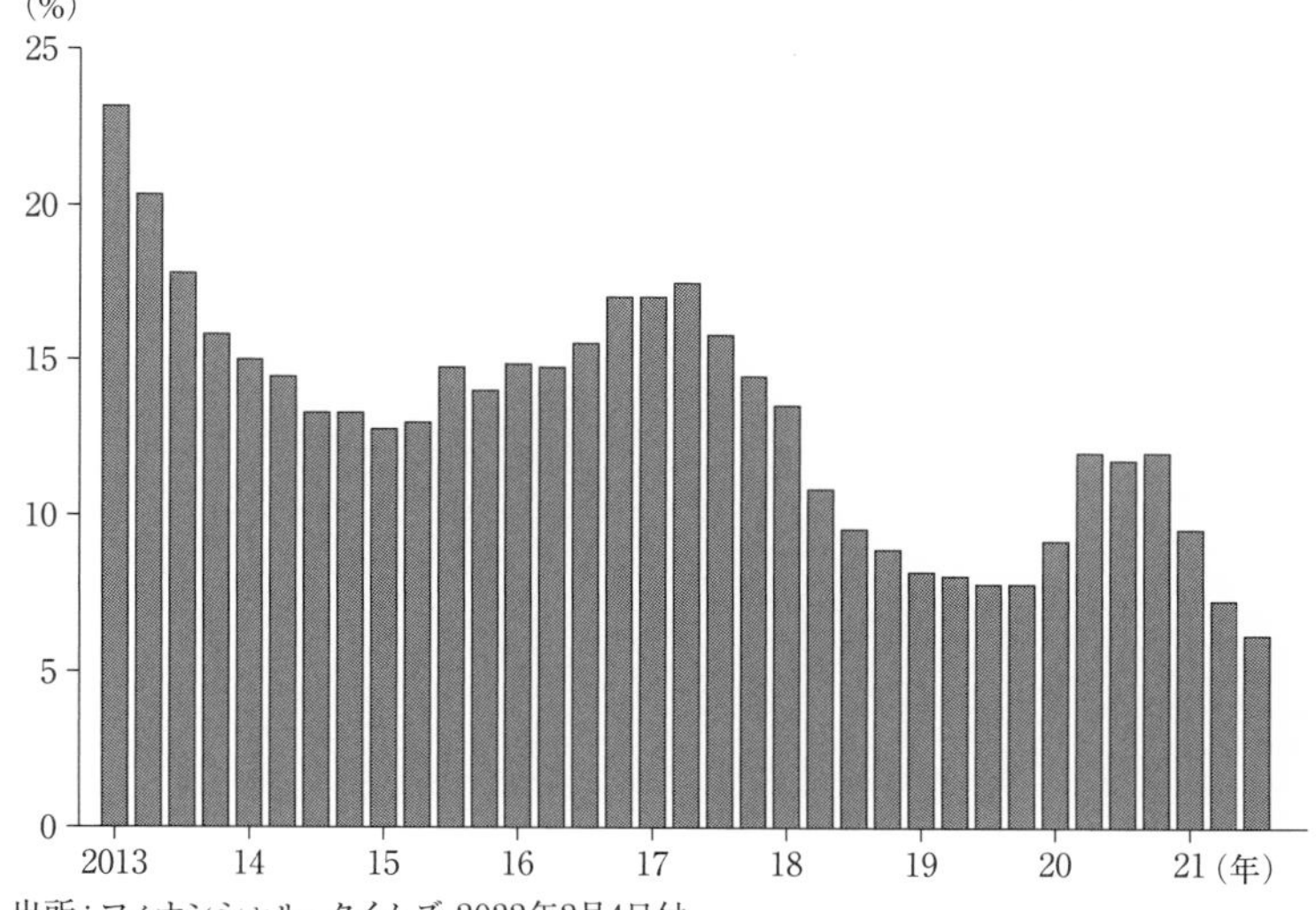

出所：フィナンシャル・タイムズ 2022年2月4日付

バイデン大統領令（「米国経済の競争促進」をめざす）の、巨大テック企業の独占規制の動きが本格化し、覇権競争関係にある中国が、アリババをはじめとするＩＴ企業の「無制限な膨張」を抑圧すべく「育成」から「統制」へ転じ、二二年初めには「独占の背後にある腐敗の調査」に至っている。加えて、プラットフォーマー膨張問題につき「地球規模で取り掛かる必要」（イアン・ブレマー氏）が、ＥＵ、豪州、インドなどに続いて、米国内からも叫ばれるようになってきた。

巨人テックは、金融、医療への支配領域の拡張をはかり、アマゾンのようにワシントンＤＣでの戦略本社建設、メタのデジタル通貨（リブラ、ディエム）の発行計画など、「もう一つの政府」建設への野心を抱きつつも、米国内にも包囲網が構築され始めたことに気づかざるをえない（図２―２）。そして、新型コロナウイルスの流行による社会のデジタル化でＧＡＦＡＭ五社は異例の九〇パーセント弱の収益を達成したが、新型コロナ禍からの経済回復は収益力にも影響し、二一年七～九月期から前年同期比減益に転じた（図２―３）。とくにアマゾンは四～六月期から増収率が低下し、ＣＥＯにアンディ・ジャシー氏が新しく就任した。

図2-3　1日の時価総額／最大の下げ幅記録
［米国企業］

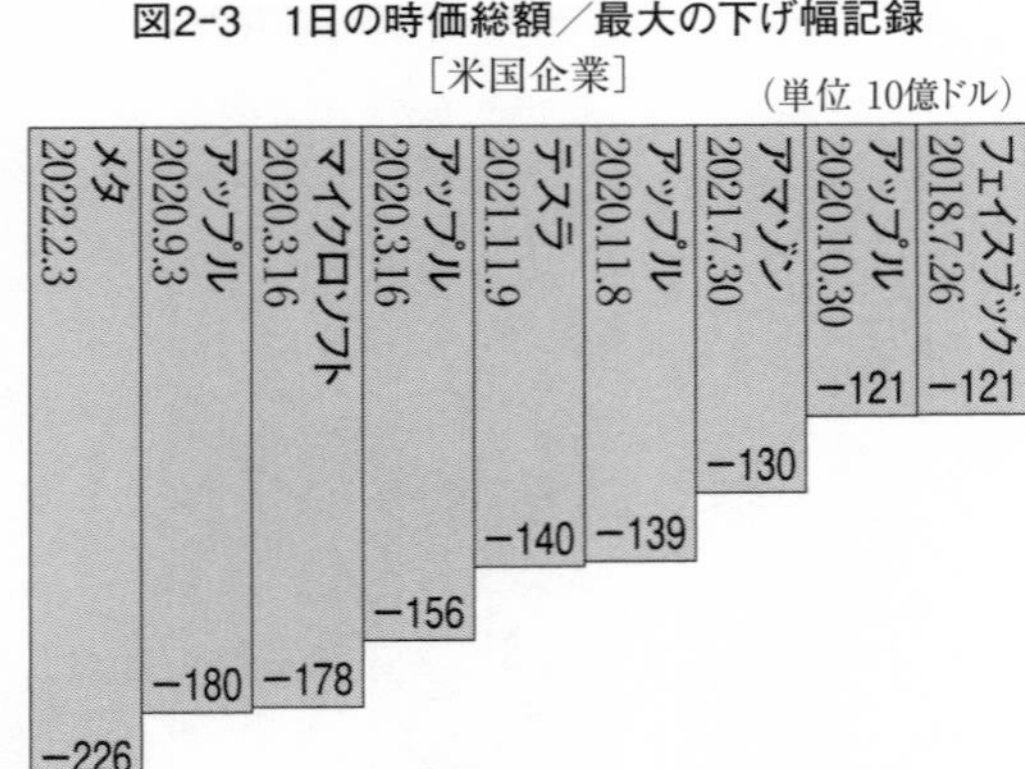

出所：フィナンシャル・タイムズ 2022年2月4日付

（６）史上最大規模のロビー活動

バイデン政権発足後、米議会や独占禁止当局が巨大ＩＴに対する規制強化の動きを加速するなかで、各社は大量のロビイストを動員して、当局や議会の関係者への働きかけを強化している。ＧＡＦＡ四社のロビー活動に、二一年一年間で合計九〇〇〇万ドル（約六八億円）の資金を投じたことが、米議会に提出した報告書の非営利団体の調査で判明した。前年比九パーセントの増加で、米国医薬医療業界と全米一位の座を競うに至っている。

特にアマゾンは、苛酷な労働条件と反労働組合経営でバイデン大統領からも非難の的となっており、二一年のロビー活動出費は前年比三〇パーセント増の二〇五九万ドル（約二四億円）。同じく大統領とも対立し、民主主義の敵よばわりされるメタは二〇〇七万ドル（二三億円）であり、両社とも米国民間企業では最大級である。★25

★25　https://yomiuri.co.jp/economy/20220-OYT50002

アマゾンは「労働問題、反トラスト、労働環境」分野を担当するロビイストを三〇人そろえたという。そのなかには元ＦＴＣ委員の弁護士も含まれている。トランプ前大統領の元顧問もアドバイザーとして雇い入れている。民主党と野党議員への献金は増大しており、ＩＴ規制分割問題を協議する米国下院司法委員長（ジェリー・ナドラー議員）を含む民主党議員への献金も年々増大している（図２―４）。

テック企業の独占力が民主主義に脅威をもたらし始めたというので、「グローバルスケールでその規制を話し合うべき」（前述のイアン・ブレマー氏）という世論が強まるにつれ、ＧＡＦＡは米国

図2-4　GAFAの民主党・共和党への献金

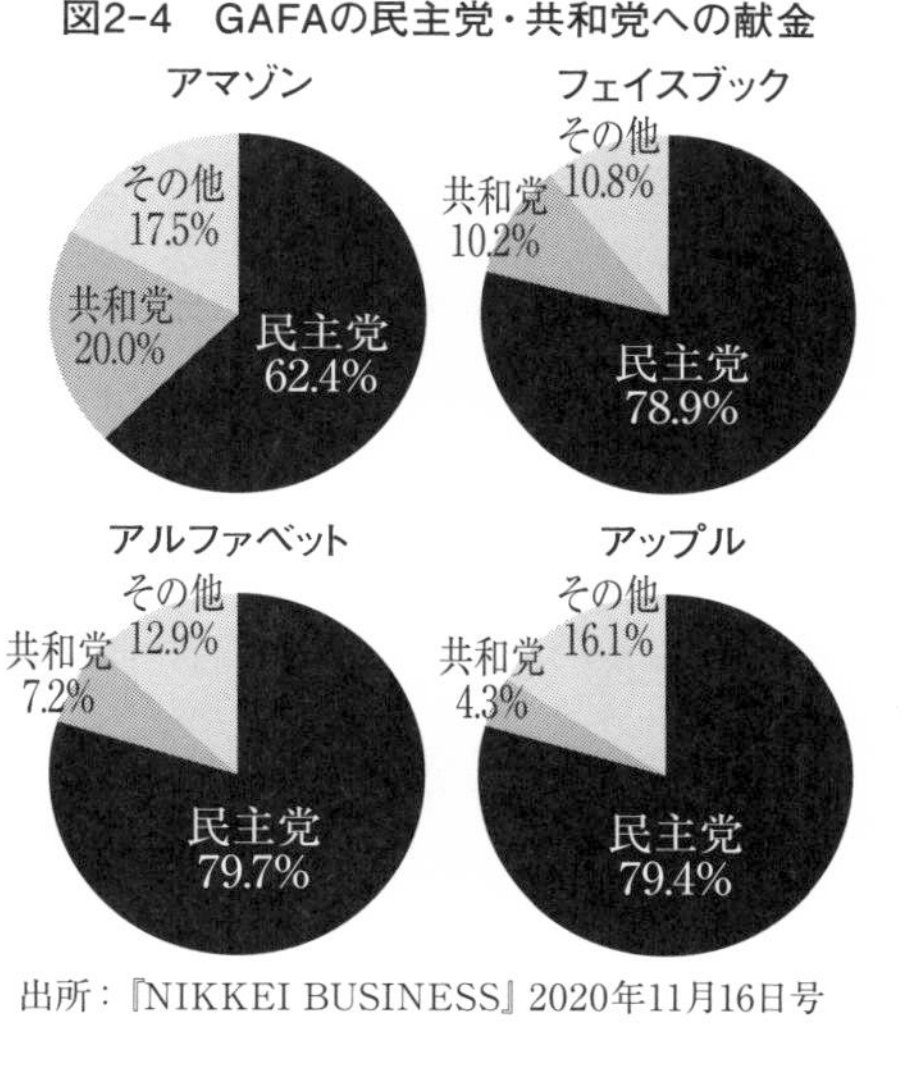

出所：『NIKKEI BUSINESS』2020年11月16日号

の四大国際政策機関（戦略国際政策研究所、新アメリカ安全保障センター、ブルッキングス研究所、ハドソン研究所）への献金が、二〇一七年と一八年に少なくとも六二万五〇〇〇ドル、一九年と二〇年に少なくとも一二〇万ドルとみられる（フィナンシャル・タイムズ調査）。また、別の調査では、一七～一八年に一二〇万ドルから、一九～二〇年には二七〇万ドルに達しているという。[★26]

★26　Kiran Stacey & Caitlin Gilbert, "Big Tech strives to sway US foreign policy elite", *Financial Times*, February 2, 2022.

この研究所への研究費献金額は、石油・ガス業界に比べれば少ないといわれるが、いずれ当業界を上回るとも見られている。

メタから研究費献金を受け取っているハドソン研究所では、「ソーシャルネットワーク企業が我々の分析作業を支援するのは、米国の競争力が台頭する中国の脅威を（特にデータ研究開発面で）受けているからである」と述べている。ビッグ・テックが、世界的影響力をもち、その批判がグローバルスタンダードで拡大するのに対して、その先手を打とうというものである。それは、ロックフェラーとモルガンが二〇世紀初めの国内政治への献金にくわえて、世界戦略に向けた米国最大の政策シンクタンク＝「外交評議会」を設立したのに学んだ発想とも言えるかもしれない。ちなみに、巨大テックの新自由主義的急成長を法制面から支えたロバート・ボーク教授も、ハドソン研究所やアメリカン・エンタープライズ研究所のフェローとして中心的な役割を果たした。[★27]

★27 Ibid.

（7） IT企業、「シカゴ学派」勢力による反撃と攻防

反トラスト法を活用した巨大IT企業の独走・利益総取りに歯止めをかける産業改革の先頭に、FTC（米連邦取引委員会＝独禁法・消費者保護・自由公正な競争推進の独立の政府機関として）が立ち、リナ・カーン氏が委員長を務めるとあって、「シカゴ学派」依存勢力から攻撃がしかけられた。

リナ・カーン委員長任命の二一年六月二八日に、ワシントン連邦地裁は、フェイスブックをインスタグラム（二〇一二年）、ワッツアップ（二〇一四年）買収を違法だとしたFTCの訴えを棄却し、「門前払い」に近い結果となったことはすでに述べた。

次いで、六月三〇日には、アマゾンがFTCに対して、同社の独禁体制を分析解明した批判論文筆者であるリナ・カーン委員長を、独禁調査から外すよう嘆願書を提出した。同氏を指名したバイデン政権との対立も辞さず、大統領の人事に公然と異議を唱え、背水の陣を敷いたことになる。嘆願書の中で、「（カーン氏は）アマゾンは反トラスト法違反の罪を犯しており解体すべきと繰り返し主張してきた」と指摘しており、今後の調査にあたって、同氏はアマゾン側の抗弁をまともに聴取することはできないとして、アマゾンに関する独禁調査や法執行過程から除外してほしいとFTCに嘆願していた。★28

★28　Brent Kendall, "Amazon Seeks Recusal of FTC Chief in Prebe", *The Wall Street Journal*, July 1, 2021.

ＦＴＣは、カーン委員長のもとで、アマゾンによる米映画製作大手ＭＧＭ買収案に対して審査をすることを一週間前に決定していた。カーン氏が中心的起草者でもあった二〇年一〇月公表の、米下院調査報告書は、アマゾンサイトにおいて、外部企業の商品を扱いつつも、自社のプライベート・ブランド（ＰＢ）製品も販売するというＰＢ事業の利益相反性を指摘している。今後の独禁法改正などにより、アマゾンが通販サイトの運営を直販と外部企業向けとに分離するようＰＢ事業の廃止を求められる可能性も強まっている。

カーン氏はすでに、二〇年四月の上院における承認公聴会で「連邦法の倫理規定で棄権の根拠たる金銭的利害関係や個人的つながりはない」と明言しており、バイデン大統領もアマゾン側の申し立てを却下した。だが、アマゾンの動きは、反トラスト法をめぐって、防戦一方だったのに対し、米巨大ＩＴ側から反撃して、大統領と対決する政策に転じようというものであった。

続いて、フェイスブックも、ＦＴＣに対して、前者と同じ理由をあげて、カーン氏を独禁法調査から外すよう嘆願書を提出した。

ＦＴＣはこれを拒否し、カーン委員長を含む五人の委員は投票で、ワシントン連邦地裁が「門前払い」したフェイスブックに対する独禁法違反の疑いでの訴訟を再提訴することを決定した。「革新的な新興企業に対抗できなかったため、違法に買収したり葬ったりした」（ホリー・ベトバFTC競争局長代理）と声明をつけて、八月一九日に首都ワシントンの連邦地裁に訴状を再提出した。一〇年近く前に成立したM&Aを対象とする訴訟は歴史的にはまれではあるが、仮に評決が出ても最高裁まで進み、その際、FTCは最後までたたかう決意であるという。

アマゾンのMGM買収は、二〇年六月にFTCが審査対象とすることを決定した後に、欧州連合（EU）の規制当局である欧州委員会（EC）が共同で調査し、EC側は、「買収が欧州地域における競争を著しく低下させることはない。ビジネス面での重複はさして見られない」との認識を示した（二二年三月一五日）ことから、アマゾンはMGMとの八五億ドル合併成立を宣言した。FTC側は買収を承認したわけではなく、買収後でも違法との認識を示す余地は残している。[★29]

★29 Brent Kendall, "FTC to Review-Amazon-MGM Deal", *The Wall Street Journal*, June 23, 2021.

カーン氏は、FTC委員長として、フェイスブックに対する訴訟とアマゾンに対する調査を引き継ぐことになったが、その前にも、規制を通して巨大IT企業群の企業行動を抑え込む超党派の議員グループが、ビッグ・テック四社への規制強化への独占禁止法改正案五件を、二〇二一年六月に提出している。[★30]

★30 下院司法委員会報告独禁法委員会調査資料 "A Stronger Online Economy: Opportunity. Innovation, Choice" https://gigazine.net/news/20210614-house-antimonopoly-agendal

規制当局が一方的に動いたとしても、順風満帆に進むことが出来るとは限らない。米国連邦議会の十分なる支持がなければカーン委員長は政治的苦境に追い込まれる。ただし、ビッグテック批判は、欧州にも、豪州、カナダ、インドにも広がり、米国内、わけてもエスタブリッシュメント企業や巨大銀行の間にも、新ブランダイス主義（注）の立場に立つ規制当局の三人――リナ・カーン、ティム・ウー、ジョナサン・カンター（司法省の次官補・反トラスト法担当責任者）――のテクノクラートへの支持は高まっている。

（注）米国の労働法学者で最高裁判事も務めたルイス・ブランダイス（一八五六～一九四一年）の、労働者を尊重し、これを資本主義発展の中心に置こうという、ニューディール労働立法の基本に立ち帰ろうという学派・考え方。

二一年のリナ・カーン氏のＦＴＣ委員長就任下で、米エヌビディア社による英半導体設計のアーム買収について、自動車運転向けチップなどでの将来の競争阻害につながるとして提訴に動いた。同買収は二二年に破談となった。メタが二一年秋に発表した運動アプリ開発のウィジン社の買収についても、仮想空間「メタバース」での競争がなくなるとして二二年七月に差し止めを求める訴訟を起こした。二二年一二月においてＦＴＣは、マイクロソフトによる米ゲーム界最大のアクティビジョン・ブリザード買収（七五〇億ドル）を差し止める訴訟を起こした。ゲーム機に加え、定額制の配信サービスやクラウドゲームでの競争阻害を懸念し、新市場での「独占」、新技術領域で将来起こりうる「独占」に対しても監視を強め、そのためのM&Aを重ねた成長戦略に否定的な考えを示した。★31

★31　Sarah E Needleman and Dave Michaels,"FTC Sues to Block Activision Deal", *The Wall Street Journal*, December 9, 2022.

（8）　IT企業の成長鈍化と国家への接近

二〇二一年のピークアウトの後、巨大IT企業の成長の威力が鈍ってきたという見方が、米欧経済界に広がり始めた（表2―2）。コロナパンデミックの時期における史上最大規模の増収増益のあと、アマゾンが二二年一～三月期に史上初めての赤字転落、メタは、二〇一二年以来、初の減益となった。マイクロソフトやアマゾンなど、クラウドサービスを手掛けるIT巨人企業各社の設備投資の拡大スピードが鈍っている。大手四社の二二年四～六月期の設備投資の伸び率は、前年同期比で二〇パーセントにまで鈍化し、二〇年四～六月期以来の低い水準である。クラウドサービスの拡大に伴ってデータセンター投資を拡大してきた牽引役の巨大ITで鈍化傾向が大きくなれば関連需要は下振れする。

巨大ITに対する規制が強化され世界の分断が進むと、データや情報を競合者に移しづらくして利用者を囲い込むという戦略で市場シェアを確保することができたが、「相互運用」「相互開放」制が導入されれば、それが困難となる。連絡リストや各種データの移管が容易になれば、一つのサービスか

表2-2　世界企業の純利益上位15社（22年4～6月期）

順位	社名	国名	業種	純利益（億ドル）	前年同期比増減率（%）
1(2)	サウジアラムコ	サウジアラビア	石油	463	91.2
2(3)	アップル	米国	通信	194	▲10.6
3(46)	シェル	英国	石油	180	426.3
4(35)	エクソン	米国	石油	178	280.6
5(5)	マイクロソフト	米国	ソフトウェア	167	1.7
6(4)	アルファベット	米国	ネットサービス	160	▲13.6
7(56)	シェブロン	米国	石油	116	277.1
8(17)	ペトロブラス	ブラジル	石油	110	26.8
9(28)	ファイザー	米国	医薬品	98	70.2
10(52)	BP	英国	石油	92	197.1
11(15)	サムスン電子	韓国	通信	86	15.9
12(43)	APモラー・マースク	デンマーク	海運	85	131.4
13(7)	JPモルガン	米国	銀行	81	▲28.7
14(33)	TSMC	台湾	半導体	80	76.4
15(98)	エクイノール	ノルウェー	石油	67	148.7
16(10)	メタ	米国	ネットサービス	66	▲35.7
22(16)	トヨタ自動車	日本	自動車	56	▲17.9

注：（　）内は前年の順位
出所：日本経済新聞 2022年8月23日付

ら別のサービスへの乗り換えが容易になり、ＩＴ業界の競争は激化する。

「グローバルなインターネットの時代は終わった」と米国最大の国家政策研究のシンクタンク＝外交評議会（Council of Foreign Relations）のタスクフォース報告書（Confronting Reality in Cyberspace : Foreign Policy for a Fragmented Internet）は述べ、さらに、「ワシントンは、この分裂傾向を止めることも、反転させることもできない」と述べている。

加えて、リナ・カーン委員長の率いる連邦取引委員会（ＦＴＣ）は、競合相手となるスタートアップ企業を芽が小さいうちに買収し摘み取るという巨大ＩＴ企業の成長モデル（キラー買収）を禁止しようとしている。アマゾンやグーグルについてはすでに批判が高まっている。メタについては、一四年にＶＲの映像端末開発で有望視されていた米ベンチャー企業・オクラスＶＲを買収し、その優れた基本ソフトがフェイスブックと競合しないようにした。さらに、画像共有アプリの「インスタグラム」「ワッツアップ」の運営会社を買収、ＳＮＳ（交流サイト）上の競合者になるのを防止してきた。新たな挑戦者、新競合企業を創業間もないうちに買収してつぶすという巨大ＩＴ企業の戦術が根本から変革されようとしている。

そこで新しく採用されている企業モデルが、バイデン政権のニューディール型政策の世界へ参入し、これを活用するという「パワー・プレイ」型のビジネスモデルである。[★32]

★32 Rana Foroohar, "Rule changes spell bad news for Big Tech", *Financial Times*, August 8, 2022.

（９） アマゾンのバイデン再エネ政策参入

アマゾンのＣＥＯとしてジェフ・ベゾス氏は、二一年四月に、バイデン政権が表明していた連邦法人税率の引き上げを支持すると表明していた。アマゾンがアップルやグーグルとともに税金のがれをしてきたとの批判をかわすためとも言われていたが、特にアマゾンは一七年と一八年には米連邦所得税を払っていない。一九年一二月通期には一三九億ドルの税引前利益に対して一・六二億ドルの税金をおさめたが、税負担割合は単純計算で一・二パーセントでしかなかった。

巨大ＩＴ企業と犬猿の仲だったトランプ政権とはちがい、バイデン民主党とのつながりを必死で強めてきている。大統領選期の民主党陣営への献金トップ５には、アマゾンとアルファベット・グーグル、マイクロソフトが入っており、民主党予備選期間中、アマゾン上層部からバイデン氏陣営に行われた献金額も、マイクロソフトにつぐ規模だった。アマゾンの法務顧問・デービッド・ザポリスキー氏は、バイデン陣営への献金ではトップクラスで、バイデン陣営の個人選挙資金とりまとめ役をつとめ、バイデン氏の政権移行チームや作業グループには、メタ、グーグル、アマゾン、アップルでの勤務経験者のある人材が八人もいた。

「彼らの（民主党政権への）ロビー活動はまったく新たなレベルに到達しようとしている」と、共和党の巨大ＩＴ企業批判のジョルジュ・ホーリー上院議員等が語っているが、バイデン大統領のハイテク分野のアドバイザーは、「献金の多さで政策を買うことはできない」と反論している。

だが、アマゾンのバイデン政権接近政策は明らかである。ベゾスＣＥＯは、二〇一四年に、米国エスタブリッシュメントのクオリティ・ペーパー「ワシントン・ポスト」のオーナーとなり、その後、アマゾンはマイクロソフトやアップルとともに、米国ビッグビジネスの本城ともいうべき「ビジネス・ラウンドテーブル」のメンバー企業入りを果たした。

バイデン大統領は二一年三月のピッツバーグ演説で、八年間二兆ドル規模の再生エネを含むインフラ計画と企業増税について述べたときに、連邦所得税を払っていない大企業の一社として、アマゾンを名指ししていた。にもかかわらず、ベゾスCEOはただちに大統領の「インフラ計画と企業増税」への支持を表明した。

それは、バイデン政権の二一世紀ニューディール政策を活用した新たなビジネス展開の世界を求める政治算術によるものである。アマゾンは、マイクロソフト、グーグル、メタと競って、再生可能エネルギー市場に展開し、二一年五月の段階で世界最大の再生可能エネルギー調達企業となっている。全世界で合計二〇六件の再生可能エネルギー・プロジェクト（風力および太陽光）を進めて、全世界での電力生産能力は八・五ギガワットであり、同社は当初の目標であった二〇三〇年よりも五年早い二〇二五年に必要電力の一〇〇パーセントを再生可能エネルギーで賄うという目標を掲げている。★33

★33 https://www.aboutamazon.jp/news/sustainability/amazon-makes-massive-investments-in-renewable-energy-around-the-world

さらに、同社は二〇一九年に、二〇四〇年に二酸化炭素排出を実質ゼロとする（パリ協定の達成目標より一〇年早くする）「気候変動対策に関する誓約」（Climate Pledge）を、ＩＢＭ、ペプシコ、ジーメンス、ベライゾンなど三七五以上のビッグビジネス・多国籍企業と取り交わし、脱炭素のためのサービスやソリューション開発に二〇億ドルを投資している。

アマゾンは、右の再生エネ先進企業へ脱炭素のためのサービスやソリューションの開発を手掛けようとしている。そのため電気配送車を一〇万台も発注している。同社の再生可能エネルギーのネットワーク事業は、再生エネ発電・販売を行うだけでなく、顧客のゼロカーボン移行について企業と地方自治体をサポートする統合ソリューション開発へ進もうとしている。

それは、フランスに拠点を置く、グローバルな（再生可能）エネルギー及びソリューションサービスグループのエンジー（Engie SA）の大型版（国際石油資本型）を構築しようとしている。今日では、アマゾンはその野心のもとに、再エネ開発、再エネ企業買収において、ライバルのマイクロソフト、ウォルマート、ターゲットを「はるかにしのぐ、最も再エネハングリーな企業」であると言われる。米国トップの再エネ統合企業をめざしている。[★34]

★34 By Andrew Blum, "Amazon's Power Play-How Tech giants are driving the green energy revolution", *TIME*, September 26/October 3, p.60.

同社はさらに、再エネ・グローバル展開を目指す。米国についで、カナダ、スペイン、スウェーデン、英国へ実施プロジェクトを展開し、二二年四月には、新しいエネルギー・プロジェクトによって、アマゾンは、ヨーロッパ最大の再生可能エネルギー調達企業となった。

(10) 国家権力操縦のパワー・プレイ

巨大ITのもう一方の新機軸は、ヘルスケア市場への進出である。特にCOVID—19パンデミックのなかでの必要性が高まったデジタル医療への進出である。デジタル医療は先進的なコンピュータ関連技術やセンシング技術、高速無線通信技術、AI、相互運用性を高めたデータ活用、セキュリティへの適応が求められる。ビジネスモデルとしても、パーソナルヘルス、テレヘルス、デジタル治療等が仕組まれ、アマゾン、グーグル、アップルなどの巨大ITが、スタートアップとともに、このヘルスケア分野への進出をめぐって競い合っている。

二二年七月にアマゾンCEOに就任したアンディ・ジャシー氏は、ヘルスケア業界進出を最優先事項として、同月にワン・メディカル（全米に一八〇のクリニックを持ち、デジタルまたはバーチャル技術を活用する遠隔医療サービスを提供）を三九億ドルで買収合意した。

さらに、ヘルスケア関連プラットフォームのディグニティヘルスケア（Dignity Health Care）を八〇億ドルで買収するというので、CVSヘルス、ユナイテッド・ヘルスなどの既存勢力（医療、医薬、病院チェーン寡占連合体）を驚かせた。

GAFAMが仕掛けるヘルスケア戦略は二〇二〇年から始まっている。アマゾンは医薬品の宅配、医療用品の配送、遠隔医療など。グーグルは、医療検索エンジン、AI技術の精密医療の研究開発、アップルは臨床研究にウェアラブル・デバイスを役立てる取り組み、マイクロソフトは医療機関向けのクラウドサービス、メタはコンシューマー向けの健康情報管理システム開発などである。これらのＩＴ企業によるイノベーションは、医療分野の世界に多くのビジネスチャンスをもたらすと同時に、医薬・医療・巨大ドラッグストア、大病院チェーン、医療保険の寡占連合の既存組織体の活動領域を侵食するという脅威となっている。

ヘルスケア戦略の最前線を行くアマゾンの「アマゾン薬局」「アマゾンケア」「アマゾンヘルスレイク」も、ときにはモルガン金融機関と組みつつも順調には進まず、むしろ数々の困難に直面している。アマゾンがヘルスケア分野の強化をめざして二二年七月に決めたワン・メディカル買収も、米連邦取引委員会、ＦＴＣの審査を受けている。英国競争当局は二二年一〇月に、メタのインスタグラム強化のためのスタート・アップ企業買収（二〇年）を無効とした。米国と欧州でテック巨人の独占・寡占への懸念が高まり、Ｍ＆Ａによる成長は難しくなっている。「巨大ＩＴロビー」よりも多くの資金を用意した「医薬・医療ロビー」の政治力は、ＩＴ巨人のそれを上回っている。

そこで、再エネ・ヘルスケア＝二つの野心的新戦略展開の〝渡りに船〟となるのが、二二年八月に米議会で成立した「インフレ抑制法」（The Inflation Reduction Act）で、気候変動対応、再生エネルギー、薬価基準引き下げを国家戦略として、企業増税などを財源とする歳出・歳入法である。「バイデン大統領就任以来、最も重大な影響力を持つ業績」（one of Mr. Biden's most consequential accomplishment）と「ウォールストリート・ジャーナル」紙をはじめ有力紙が評価。全米に、国際石油資本も参加した再エネ開発と、ヘルスケア進出ブームが起き始めた。米国と欧州で最大の再エネ発電・購入者の地位を確立しているアマゾンは、自社の分割をめざすバイデン政権の国家戦略と一体化するパワー・プレイ（国家権力操作）によって、国際石油資本のような二一世紀の国際再エネ電力巨人企業を構築しようとしている。バイデンの世界一高い医薬価の引き下げをはじめ、医療・医薬革新と低廉化を求める新政策はＧＡＦＡＭのヘルスケア進出をいくぶんか容易にするだろう。

エスタブリッシュメントに挑戦的であったＧＡＦＡＭは、その「分割を狙っている」バイデン政権との一体化のなかに、新たな成長新機軸を求めようとするパワー・プレイの新戦略を開始したのである。

バイデン政権との対立関係を和らげるなかで、ＧＡＦＡＭが本格的進出の機会をつかもうとしている分野は、医薬品医療部門と金融部門である。特に金融部門では、デジタルマネーの経済圏を確立して「影の銀行」を形成し、ローンやサービス事業にまで進出し、金融国家・米国経済の最高位に君臨するウォール街の巨大銀行・マネーセンター銀行にも挑戦をはかることである。ＧＡＦＡＭ五社各社の二〇二二年度末時価総額は、米国巨大銀行中の第一位ＪＰモルガン・チェース銀行のそれを上回っている。すでに、米国金融取引市場での「影の銀行」のシェア拡大は、ウォール街の高収益メカニズムの脅威となっており、ＪＰモルガンのジミー・ダイモン会長はその「脅威」を表明し、バイデン政府による規制を要求している。

第3章　金融危機における米国銀行システム崩壊とメガバンク再構築による金融寡頭制

バイデン政権は、トランプ政権とはまったく異なり、ニューヨーク金融中枢の巨大銀行から、政策、資金、人材の提供をはじめ、全面的な支援を受けている。JPモルガンのジェイミー・ダイモンCEOは、全米二〇〇大企業の政策提言機関ビジネス・ラウンドテーブルの会長として、また、世界最大の資産運用会社で全米大企業九〇パーセントの大株主たるブラックロック社のラリー・フィンク会長は、配下の二人のテクノクラートを米国国家経済会議議長と財務副長官に送り込み、ポスト新自由主義の経済運営の推進をビジネス界に展開し、バイデン政権を背後から支えている。

ニューヨーク金融中枢の「大統領府」を構成するウォール街大銀行こそ、二〇〇八年・〇九年の金融恐慌における史上最大の混乱の中、買収・合併や国家資金を活用した経営再編・統合化の勝利者たちである。オバマ―バイデンの正副大統領の民主党政権は、このすさまじい超法規的な銀行再編の疾(しっ)風怒濤(ぷうどとう)の中で（大き過ぎてつぶせない）銀行巨人を国家資金で守り通し、ウォール街大銀行中心の金融国家・アメリカを実現させ、「二一世紀型金融寡頭制」を導いたということができよう。

二〇〇七年七月から二〇〇九年一月の金融パニックを中心とする大恐慌以来の深刻な金融危機は、オバマ大統領が就任演説で述べたように「（ウォール街の）一部の人々の強欲と無責任の結果」（a consequence of greed and irresponsibilities of some）だけではない。ウォール街が強欲なのは、今に始まったことではなく、アメリカが金融国家となって、ギャンブリング・カルチャーが経済中枢に定着するなかで、普遍的な現象となったのである。金融経済に軍事技術を大幅に活用した金融工学を持ち込み、倫理破壊的な新金融商品の創出とスペキュレーションが展開され、巨大銀行は、金融デリバテイブ／CDS（クレジット・デフォルト・スワップ）への依存を強めた。現代アメリカの金融危機と金融システム危機は、ウォール街─財務省複合体が主導する金融国家アメリカの巨大銀行の強欲がその引き金を引いたが、彼等はさらに、金融危機・パニックを機に、救済合併・統合化で超大型化の野心を達成し、種々な形態の国家資金の注入を受けながら「大き過ぎてツブセない」(too big to fail) 金融ストラクチャーを構築して、貪欲(どんよく)に「危機」を活用しつつこれを乗り切ろうとしている。ウォール街─財務省コンプレックスは、アメリカ発の二一世紀の金融危機が、一九八〇年代金融恐慌に酷似していると認識しながら、「一〇〇年来の危機」（ともにウォール街出身のポールソン財務長官、グリーンスパン前連邦準備制度理事会（FRB）議長・当時）と表現し、「一九〇七年金融恐慌」を引き合いに出している。一九三〇年代金融恐慌では、モルガン系金融帝国はじめ、巨大銀行独占体が危機創出の責任者として金融独占が解体されたが、一〇〇年余り前の一九〇七年の米国金融恐慌は、J・P・モルガン一世とその協同者によって、金融独占体の再編統合化による危機克服が敢行された。二一世紀金融危機のウォール街は、一九〇七年金融恐慌期のモルガン金融独裁完成過程に範を取ろうとしているかのようである。一九三〇年代の大恐慌（一九二九〜一九三三年）の時期には、J・P・モルガンの金融独裁の強欲ぶりが暴露されて、株価崩壊と五〇パーセントを上回る失業率の下での国民的怒りの爆発の下で、「ニューヨークの帝王」＝J・P・モルガン一世、二世の金融帝国は解体され、アメリカ産業、銀行と経済全体は、創造的破壊を経て、再生されようとした。

大恐慌の金融ニューディール政策の最終的な解決は、第二次大戦の戦時経済体制下に吸収されることによって果たされたとはいいながら、大恐慌の荒波と大変動の中で、モルガン金融帝国は解体され、ロックフェラーの国際石油資本はじめ、メロン企業集団やカリフォルニア集団、シカゴ・デトロイト集団のような銀行とビッグビジネスのアメリカ産業、企業国家の主柱が巨大化し、戦後の多国籍企業の世界的覇権の基礎を築いた。

F・D・ルーズベルト政権とその背後でニューヨークからワシントン政府を支えたのは、ロックフェラー集団をはじめとする産業エスタブリッシュメントの金融経営テクノクラートたちであった。ワシントン・ニューヨーク複合体は、グラス・スティーガル法成立の下で銀行と金融システムが、不当な株価操作や投機などの略奪的蓄積を行う金融モンスターとなって産業経済を抑圧することなく、大銀行、大企業の共存共栄の新たな結合による「新産業国家」（ガルブレイス）を目指した。一九三三年銀行法＝グラス・スティーガル法と一九三四年証券法は、GM、フォード、GE、IBM、デュポン、AT&T、エクソン、モービル、メルク、ボーイングなど、名だたるビッグビジネス（多国籍企業）の「アメリカ株式会社」（American Inc.）を築く金融的規範を形成してきた。銀行と金融システムの適切規制と投機マニアとは無縁な健全な活用こそ、ビッグビジネスを主柱とするアメリカ産業国家の経済金融であるとウォール街自身も認識していた。

リーマン・ショックによる「一〇〇年来の金融危機」とウォール街・ワシントンが強調し恐怖する全世界を震撼させた金融パニック—恐慌の深さと広大さは、二〇世紀からのネオリベラリズム、グローバリゼーション、フィナンシャリゼーション（経済の金融化）という「新資本主義」（new

図3-1　米国経済の金融部門と非金融部門の企業利益の対GDP（1970=100）比率

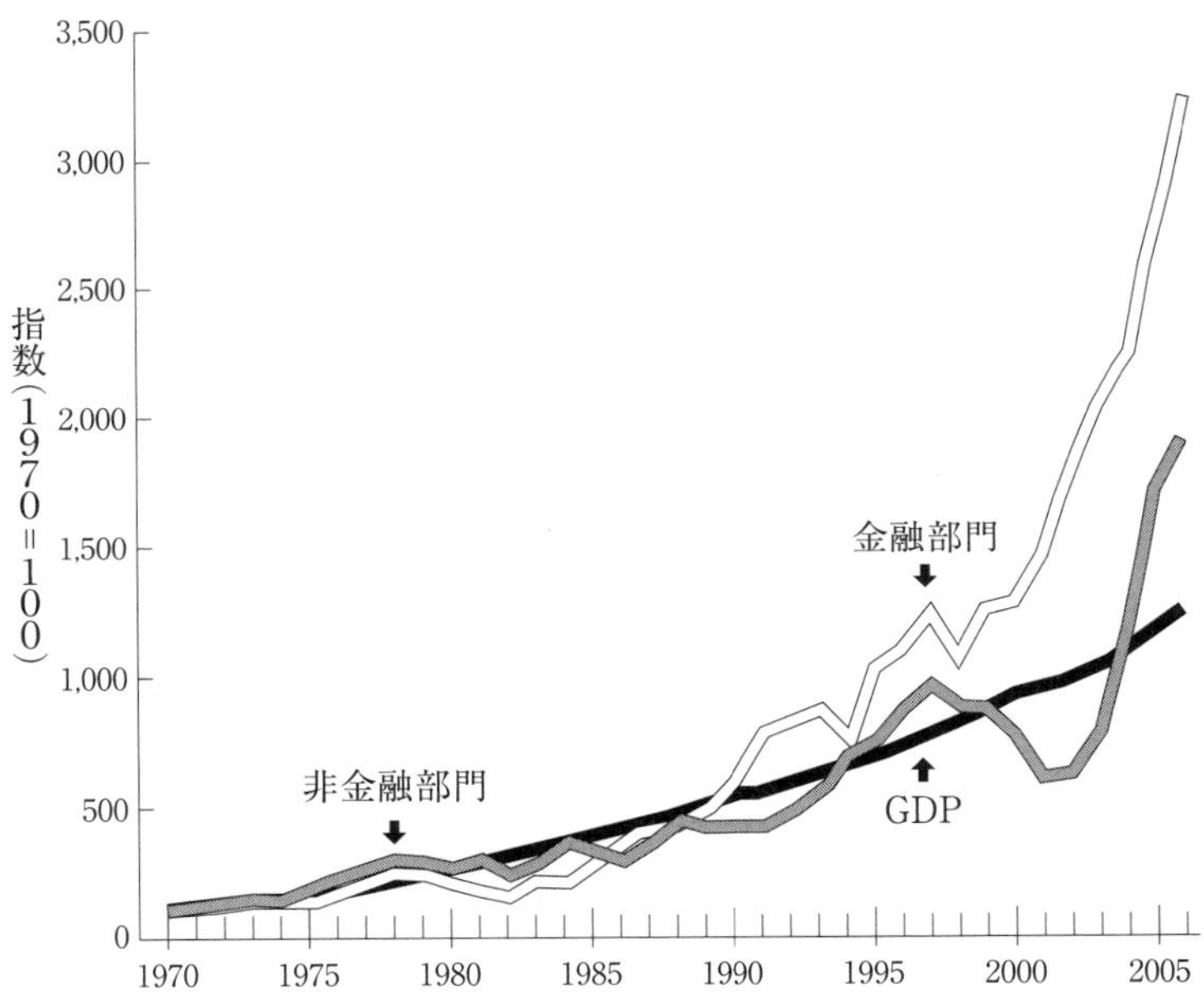

出所：Calculated from Table B−91—Corporate profits by industry, 1959−2007. Table B−1—Gross domestic product, 1959−2007, 2008年大統領経済報告

capitalism）の三要素が加わって、世界的なスケールと高度化、複合化のなかで必然的に発生したという特性を持つ。

一九八〇年代に、アメリカのGDPに占める金融サービスの比率が、製造業を上回り、金融が経済成長を主導し、ビッグビジネスの製造業国家アメリカは、金融国家に変質していった。九〇年代後半からは、中国をはじめとする「第三世界」の新興諸国のマネーもアメリカに集中するようになり、アメリカは「金融帝国」へと質的構造的変化を遂げていった（図3―1）。

その原動力となったのは、投資

図3-2　世界の通貨スワップ残高
（Amount out standing 単位 兆ドル）

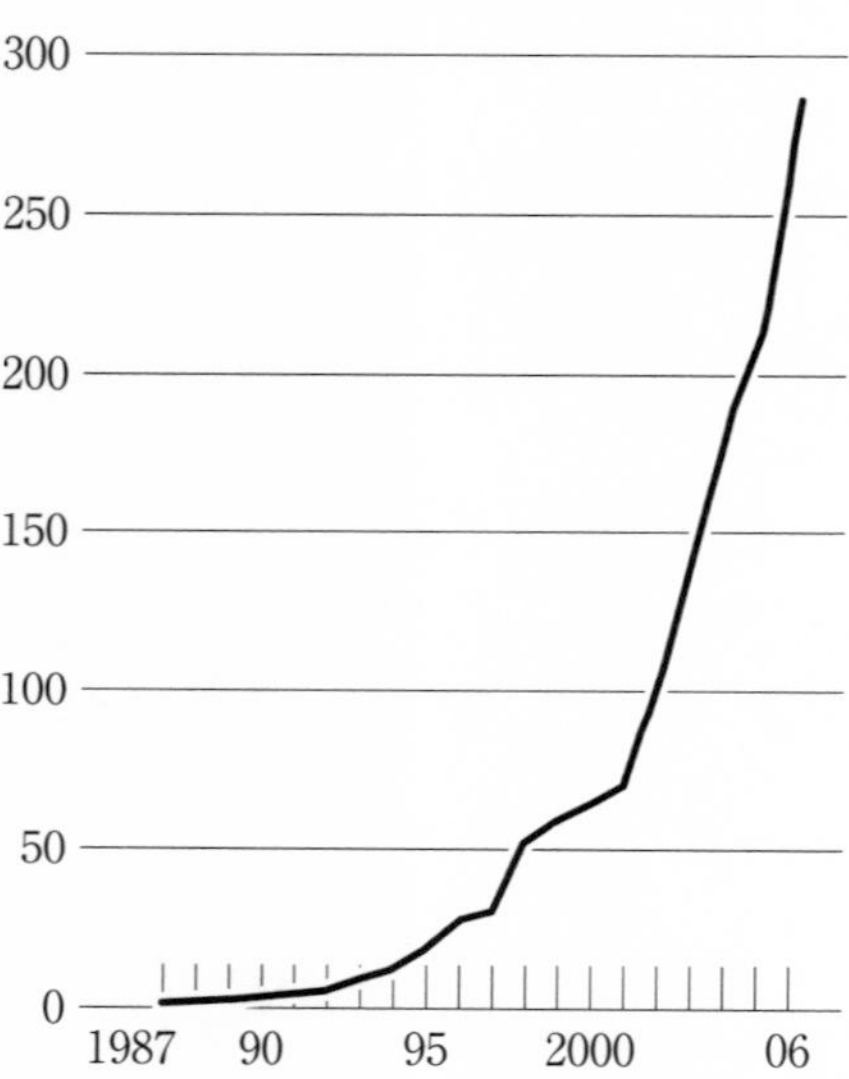

注：National amount. Includes interest rate option
原資料：ISDA
出所：フィナンシャル・タイムズ 2007年6月19日付

銀行である。八〇年代に当時のポール・ボルカーＦＲＢ議長（オバマ大統領の経済最高顧問で、経済再生諮問委員会委員長を務めた）が強権的なデフレ、高金利政策により、インフレを鎮静化させたのに対し、一九九〇年代以後の投資銀行は、「マネーがマネーを生み出す」新たな手法を開発し、軍事技術も多く活用した金融工学を活用し、倫理破壊的な、あるいは「略奪的な」「革新的」金融商品が急増し始めた。資本主義経済の金融と情報通信システムの発展（インターネット・マネジメントなど）のなかで、大銀行と大手投資銀行によって、商業銀行業務と証券、投資業務の分離を定めたグラス・スティーガル法撤廃の運動が活発化し、一九九九年に遂に撤廃された。商業銀行による投資銀行の買収・合併、投資銀行同士の合併が始まった。シティグループやＪＰモルガン・チェースのような商業銀行が信用デリバティブ市場に参入することが可能になった。住宅ローン担保証券（ＭＢＳ）などを証券化した債務担保証券（ＣＤＯ）が売買されるようになり、二〇〇八年の金融危機の主因となった（図3―2）。

それは「クレジット・デフォルト・スワップ」（CDS）へとつながっており、その市場規模（正確には「想定元本」）は、二〇〇〇年の一〇〇〇億ドルから、二〇〇八年には、六二兆ドルに達した。つまり、アメリカのGDPの五倍にも膨張したのである。CDSを投資家ウォーレン・バフェットは、早くも二〇〇三年に「金融版大量破壊兵器」と呼び、BIS（国際決済銀行）も重大警告を発したが、アラン・グリーンスパンFRB議長らは、リスク分散と金融ビジネス拡大に役立つと主張し、これを擁護し続けた。さらに、二〇〇四年には、米証券取引委員会（SEC）は、投資銀行の資金運用額の対自己資本比率（レバレッジ）の上限（一二対一）を撤廃した。投資銀行大手は、三〇対一を上回るレバレッジを活用するようになり、SECは経営の健全性を資本比率で計ることがもはやできなくなった。高レバレッジとハイリスク・ハイリターンの投機マニア型経営が増進された。

世界中の過剰資本（過剰蓄積）が米（英）金融資本市場へ集中するなかでギャンブリング・カルチャーのマネー・マネジメントが高度化し複合化し、二〇〇〇～二〇〇一年のITバブル崩壊を序曲として、二〇〇七年央からのサブプライム関連証券市場の崩壊に始まる金融システム全体を危機に陥れる恐慌現象を見るに至ったのである。本章では、この金融危機において、システム崩壊がどのように起き、金融再生の過程で「大き過ぎてつぶせない」巨大銀行中心の再編統合化がいかに進行し、新秩序が形成され、危機の根因は取り除かれたか否かを分析したい。

住宅価格が二〇〇一～二〇〇五年にかけて上昇したのちに二〇〇六年以後、急落しはじめた。活用基準の強欲狂と愚かさ（投機狂的抵抗）から、バブル崩壊のドミノ現象が次々と生じ、グリーンスパン元ＦＲＢ議長の賞賛したＣＤＳの炸裂による金融版の「暗黒物質」の拡散にウォール街全体が恐怖し始めた。二一世紀の金融資本主義の中心にあって「荒稼ぎ」(gambling high return) の「黄金時代」から一転して、バブル崩壊ドミノの恐慌にさらされた大銀行（大手投資銀行、メガ商業銀行、大保険会社、政府金融機関）は、大混乱の元凶として、欲望と無責任ぶりに褒美を与えるかのように大型救済策と「国有化」で手厚く保護されることとなった。

政府金融機関（連邦住宅抵当公社 =Fannie Mae Corp と連邦住宅貸付抵当公社 = Freddie Mac Corp）と米国最大の保険会社・ＡＩＧは、「国有化」され、ゴールドマン・サックス (Goldman Sachs Group inc)、モルガン・スタンレー (Morgan Stanley) をはじめ、大手投資銀行五行は、商業銀行に買収・合併されるか、銀行持株会社化 (Bank holding company) して、財務省―ＦＲＢの保護下にはいり、二つのマネーセンター銀行のうちシティグループ =Citigroup Inc とＪＰモルガン・チェース =JP Morgan Chase & Co. だけは巨大化に成功し、二つの全米型大銀行 (nationwide mega Bank) のバンク・オブ・アメリカ (Bank of America Corp) とウェルズ・ファーゴ銀行 (Wells Fargo & Co.) も「国有化」に近い政府の手厚い保護下に入った。[★1]

★1 Joe Adler, "Nationalize or Not? Hand to Define, Harder to Answer", *American Banker*, February 20, 2009.

金融危機の元凶となった巨大銀行・金融機関に一兆ドルに近い救済資金が提供されることに対する米国民大衆の怒りとサブプライム証券や大銀行に出資した中国や中東産油国の「米国金融システム」への信認の動向に、ウォール街は懸念を抱きつつも、「勝者」として生き残った大銀行は、一層の大型化、総合金融機関化と世界ドル帝国の拡大再建「一〇〇年の計画」（JPモルガン・チェース会長＝ジェイミー・ダイモン、後述）を敢行しようとしている。「不況の時こそ資産は本当の所有者の手に戻る」というアンドリュー・メロン（大不況に至る共和党金権政府八年を含む、一九二一〜三二年の米財務長官）が言ったといわれる言葉を思い出す。

本章では、金融危機における銀行・金融システムの再編、統合化における「勝者」たるニューヨーク・マネー銀行と全米型ネーションワイド銀行の戦略を解明したい。

1　金融国家アメリカの銀行システム崩壊

（1）ウォール街モデル崩壊における勝者と敗者

世界中のマネーを吸収する国際金融センターとしてのウォール街が、新自由主義とグローバリゼーション、フィナンシャリゼーションの下、一九九〇年代後半からの、財務省、ＦＲＢ、ＳＥＣ（証券取引委員会）そして議会からも支援を受けた高リスク、高収益、高報酬の「投機狂乱」（Speculative mania）の「黄金時代」から、突如としてバブル崩壊のドミノ現象が襲う「パニック段階」（panic stage）へ進もうとしたことに気付いたのは、二つのヘッジ・ファンドが、サブプライム・ローン市場の崩壊をきっかけに倒産した時期からであった。

多くの投資銀行は、サブプライム・ローンとその関連商品（二〇〇七年モーゲージ貸付金の累計合計額は、米国ＧＤＰの六九・四パーセントにあたる八・六六兆ドル）に加えて、未公開株投資に深入りし、不動産や土地開発などにも出資していた。ベア・スターンズ（ウォール街五位の投資銀行）から、ゴールドマン・サックスに至る大手各投資銀行は、株主資本の三〇倍以上の借入（ＢＩＳ、国際決済銀行基準では最大一〇倍）で、証券やクレジット・デフォルト・スワップ（ＣＤＳ）に投資するレバレッジの高い取引をしていた。サブプライム・ローン証券市場の崩壊をきっかけに、制御不能の金融バブル崩壊の高波が押し寄せ「ウォール街モデル」倒壊の危機が迫ってきた。

サブプライム関連証券バブル崩壊の最初の犠牲者は、米国金融市場に投資銀行業を展開する欧州大銀行（スイスのＵＢＳ、仏ＢＮＰパリバ、ドイッチェ・バンク）であった。特にＵＢＳは、世界最大の資産運用銀行で富裕者向けの資産運用ビジネスを得意として二万二〇〇〇人の投資行員を擁する伝統ある米投資銀行ディロン・リードを傘下に持ち、銀行の証券・投資＝グラム・リーチ・リンレイ法（1999 Bank Act、Gramm-Reach-Linley Act）設定の立役者、フイル・グラム（Phil Gramm）を投資銀行

図3-3　サブプライム債務危機における米欧銀行・証券投資銀行の損失

2007年初めから2008年4月間の純損失と評価損

（単位10億ドル）

銀行	損失
シティグループ	$40.9
UBS	38.0
メリルリンチ	31.7
バンク・オブ・アメリカ	14.9
モルガン・スタンレー	12.6
HSBC	12.4
JPモルガン・チェース	9.7
IKBドイツ産業銀行	9.1
ワシントン・ミューチュアル	8.3
ドイツ銀行	7.5
ワコビア	7.3
クレディ・アグリコル	6.6
クレディ・スイス	6.3
みずほフィナンシャルグループ	5.5
カナディアン・インペリアル	4.1
ソシエテ・ジェネラル	3.9

原資料：ブルームバーグ

出所：インターナショナル・ヘラルド・トリビューン　2008年4月23日付

部門のアドバイザーに雇いつつ、ロビイストとしても活用している。★2

★2　Eric Lipton and Stephen Labaton, "A convinced deregulator, even now, Phil Gramm, vilified as a cause of the meltdown, nebuffs critics", *International Herald Tribune*, November 18, 2008.

ＵＢＳが七月～九月決算で一〇〇億ドルの追加損失を計上し、傘下の米国投資会社＝ディロン・リード・キャピタル・マネジメントが解散に追い込まれた。仏ＢＮＰパリバも、傘下のファンドを閉鎖し、ドイッチェ・バンクも、七月～九月決算

図3-4　銀行・証券投資銀行のモーゲージ 信用危機による評価損と純損失（単位10億ドル）
2007年初から2008年前半、世界全体で5000億ドル

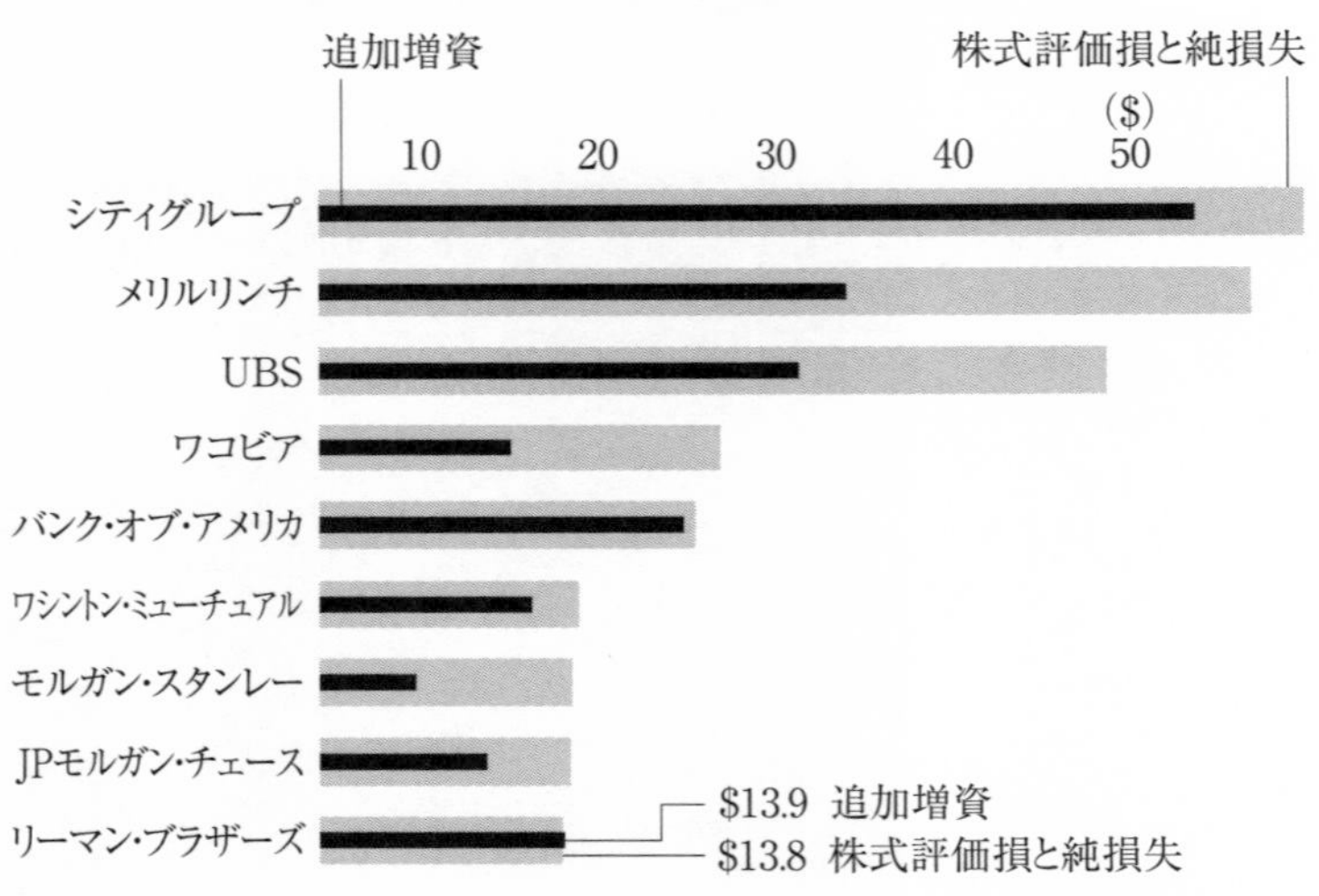

原資料：ブルームバーグ
出所：インターナショナル・ヘラルド・トリビューン 2008年9月12日付

で四〇億ドル近い損失を計上した。

そして、メリルリンチ（Merrill Lynch & Co.）が、二〇〇八年年初に七八億ドルの損失を計上すると、ウォールストリート・ジャーナル紙をはじめとするニューヨークの金融経済紙が、アメリカ金融界はパニック段階に入ったと警告し始めた。[★3] ウォール街の高レバレッジのハイリスク・ハイリターン、高報酬によるビジネス・パターンが、壊滅的な打撃を受け始めたことを告げたのである（図3―3、3―4）。

★3　John Bellamy Foster, "The Financialization of Capital and the Crisis", *Monthly Review*, April, 2008, p.4.

二〇〇九年三月にはベア・スターンズ（Bear Sterns Cos）が、サブプライム証券関連の大損失がさらに増大する中で経営破綻（はたん）し、ウォール街初の犠牲者となり、連邦政府から、三〇〇億ドルの特別融資を受けたＪＰモルガン・チェースによって、わずか二四億ドルの安値で救済買収された。

七月には、住宅金融二社（Fanie Mae と Freddie Mac）が、サブプライム・ローンで経営困難に陥り、米国政府の住宅公社支援法（七月末成立）に基づいて、最大二〇〇〇億ドルの優先株購入による支援策（実質国有化）が発動された（九月七日）。二行で五兆二〇〇億ドル（うち中国、ロシア、サウジアラビアの中央銀行、三菱ＵＦＪフィナンシャル、スイス再保険が一兆ドルを保有）の債務を納税者に負担させるものであった。

四月には、シティグループが、サブプライム損失を一二億ドル追加計上して、四〇〇億ドルの最終損失となった。傘下の投資銀行＝ソロモン・スミス・バーニーの経営悪化が急速に進み、九八年にグラス・スティーガル法を踏み越えて、商業銀行、投資銀行、保険会社の統合体である総合銀行化（universal banking）を行った米国最大の銀行であるシティグループ内部の不安定性が明確になった。

六月五日には、ウォール街第四位の投資銀行で、アグレッシブな高レバレッジ経営で強欲資本主義の権化として急成長していたリーマン・ブラザーズ（Lehman Brothers Inc.）が経営破綻した。中国人民銀行から巨額の借入を行っているリーマンは、国際信認の上から倒産させることはできず、米中央銀行のＦＲＢの仲介で英バークレイズに北米部門を、野村ホールディングスに欧州・中東・アジア部門を、わずか一ドルで買収させることになった（九月一五日）。リーマン救済合併には、破綻直後か

ら バンク・オブ・アメリカが出動していたが、米国最大の証券投資銀行のメリルリンチが破綻に瀕し、財務省、FRB、ニューヨーク連銀とウォール街代表としてのゴールドマン・サックスの協議によって（九月）、急遽メリル救済合併へ転ずるよう強く要請した。突如リーマン救済は放棄され解体のやむなきに至った。

八月六日には、米国最大の保険会社AIGに、米連邦政府が緊急つなぎ融資八五〇億ドルを供与する代わりに七九・九パーセント株式を取得して、政府管理下に置いた。AIGは、保険業や航空機リースなどで利益をあげていたが、一部のサブプライム・ローン関連証券の信用リスクをクレジット・デフォルト・スワップ（CDS）で保証していた。CDSの損失を肩代わりする保険のような契約であり、四四〇〇億ドルのCDSを保証した同社は、このCDSで損失が拡大したため、巨額の保険が負担できなくなり、格付けが引き下げられたため、巨額の追加担保が緊要となってきた。CDS損失のドミノを避けるため、米連邦政府は、最終的に一八〇〇億ドルの資金を注入して、AIGを管理下に置かざるを得なくなったのである。その始まりは、一兆三〇〇〇億ドルのサブプライム関連証券市場の崩壊であり、二〇〇七年の米国株式・証券の時価総額（約五〇兆ドル）からすれば、損失をカバーできたはずだが、どの金融機関が危ない証券化商品を抱えているか、不透明な部分が多かった。多くの金融機関が借入金に大きく依存し、損失で自己資金も食いつぶされる恐れがあった。AIGのケースはこの危機増大の典型であった。

九月に入ると、サブプライムの損失が五一〇億ドルに達したウォール街三位のメリルリンチ

(Merrill Lynch & Co.) が、株価崩壊(五ドル以下)の中で、財務省とFRBの圧力の下でバンク・オブ・アメリカに五〇〇億ドル(メリルの同時期時価総額の三倍強)で急遽〝救済買収〟されることとなった。バンク・オブ・アメリカは、米国西部と米国東南部の地方大銀行(Super regional)の統合による米国初の全米型巨大銀行(nationwide mega bank)として、米国最大手の証券投資銀行であるメリルリンチを買収したことによって、商業銀行と証券・投資銀行の合体による総合銀行化の悲願を達成したことになるが、メリルリンチの業績内容の悪化から、本体の弱体化の懸念も強まってきた。★4

★4 Kevin Dobbs, "Re-Embrance of Investment Banking,Views on B of A-Merrill: Good Fit, Plently of Risk", *American Banker*, September 16, 2008.

米国連邦政府=財務省は、総合金融化安定対策を急ぎ発表し、その中で、金融機関から七〇〇〇億ドルの不良資産を買い取る政策を推進し、ウォール街全体の実質「国有化」(nationalisation)へ踏み出すことになった。だが、ウォール街の全般的不安と恐怖はこれで沈静化するどころか、「金融版大量破壊兵器」と投資家バフェット氏が呼んだ、金融デリバティブ—CDSの破裂による「暗黒物質」に米国金融界が包まれ始めたという底知れぬ不安が広まり始めたのである。投資銀行の両雄で、CDS取扱いで一位と二位を占めるゴールドマン・サックスとモルガン・スタンレーが、年央から大幅赤字に転じているのが公表されて、株価が一気に崩壊し始めた★5(二〇〇七年末のCDS取扱い実現は、一位がモルガン・スタンレー、二位がゴールドマン・サックス)。九月一九日には、ウォール街の主

図3-5　ウォール街の主役・投資銀行の終焉
——商業巨大銀行による吸収合併と銀行持株会社への転換

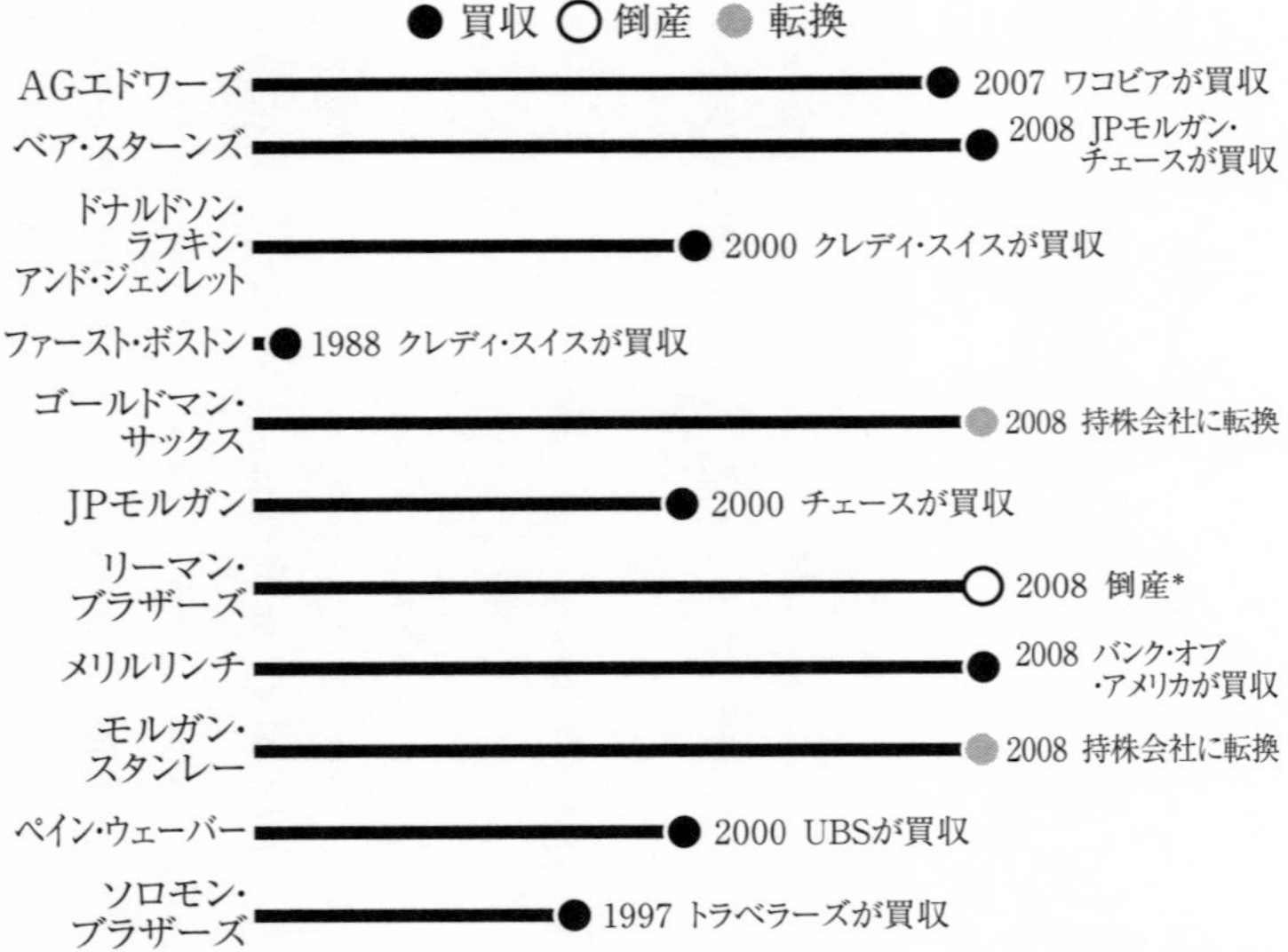

出所：ウォール・ストリート・ジャーナル　2008年9月24日付

役たる投資銀行の両雄の地位を捨て、銀行持株会社へ移行し、連邦政府、財務省、FRBから金融支援を受ける代わりに、報告義務を負い、その管轄下に入ることとなった。

★5　深尾光洋「信用不安の元凶はCDS—金融研究報告」日本経済新聞、二〇〇八年一〇月二九日付。

そして、前者は、投資家のウォーレン・バフェット氏から五〇億ドルを、後者は三菱UFJフィナンシャルに最大二〇パーセントの株式を売却する協定を九月末までに結んだ。

株価崩落は漸次おさまりはじめたが、ウォール街のハイ・レバレッジ、ハイ・リスク、ハイ・リターンで高報酬のハイパー・スペキュレーション（hyper speculation）の市場主義的ビジネス・パターンは、サブプライム・ローンを巡る混乱と巨額損失を受けて米連邦政府の「国有化」をもってあえなく終了した。政府支援の下で、安定した資金にアクセスできる商業銀行に、買収・合併されるか、銀行持株会社へ移行して生き延びる以外に選択肢はなくなったのである（図3—5）。

（2）金融の荒野に立つ三巨人銀行「バベルの三塔」

かくして、二〇〇八年三月、ベア・スターンズがＪＰモルガン・チェースに、九月には、リーマン・ブラザーズが英バークレイズと野村ホールディングスに、メリルリンチが、バンク・オブ・アメリカに救済合併され、モルガン・スタンレーは、三菱ＵＦＪフィナンシャル・グループに出資を仰ぐこととなった。ゴールドマン・サックスは、銀行持株会社化して、バフェット氏から五〇億ドルの出資を仰いだ後の二〇〇八年一〇月に、大胆にもシティグループとの合併も模索している。[★6] さらに、モルガン・スタンレーもシティグループとの合併を打診した。長期資金にアプローチして、総合金融機関として再興しようという野心的戦略を抱き、新たなウォール街のビジネス・パターンを摑もうという長期戦略を、投資銀行の両雄たちが抱いていることを示している。[★7] モルガン・スタンレーは、メリルリンチからの救済買収要請も二〇〇八年九月に受けていたが、前者が求めた合併相手は、ニューヨーク・マネーセンター銀行であった。メリルリンチはポールソン米財務長官やバーナンキＦＲＢ議長やガイトナー＝ニューヨーク連邦準備銀行総裁の要求で、サブプライム損失とレバレッジの比較的小さいバンク・オブ・アメリカに救済買収されることになった★8（リーマンのバンク・オブ・アメリカ買収交渉は打ち切られ政府支援もなく切り捨てられることとなった）。

★6 Henny Sender and Francesco Guerrera, "Goldman chief sought tie up talks With Citi", *Finantial Times*, October 27, 2008

★7 Louise Story, "Potential rivals steer makeover of Morgan Stanley", *International Herald Tribune*, November 27, 2008.

★8 Steaven Sloan, Cheyenne Hopkins, "Merrill Deal May Boost FDIC Fund's Risk Profile", *American Banker*, September 16, 2008.

かくして、連続破綻のパニック的状況下で、ウォール街のビジネス・モデルの基盤たる旧秩序は崩壊し、ニューヨーク・マネーセンター銀行のシティグループと、ＪＰモルガン・チェース、そして全米型メガ商業銀行のバンク・オブ・アメリカの三行が金融危機の中の救済買収・合併者、つまり「勝ち組」として残った。シティグループは、一九九九年にシティコープとトラベラーズ合併の際、トラベラーズ傘下のソロモン・スミス・バーニーを統合し、後に英国マーチャントバンクのフレミングを買収しており、金融危機真只中の二〇〇八年九月と一〇月には、ウォール街の両雄、モルガン・スタンレー、ゴールドマン・サックスとも合併交渉を持った。

わけても、ＪＰモルガン・チェースの躍進が目立ち、ベア・スターンズ買収の後に、サブプライム・ローンによる損失で破綻した住宅貯蓄銀行最大手のワシントン・ミューチュアル銀行（Washington Mutual. Inc.）を二〇億ドルで買収し、ワシントン州、カリフォルニア州とフロリダ州に支店ネットワークを獲得し、二〇〇四年に買収したシカゴ、デトロイト、オクラホマ企業集団の主力銀行であるバンクワン（Bank One Corp）の買収に続いて、ニューヨーク・マネーセンター銀行の領域を越えて全米銀行への展開も躍進させることになった。

バンク・オブ・アメリカは、米国最大の証券会社で三位の投資銀行であるメリルリンチを買収して、金融スーパー・マーケットの戦略目標に到達したことになる。シティグループは、モルガン・スタンレー、ゴールドマン・サックスとの合併交渉に加えて、米国南部のノースカロライナ州シャーロッテ本店の地方巨大銀行（super regional bank）ワコビア（Wacorbia Corp & Co.）買収も手掛けた（ワコビアはその成功一歩手前のところまで進んだところで、ウェルズ・ファーゴ銀行に買収された）。

ウォール街の象徴たる大手投資銀行がすべて消え、巨大金融スーパーマーケット三行のみがバベルの塔として、金融の荒野にそびえ立つこととなった。ウォール・ストリート研究の権威であるマンハッタン・カレッジのチャールズ・ゲイスト教授は「バンク・オブ・アメリカ、シティ、ＪＰモルガンは今や準国家銀行機関である。彼等は、つぶれることを決して許されず、厳重に監視され続けよう。彼等はいまや、アメリカ経済の代理者なのである」と述べている。[★9]わけても、ＪＰモルガン・チェー

図3-6　米国上位5行の金融資産と買収ターゲットとなったワコビア銀行

上位5行・ホールディング・カンパニー（HC）の預金残高（2007年、10億ドル）

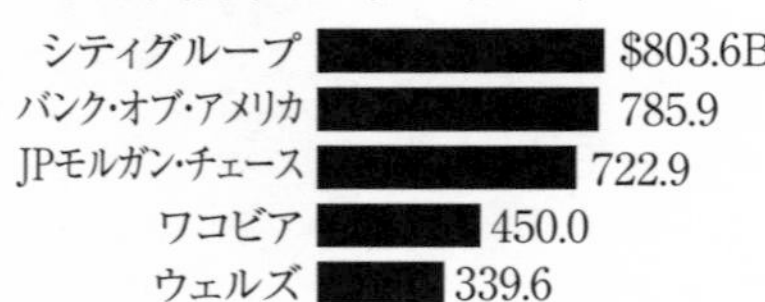

HC傘下の金融資産総額

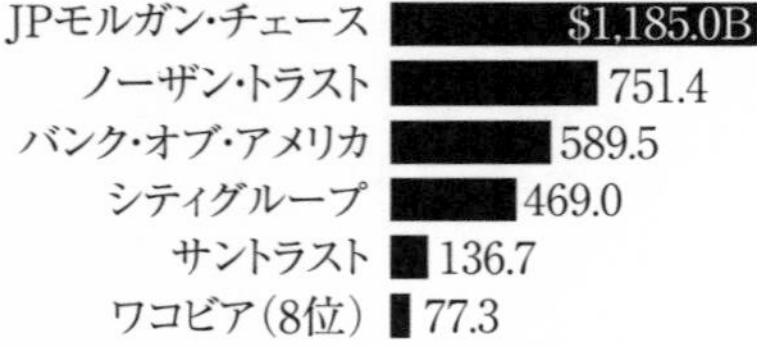

証券ブローカー数（2007年末現在）

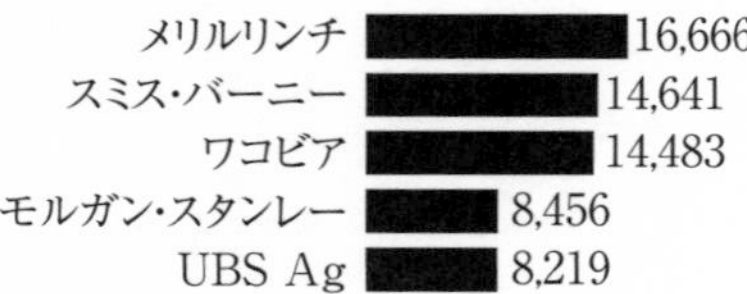

HC傘下の保険手数料収入

* On March 31. All others at June 30

Sources : SNL Financial, Bloomberg, *National Mortgage News, On Wall Street,* Michael White Associates

出所：アメリカ・バンカー　2008年9月17日付

スは、サブプライム・ローンの打撃も少なく、投資銀行（ベア・スターンズ）と地域巨大銀行にしてS&L（住宅貯金組合）のワシントン・ミューチュアルの買収で総合金融、全米銀行への躍進を遂げ「ウォール街の王者」（King of Wall Street）といわれ始めていた[★10]（図3―6、図3―7）。オバマ大統領配下の経済再生諮問委員会最高顧問で元FRB議長のポール・ボルカー氏はこの現象を、「グロテスクなほどに大型化」（has gotten grotesquely large）と表現し、金融権力とリスクの集中化を警告している。

★9　Ren White "The Crisis Trickles Up as Stronger Lenders Draw Doubt", *The New York*

図3-7　3メガ銀行の巨大化と準大手金融機関の総資産・資金量格差の拡大

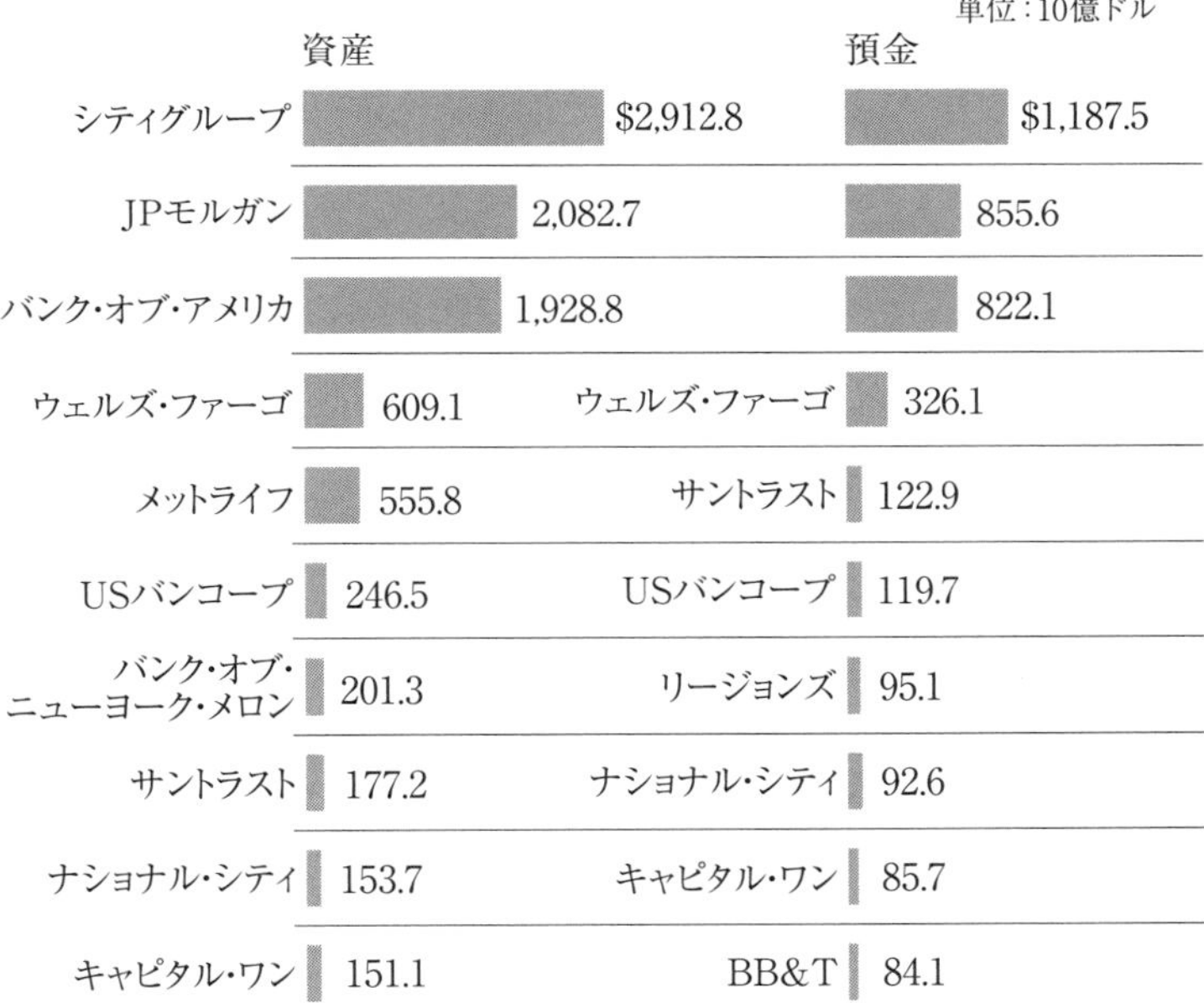

注：2008年6月末の勢力図。ワコビアはシティグループに加算（後に後者はウェルズ・ファーゴが買収）、ワシントン・ミューチュアルはJPモルガンに、メリルリンチはバンク・オブ・アメリカに加算されている。
原資料：SNL Financial
出所：アメリカン・バンカー　2008年9月30日付

Times, September 30, 2008.

★10　Francesco Guerrera, "JPMorgan keen to exploit its new found edge", *Financial Times*, January 15, 2009.

それにしても、米国最大の銀行であり、金融新自由主義の旗頭として総合化・グローバル化の最先端を走り続けてきたシティグループの前途は多難であり、メリルリンチ合併後のバンク・オブ・アメリカの業績不振からして、金融の荒野に脆弱性を内包しつつそびえ立つ三行のバベルの塔の業界構図は、危機の構造を呈していた。

三行とも、財務省、ＦＲＢに支えられているとしても、メガバンク一行が倒れれば、関連する業界全体が崩れかかる構図である。大手の総合銀行シティグループは、二〇〇七年に四〇〇億ドルのサブプライム損失（米欧銀行中最大）を計上し、二〇〇八年夏には、アラブ首長国連邦とシンガポールの政府ファンドから一五〇億ドルの資金を調達し、九月には、ワコビア銀行買収戦で、ウェルズ・ファーゴに敗れ、自力で財務改善の見通しが立たなくなった。一月には、業績悪化から株価が三ドル台まで落ち込み、連邦政府、財務省から二〇〇億ドルの追加資本注入、七〇億ドルの優先株発行、引き受け、三〇六〇億ドルの不良資産（住宅ローンや商業用不動産など）への政府保証の救済パッケージを供与されることとなった。政府の資本注入額は、実に五二〇億ドルとなった。「破産させるには大きすぎる」（too big to fail）銀行の最大手（総資産額が二兆ドル、さらに簿外の資産一・二兆ドル、世界中の従業員三七万人）であり、グラス・スティーガル法が存在していた一九九八年、同法を踏み越えて商業銀行、投資銀行、保険会社の統合化を敢行し、一二〇か国に展開するシティグループは、大き過ぎで、マネージできなくなっている（too big to manage）。それでも、金融危機におけるウォール街における「勝ち組」に組み込まれているシティグループだが、「第二次救済策」の直後から株価が急落し始め、米国格付け会社・ムーディーズ・インベスターズ・サービスも、シティグループの長期格付けを下げた。

シティグループ再編成の動きが活発化し、再びモルガン・スタンレーやゴールドマン・サックスとの合併、資本提携説も強まり、シティ内部での企業文化対立の焦点でもある資産家向け証券部門であるスミス・バーニーの分離、売却が最初に持ち上がった。巨大な総合金融総合体を分割するか否かが、シティグループやウォール街、財務省、ＦＲＢでの議論の中心であった。そして、破綻大銀行に対する「最後の貸し手」としての国家の役割は、米国一国では限界が見え、アブダビ、クウェート、サウジアラビア、シンガポールの政府・王室のファンドに依存しなければならなくなっていた。

二〇〇九年一月一三日にシティグループ首脳は、まず証券事業のスミス・バーニーをモルガン・スタンレーに売却する決定を公表し、一六日には、投資銀行業務のシティコープと非中核業務のシティホールディングスに二分することを発表した。[★11]

★11 Henay Sender,"Citigroup break-up, Investors hammered by City fund setback", *Financial Times*, January 15, 2009.

二月二七日には、オバマ新政権のガイトナー財務長官とバーナンキＦＲＢ議長は、シティグループを政府管理銀行とする政策を発表した。連邦政府＝米財務省・ＦＲＢが、シティグループの優先株（最大二五〇億ドル分）を普通株に転換し、三六パーセントの最大株式を保有し、直接管理下に置くこととなった。併せて、シンガポール政府投資公社（ＧＩＣ）の優先株持分一〇パーセントやサウジアラビアのアルワリード王子の八パーセント所有の持分も普通株転換を図って、米国政府、各国ＳＷＦ（soverien wealth fund）所有の持分合計は五四パーセントとなり、金融新自由主義の旗手シティグループは、政府管理銀行へ変質していった。政府との一体化によって、シティグループは、金融危機克服の主柱銀行として生き延び、困難時の一定期間の「国有化」を経て再び、国家からの独立を果たす「スウェーデン方式」に基づく戦略をとることになった。

政府との一体化と同時に、証券部門のスミス・バーニーのモルガン・スタンレーへの売却のように、旧投資銀行との資本提携の動きも現実化し始めた。危機における最大手銀行・シティグループの政府との金融複合体形成による展開のダイナミズムは、二一世紀の金融帝国アメリカの戦略には欠くことのできない要素である。[★12]

★12 Peter Thal Larson, "Too early to declare death of 'universal banking'", *Financial Times*, January 15, 2009.

米国危機克服のための金融再編の第三の柱となっているバンク・オブ・アメリカは、二〇〇九年一月にメリルリンチの買収を財務省、ＦＲＢの支援の下で完了したが、その不良資産から生じる損失が膨らんで、以後発生する損失で経営危機が生ずると考えられ、二〇〇八年一〇月に続いて政府資金で追加支援がなされることになった。(一)バンク・オブ・アメリカが保有する一〇八〇億ドルの不良資産から生ずる損失の大半を米国政府が肩代わりする、(二)資本力強化のため二〇〇億ドルを資本再注入する、(三)不良資産の損失保証の手数料として連邦政府に優先株四〇億ドル株を発行し、提供する。[★13]

★13 Mathew Saltmarsh, "Drastic measures for U.S.bank giants-Citigroup confirms that it Will split as Bank of America gets more aid", *International Herald Tribune*, January 17-18, 2009.

新自由主義の旗手として、二一世紀の世界金融資本主義に君臨してきた「ウォール街」と金融コングロマリットは丸ごと、実質「国有化」によって、資産と権力の集中化をはかった。これによって、一九三〇年代のように、金融恐慌突入という最悪のシナリオはさけることはできたとバーナンキＦＲＢ議長らは述べているが、「ウォール街の勝者」となった三大銀行のうち、一行でも倒れたらたちまち金融界全体のパニックになるという状況が続いている。

ウォール街には、金融デリバティブから生まれた「金融大量破壊兵器」による〝暗黒物質〟が漂い、なお損失を拡大させている。金融デリバティブの代表ともいえるＣＤＳは、いまや米国金融界では米国社会における鏡のように、手離せない重要武器となっている。危機克服の三本柱の三大銀行の戦略を分析する前に、ハイパー・スペキュレーション下の金融デリバティブの現状を見なければならない。

（3）金融版大量破壊兵器と呼ばれるデリバティブ／ＣＤＳ

ウォール街をいつはてるとも知れない大混乱に陥れている複雑きわまる金融デリバティブ（金融派生商品）市場は、あらゆる規制をすり抜け、くぐり抜ける「影の銀行」（shadow banking）の一形態として、リスク拡大を秘めつつ想定元本は六〇〇兆ドル（二〇〇七年末の計算上の数値、ＢＩＳ＝国際決済銀行の推計）という天文学的な数値に膨れ上がり、二〇〇八年末には六六八兆ドルへ膨れ上がり、二〇〇九年後半では五九二兆ドルという推計もなされていた。ウォール街の著名エコノミストが米国一五大銀行について調査したところでは、二〇〇七年までに、引き受けたデリバティブ金額は二一兆ドルである。デリバティブとは、原資産となる証券から派生する価値を商品化したもので、GM株式やモルガン・スタンレーの社債などあらゆる商品が元になる（図3―8A、B）。

ただし、これは架空の数値（契約上の「想定元本」）であり、二〇〇七年の世界デリバティブ市場の実際価値額は、一五兆ドルと見積もられていた。それは、二〇〇七年の米国GDPの一三兆ドルより大きく、市場規模は、九〇年代半ばから、二、三年ごとに二倍に膨れ上がっていた。[★14]

★14　Editors, "A special report on the world economy, Taming the best-How far should finance reregulated", *The Economist*, November 11th, 2008, p.6.

さらに、デリバティブの一種で金融版の「大量破壊兵器」と著名投資家のウォーレン・バフェット氏が呼ぶCDS（credit default swap）という「ウォール街を食べつくす金融モンスター商品」（the monster that ate wall street）がある。一九九〇年代初めに、JPモルガンにMITやケンブリッジ大学から若手の数学者が集合して、一四年後には、ウォール街を廃墟同然に変質させることになる「モンスター金融商品」を開発した。[★15]

★15　Matthew Philips, "The Monster that ate Wall Street", *News Week*, October 13, 2008. pp.34-35.

図3-8

(A) クレジット・デフォルト・スワップ(CDS)の契約残高　　(B) CDSの銀行・ノンバンク貸付企業・外国債券に対する比率

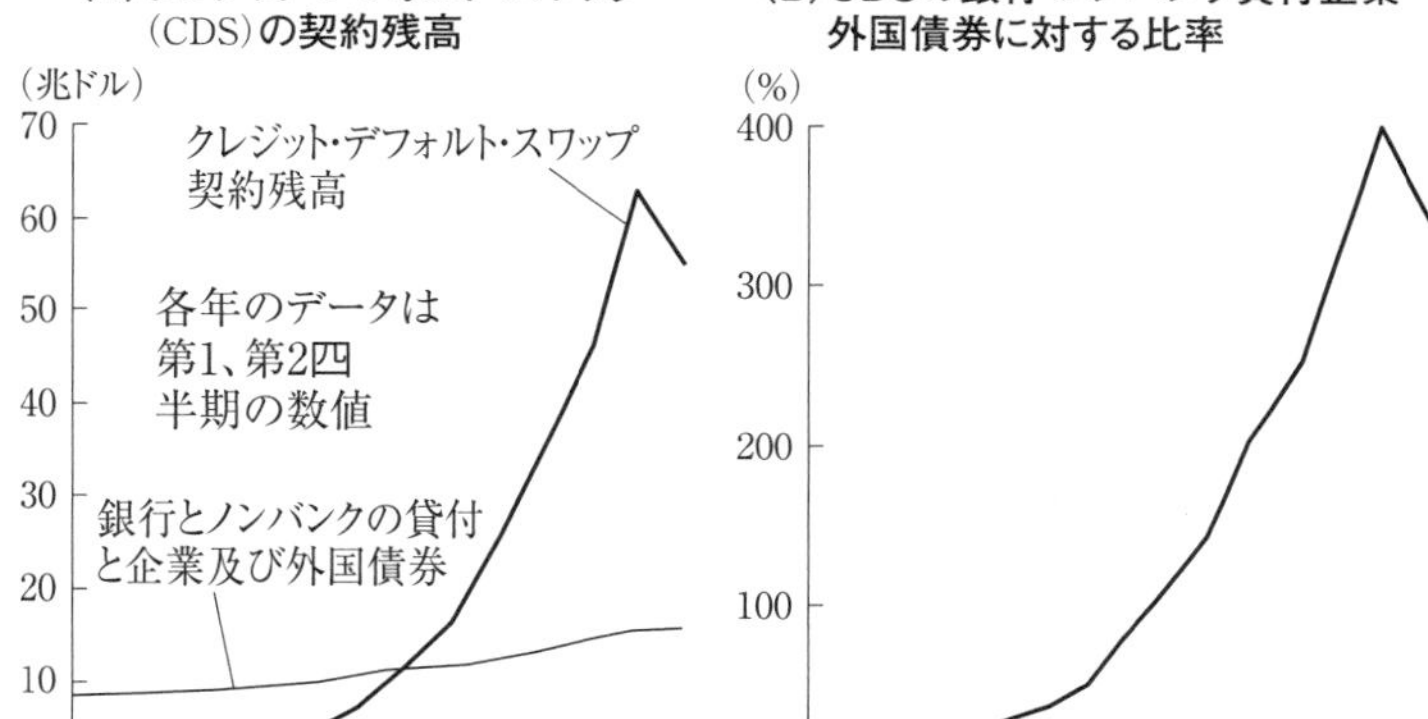

原資料：International Swaps and Derivatives Association (swaps), U. S. Federal Reserve via Harver Analytics (debt outstanding)
出所：インターナショナル・ヘラルド・トリビューン 2008年9月27日付

発明者は、ＭＩＴを卒業してＪＰモルガンのスワップデスクで働いていた一九九四年当時二五歳のテリー・デュフォンであり、銀行がリスクを資産から切り離し、保険会社や年金に肩代わりさせることに成功した。この仕組みが「ＣＤＳ＝クレジット・デフォルト・スワップ」でデリバティブの一種である。当時、ＪＰモルガンの資産は、数百億ドルの企業向け、外国政府向けの貸出で膨張していた。それらの融資の貸し倒れリスクに備えるべく、連邦政府は、銀行側に巨額の自己資本を積むことを義務づけていた。つまり、利益を生まない巨額の資本金が必要になる。

そこで、デュフォンらが思いついたのが、その保険商品の開発である。貸し倒れの元利支払いを第三者に保証させ、銀行はその保険料を支払う。そうなれば、JPモルガンは、貸し倒れのリスクを自行のバランスシートから切り離し準備金を切り崩して他の銀行、投資業務に回すことができる。

世界で最初にCDSを使って大きな取引をしたのは、JPモルガン（一九九七年）であった。グラス・スティーガル法が撤廃された九九年には、商業銀行と保険会社においてもCDS取引が開始され、金融市場に広がり、安定的な収益を確保してリスクを回避する手法として、CDSは、最もエキサイティングな「新商品」としての金融商品となった。

マンハッタン計画（原子爆弾開発）における核物理学者オッペンハイマー博士と配下の学者たちがそうであったように、デュフォンは一九九四年にCDSを開発した一四年後に、ウォール街を廃墟と化すようなモンスター商品を開発したことに気付きはじめた。それまではこの開発部門は、後に世界的な大銀行幹部を次々と輩出する「モルガン・マフィア」として銀行界垂涎（すいぜん）の的となった。[★16]

★16　ibid.

CDSの「暗黒金融商品」がウォール街に漂う中で、JPモルガン・チェース、シティグループ、バンク・オブ・アメリカ、モルガン・スタンレー、ゴールドマン・サックスの「勝者たち」＝残ったエスタブリッシュメントは、金融危機から脱出のための再編成、再々編成を果たしていかねばならないのである。[★17]

★17　Editor, "The credit-default swaps reform, not abohtion", *The Economist*, November 8th, 2008, p.14.

金融危機の真只中の二〇〇八年、ＪＰモルガン、ゴールドマン・サックスはじめシティグループ、バンク・オブ・アメリカを中心とする九大銀行は、デリバティブ／ＣＤＳ規制に対抗するロビー団体＝ＣＤＳディーラーズ・コンソーシアム（CDS Dealers Consortium）をワシントンに形成した。同コンソーシアムの事務局長の秘密メモは、デリバティブ取引が、米国大銀行にとって最も利益の大きい金融ビジネスの一つとなったことを強調している。財務省―ＦＲＢもデリバティブの規制を主張しているが、ＪＰモルガンやゴールドマン・サックスなど最大手銀行は「おしなべて友好的な規制者」（overly friendly regulator）としてのＦＲＢの監督を受けることを望んでいた。[★18] 二〇〇九年五月には、ティモシー・ガイトナー米財務長官がデリバティブ市場の規制改革案を発表したが、規制の「抜け穴」（loop hole）がいくつも設けられていた。

★18 Gretchen Morgenson, Don Van Natta Jr, "U.S. banking lobby resisting push to regulate derivatives", *International Herald Tribune*, June 2,2009.

また、二〇〇八年の信用危機を予見し、住宅ローン関連投機の「危機管理ミス」を指摘した高名なイェール大学のロバート・シラー教授も、デリバティブとリスクの規制は誤りだと主張していた。かくして、米国巨大金融ストラクチャーが死守しようとするギャンブリング金融カルチャーの基盤は二重三重にガードされたのである。

そこで、ゴールドマン・サックス、ＪＰモルガンを中心に、米国大銀行はデリバティブ／ＣＤＳ強化の正面突破作戦を試み、自主的にＣＤＳの清算機関を立ち上げた。米国大銀行五行は二〇〇九年三月には、インターコンチネンタル取引所（ＩＣＥ）のＣＤＳ清算機関に参入、二〇〇九年一二月には、米国最大のデリバティブ取引所＝ＣＥＭグループが上げるＣＤＳ清算機関に参入した。二〇〇九年一一月の米国金融機関の保有するＣＤＳ残高は二六兆ドルにのぼり、清算機関や規制の枠組みを含めたインフラ整備が完了し、正当化されようとしている。

2　巨大化するロックフェラー・モルガン金融連合体——ＪＰモルガン・チェース

（1）信用危機と「ウォール・ストリートの王者」

「不況期においては、企業資産は本来の所有者のものとなる」と語ったのは、一九三〇年大不況期を含めて一〇年以上にわたって、米国財務長官を務めたメロン集団の総師アンドリュー・メロンであったといわれる。[★19] ロックフェラーやメロン集団は、大不況期にビッグビジネスの金融資本集団としての地歩を固めたが、二一世紀の金融危機の下で、ロックフェラー・モルガンの主力金融機関の連合体であるJPモルガン・チェースは、一〇〇年来といわれる二〇〇七年夏からの金融パニックの中、敢然とこの言葉を実験すべく、拡張戦略に身を投じた。

★19　E Tousaint, "*Your Money or your Life — The Tyranny of Finance —*", p225, London Pluto Press, 2003.

二〇〇七年夏に、ウォール街五位の投資銀行ベア・スターンズ（Bear Stearns Cos）の二つのヘッジファンドが、サブプライム・ローン証券で破綻し、同じくメリルリンチ、シティグループ（ソロモン・スミス・バーニー）が巨額損失を被り、グローバル金融危機に米国金融界が沈むと見るや、巨大金融機関買収合併の好機到来と見て、JPモルガン・チェースのジェイミー・ダイモン最高経営責任者は、二〇〇八年を「巨大M＆A計画発動へ復帰の時」（The year to return to the big M&A table）と狙いをつけた。[★20]

★20　I Dana Cimilluca, "Will J. P. Morgan Pass B of A Next?", *The Wall Street Journall*, January 17, 2008.

JPモルガン・チェースは、ロックフェラーとモルガンの旧二大企業集団の主力銀行の統合体であり、二〇〇四年には旧シカゴ集団、デトロイト集団の主力銀行トラストのバンクワンを買収し、米国産業、金融の「統合者として出現した金融機関」（The Financial company emerging as a consolidator）として、危機の大手投資銀行や地方巨大銀行（super regional bank）を買収・統合化に出動する体制を二〇〇八年早々に確立した。★21

★21　Paul Davis, "JPM a Rare Firm with Free Capital", *American Banker*, February 26, 2009.

ロックフェラー・モルガン系のニューヨーク・マネーセンター銀行二行の統合体から中西部のシカゴ／デトロイト集団系の巨大銀行を買収合併（二〇〇四年）したＪＰモルガンの次の狙いは、米国西部、南部のビッグバンクを傘下に治め全米型銀行（nationwide bank）となることであり、大手投資銀行の吸収によって商業銀行兼投資証券の体制を築き、ウォール街の総合金融機関のバベルの三塔の中心となることであった。危機のアメリカン・キャピタリズムの金融エスタブリッシュメントとしての規模を拡大し、その金融権力を質的に高めて、ウォール街が米国金融ストラクチャーの中枢としての地位を確立する責務を、ＪＰモルガンのダイモン指導体制は自覚していたのである。

そして、米国金融界を信用危機からメガバンク中心の超寡占体制によって立て直し、次に「Ｇ20金融システム」（Great 20 countries of financial system）に基盤を広げた新アメリカ金融帝国地図の構築を目差し始めた。ダイモン最高経営責任者は、二〇〇九年一月のスイス・ダボス会議でその未来ビジョンの一部を公表している（後述）。

しかも、ＪＰモルガンは、新たなウォール街再興の指導者として、ゴールドマン・サックス、モルガン・スタンレー、シティコープ、バンク・オブ・アメリカとともに、大恐慌以来の最悪の信用崩壊の原因の一つとなった複雑怪奇な金融取引―ＣＤＳ（クレジット・デフォルト・スワップ）をはじめとする金融デリバティブと「大きすぎてつぶせない」巨大金融機関の超寡占体制の支配を、世界的に再興しようとしている。そのためには、危機の金融エスタブリッシュメントは、政府による「国有化」と銀行不良資産を政府が高価で買い取るプログラム（PPIP=public-private partnership program）を利用して（ジョセフ・スティグリッツ教授のいう納税者を犠牲にして莫大な利益を大銀行が得る＝アメリカ流社会主義＝Americanstyle of socialism）信用危機を脱け出し、ウォール街のバベルの塔を築き、新たな世界金融秩序の主柱となろうとしている。

複数の米国大手投資銀行で金融デリバティブのトレーダーとして活動した経歴を持ち、ニューヨーク大学で金融経済学を講ずるアン・リー氏は、ニューヨークのメガバンクは信用危機からはい上がる過程で従来以上に国際的優位性を高める野心を抱いているという。事実、そうでなければ世界金融危機のなかを生き続けることができない。米国大銀行がスタグネーション・インパクトの時期を通り過ごせば、再び彼等は世界を支配することができるだろうというのである。リーマン・ブラザーズやメリルリンチなどの問題の多い金融機関が巨大銀行に吸収されたため、残った金融機関の国際影響力はむしろ強くなる。★22 生き残った五行とは、ＪＰモルガン・チェース、シティグループ、バンク・オブ・アメリカ、ゴールドマン・サックス、モルガン・スタンレーであり、ＪＰモルガンは、そのなかでも最大の総資産を擁し、最高の時価総額を保有し、「ウォール街の王者」（King of Wall Street）と呼ば

表3-1　金融危機下の米国10大銀行(資産総額)の株式時価総額

単位:10億ドル	2008年9月30日	2009年1月20日
JPモルガン・チェース	$174.05	$67.53
シティグループ	111.77	15.26
バンク・オブ・アメリカ	159.67	32.62
ウェルズ・ファーゴ	124.65	60.10
USバンコープ	63.17	26.92
サントラスト	15.92	5.34
キャピタル・ワン	19.98	8.98
PNC	26.00	7.67
リージョンズ	6.64	3.18
BB&T	20.88	10.23

原資料:SNL Financial
出所:アメリカン・バンカー　2009年2月22日付

れるようになった(表3―1)。

★22　Ann Lee, "US Banks Will Only Get Stronger", *Newsweek*, April 27, 2009, p.35.

ＪＰモルガンの会長兼最高経営責任者であるジェイミー・ダイモン(Jamie Dimon)氏は、オバマ政権内の金融部門の最高権力者であるティモシー・ガイトナー(Timothy Geithner)財務長官を取り囲む金融寡頭経営者グループ(ロバート・ルービンRobert E.Rubin＝元財務長官・前シティ経営委員長、ロイド・ブランクファインLloyd C Blankfein＝ゴールドマン・サックス会長など、金融界最高経営者一〇人で形成する金融政策協議のロビー団体)の中心人物の一人である。

そして、チェース・マンハッタン銀行出身で、元ニューヨーク連銀総裁でＦＲＢの議長でもあったポール・ボルカー(Paul Volcker)は、オバマ大統領の経済金融政策最高顧問であった。

（2）投資銀行ベア・スターンズを買収

金融危機の深まる二〇〇八年初めから、ＪＰモルガンのダイモン会長兼最高経営責任者は、投資銀行と地方大銀行の買収の機をうかがっていた（"very open-minded"）。狙いは、南部大銀行のサントラスト銀行（本店アトランタ、二〇〇八年一月の時価総額二一六七億ドル）と西部シアトルのワシントン・ミューチュアル（時価総額一一五・八億ドル）であり、できればサンフランシスコの西部最大の銀行、ウェルズ・ファーゴ（同九二六・四億ドル）の買収に進みたいとも考えてきた。

そして、投資銀行については、大胆にもモルガン・スタンレーを第一候補に、ベア・スターンズを第二の候補として「大型投資銀行獲得追求」（Pursuing a big investment banking deal）をダイモン・ＣＥＯ自ら熱意を公表していた、一〇〇年来といわれる金融危機の深まりを前に、大胆な銀行買収を準備していたのは、米国大銀行の中では、ＪＰモルガン・チェースのみである。二〇〇七年夏からサブプライムの危機が始まっていることが明らかになったが、ブッシュ政権は、米投資銀行五位のベア・スターンズが破綻するまで何の手も打たなかったのに対し、ＪＰモルガンがその先を続けて一〇〇年に一度の投機的蓄積の好機を見定めていた。政府による破綻銀行救済資金を活用しつつ、株価が限りなくゼロに近づきつつある破綻銀行を超安値で買い取る「略奪的」ともいえる超過利益の機会を掴み取ろうとしていた。ブッシュ政権もまた「強欲かつ無責任な貸し手」（オバマ大統領就任演説）に利用された住宅所有者の救済は無視する一方で、金融機関の救済には全力を投ずることになったが、救済出動の背景には、金融危機の「勝者」となるメガバンクの戦略的要請があったということができよう。だから、サブプライム問題の発動者たる大銀行救済は、ノーベル経済学賞受賞者のジョセフ・スティグリッツ教授が論ずるごとく、「不透明な形で実現」されている。★23

★23 Joseph Stiglits, *Newsweek*, April 2, 2008.

二〇〇八年三月末、ＪＰモルガンは、ＦＲＢが仲介し米連邦財務省がバックアップする形で倒産に至ったベア・スターンズの株式を一株当たりわずか二ドル（一年前には一五〇ドル、前の週ですら一株当たり六〇ドルで取引されていた）で買い取ることに成功した。ＪＰモルガンは、二〇〇七年一月にベア・スターンズの買収価格を二〇〇億ドルとしていたのに、連邦政府―財務省・ＦＲＢの救済仲介によって、その価格は、わずか二・三六億ドルとタダ同然で買い取ることができた。のみならず、ベア・スターンズの金融資産劣化を見込んで、三〇〇億ドルの低金利融資が、ニューヨーク連銀から特別に供与されることとなった。★24

★24 Kevin Kingsbury, Robin Sidel and Kata Kelly, "J.P. Morgan sweetons price of pays for Bear" *The Wall Street Journal*, March 25, 2008.

中央銀行たるFRBが、商業銀行救済にのみ適用される特別低金利融資制度たるdiscount windowを、統合金融機関となったJPモルガン・チェースの投資銀行買収支援のために大恐慌以来初めて適用したことは、米国金融界の注目を浴びた（けだし、JPモルガンは従来からFRBの監督下の「銀行」だった）。また、一九三二年の連邦準備制度法の特別条項では、ごく特別の環境下で、ノンバンクに対してFRBが特別低金利融資を直接貸し出しすることが制限付き（六人の理事のうち五人の賛成をえること）で認められているが、総合金融機関の投資銀行進出拡張に適用することは本来「強く戒められている」（ドナルド・コーンFRB副議長）。

三〇〇億ドルのFRB特別貸し出し例外的適用については、二〇〇八年三月一六日にティモシー・ガイトナー＝ニューヨーク連銀総裁（当時）、ベン・バーナンキFRB議長、ヘンリー・ポールソン財務長官、ロバート・スチール財務次官の四者会談で決定した。ニューヨーク滞在中のジョージ・W・ブッシュ大統領には、ポールソン財務長官が決定内容を後ほど説明したにすぎなかった。★25

★25　Ibid.

（3）米国最大最強の銀行への昇華

リーマン破綻をきっかけに、旧来の金融システムが崩壊に向かい始めると、「ウォール街の勝者」

としてシティグループがワコビア銀行を無理にも合併しようとし、バンク・オブ・アメリカがメリルリンチを、「強制されて合併」しようとする時、ＪＰモルガンは、二〇〇七年から狙いをつけていた、シアトル本店で米西部海岸、南東部、ニューヨーク、シカゴに二〇〇〇以上の支店網を持つ米国六位の銀行にして、全米一位の住宅貯蓄組合（The Largest thrift in the national Saving & Loans）であるワシントン・ミューチュアル銀行（Washington Mutual Inc.）の経営破綻に乗じてＦＤＩＣ（米連邦預金保険公社）の指揮・仲介の下で、これをわずか一九億ドルで「救済合併」した。ロックフェラー・モルガン系主力銀行の総合体としてのＪＰモルガンと、西部と南部地方集団の銀行の総合体であるバンク・オブ・アメリカとは、「金融権力」の強大さにおいて大きくなっていることがわかる。

この「救済合併」こそ、金融システム崩壊危機（systemic collapse risk）のなかで、強者はさらに大きくなり、「大きすぎてつぶせない」（too big to fail）メガ銀行が戦略的に創出される典型例であった。ＪＰモルガンは、政府米連邦預金保険公社の「指揮・仲介による合併」（FDIC orchestrated, government brokered transaction）であり、政府が安全保証と底値の決定を提供し[★26]、対抗買収者の存在しない形で一九億ドルという安値（二〇〇八年一月の株式時価総額一一五・八億ドルの一六パーセント）で、米国六位の銀行・米国最大の預金貯蓄組合（総資産三一〇〇億ドル、預金額一九〇〇億ドル＝日本の地方銀行最大手である横浜銀行の二倍）の預貸業務と二〇〇〇以上の支店網を掌中に納めた。

★26　Paul Davis, "JPM a Rare Firm with Free Capital", *American Banker*, February 25, 2009.

ＪＰモルガンは、たちまちにして米銀最大の総資産（二・二兆ドル）、最大の預金量（九一一〇億ドル、合併によって二六パーセント増加）となり、全米二位のリテール・バンキング事業の所有者となった。

量的変化は、質的変化、高度化に通じ、この合併の戦略性を示している。（一）ロックフェラー、モルガン集団、そしてシカゴ・オクラホマ・デトロイト企業集団の主柱銀行の合同金融機関にして、ニューヨーク・マネーセンター銀行のＪＰモルガンだが、支店網は、ニューヨーク、シカゴを中心に北東部と中西部に限られていた。シアトル本店でカリフォルニア、オレゴン、ワシントン、フロリダ、ニューヨーク、シカゴに二〇〇〇以上の支店網を持つ全米一位の住宅貯蓄組合を買収合併することで、北米大陸の東西両海岸をつなぐ支店網を備え、（二）住宅金融部内の拡大強化による統合金融化を推進した点で米国銀行に対抗者を見いだし得ない（with a coast-to-coast branch network and product mix few community bank can match）ほどの体制を備えた。[★27]

★27　Bonnie McGeer, "From Failure to Deal : Inputs and Impacts", *American Banker*, September 29, 2008.

「二つの銀行の合体こそ、実に生涯に一度しかない好機」とリテール部門の最高責任者のチャールズ・シュワーブ氏は述べ、[★28]全米型銀行化の進展とリテール部門拡大による米国最強の銀行へと飛躍する結果を紹介した。ＪＰモルガンがニューヨーク・マネーセンター銀行の枠を超えて全米展開を開始したのは、シカゴに三〇〇店の支店を持つ二〇〇四年のバンクワン買収からであり、二〇〇六年には、三三九の支店をバンク・オブ・ニューヨーク（後のBank of New York Mellon）から買い取った。ニューヨーク、シカゴにも支店網を持つ（二〇〇二年にタイム・バンコープを買収して）ワシントン・ミューチュアルの買収は、さらに東部と中西部での支店網を強化した。

★28　Niamh Ring "JPM : Wamus' Branches Are Deals Crown Jewels", *American Banker*, September 29, 2008.

さらに、重要な戦略性は、ＪＰモルガンがカリフォルニアとフロリダにおけるワシントン・ミューチュアルの支店網を受け継ぎ、北東部の銀行から東西両海岸にまたがる全米銀行への展開を開始したことであった。★29 ＪＰモルガンは、ニューヨークやシカゴ集団とのビッグビジネスとつながるだけでなく、カリフォルニア集団（サンフランシスコ、ロサンゼルス、シアトル）や南部集団のビッグビジネスとつながり、米国新興経済圏の広範な大衆のリテール金融市場とのつながりを強化し、さらにシャーロッテ（ノースカロライナ）、アトランタ、ヒューストン―ダラス―フォートワース、ミネアポリス、コロラドスプリングスなど全米の有力経済、金融拠点へ展開できることになった。

★29　Kevin Dobbs, "Wamu's Week-Balancing Message and Maneuvers", *American Banker*, September 19, 2008.

そしてＪＰモリガン・チェースは、ワシントン・ミューチュアルの買収に続いて、アトランタのサントラスト（Suntrust Bankers Inc.）ピッツバーグのＰＮＣフィナンシャル・サービス・グループ（PNC Financial Service Group Corp.）、クリーブランドのキイコープ（Key Corp）、さらに、サンフランシスコのウェルズ・ファーゴ（Wells Fargo & Co.）に金融危機の最初の段階でＭ＆Ａの狙いをつけていた。★30

★30　Dana Cimilluca, "Will J.P.Morgan Pass B of A Nest?", *The Wall Street Journal*, January 17, 2008.

ＪＰモルガンにとって、地域巨大銀行、地域大銀行（super-regional bank）の買収は、金融支配領域、金融へゲモニーの拡大につながる。金融危機の続く限り、前述のシュワーブ＝ＪＰモルガン、リテール・バンキング最高責任者が語るがごとく「生涯のうち二度とない好機」が続く。

ワシントン・ミューチュアルの合併によって、ＪＰモルガンは、ホーム・モーゲージのオリジネーターとして全米一位の座を獲得した。住宅ローン貸付サービス（一兆四五二〇億ドル、二〇〇七年末）においては、二兆四九六〇億ドルのバンク・オブ・アメリカ、一兆四八〇億ドルのウェルズ・ファーゴに続いて第三位である。三者の市場占拠率は、一〇年前の五パーセントから実に五二パーセントへと急上昇している。サブプライム・ローンと関連証券がきっかけとなって生じた米国金融危機のなかで、住宅金融サービス事業の統合化（servicing consolidation）が進んでいる。ワシントン・ミューチュアル自身が多くのモーゲージ貸付・サービスのM＆Aを永年にわたって推進してきたのであり、同行が買収されたことは、「いっそうの統合化」（A harbinger of more consolidadon）でもあった。[★31]

★31 By Ted Cornwell, and Bran Finkelstein, "JPM-Wamu Puts Servicing Majority in Three Hands", *American Banker*, September 29, 2008.

それでも、ＪＰモルガンは、モーゲージローンおよび関連証券市場で、ＣＤＯ（collateralized debt of obligation）やサブプライム・モーゲージ関連証券分野での遅れを痛感している。金融危機におけるＦＤＩＣ（米連邦預金保険公社）の仲介オーケストレーションによるベア・スターンズとワシントン・ミューチュアルの「戦略的買収」の成功（投資銀行部門とモーゲージをはじめ、リテール銀行部門の強化と総資産、預金系、時価総額とも全米第一となり、全米銀行化の急展開）の中で、ジェイミー・ダイモン会長兼最高経営責任者は、「われわれは、世界中で最も優れた金融サービス、カンパニーになりたい」という決意を持って挑戦した。[★32]そして、事業ライン、(一)投資銀行、(二)リテイル・バンキング、(三)クレジットカード、(四)商業銀行部門（多国籍企業・ビッグビジネス）、(五)アセット・マネジメント、(六)トラスト＆プロセッシング・サービスを、全米、全世界に向けて展開しようとしている。

★32 Mathias Rieker, "Diomon on Stralegy, Competion Can not Bailouts", *American Banker*, March 17, 2008.

ダイモン会長は「アメリカは極めて魅力的である。欧州も極めて魅力的であり、アジアも非常に魅力的である。けだし、我々は、所々をつまみ食いするつもりはない」と語る。つまり、シティグループと同じく、六つの事業を同時に推進する統合金融機関の「シティ・モデル」を追求するがシティグループのように、目先的に利益の多い分野へ集中投資することはないというわけである。[★33]

★33　Ibid.

けだし、ＪＰモルガンは、財務省による一九金融機関銀行資産調査（Stress test）においても、総合銀行中で唯一、資本増強の必要がない健全財務体系であるという状況を活用して、シティコープやバンク・オブ・アメリカとの間にある「支配地域・プロダクツ多国籍企業のギャップ」を埋めようと（fill gaps in its geographical and product map）、この「危うい競争状況」（the perilous state of the competition）の中で、（一）米国外でのリテール・バンクの買収、（二）真の全米型銀行（nationwide bank-truly national bank）となるべく地方銀行を買収し、（三）超一流の投資銀行化を図るべく、バンク・オブ・アメリカ／メリルリンチ、シティ／モルガン・スタンレーの例にならって、ゴールドマン・サックスのようなゴールドブラケット（超一流旧投資銀行）と資本提携を図らなければならなかった。[★34] 金融システムが崩壊した不安定が好機である。悲惨な競争の金融界において、ライバル銀行から「ジェイミー・ダイモンとＪＰモルガンは金融危機では勝利者となったが、危機後も勝利できるのか」という批判がなされていた。★35 そこで、新たな銀行買収を求めざるを得なかったのである。

★34　Francesco Guerrera, "JPMorgan keen to exploit its new foundedge", *Financial Times*, January 15, 2009.

★35　Francesco Guerrera and Gillian Tett. "Guard of the fortress", *Financial Times*, October 13, 2009.

（４）新たなグローバル・メガ銀行への展開

ジェイミー・ダイモン最高経営責任者は、「我々は偉大な金融サービス企業を築こうとしているのである。事を処するにあたって、来年の財務状況がどうなるかでなく、一〇〇年の計をもって事にあたらなければならない」と述べ、リテール・バンキングについても、ワシントン・ミューチュアル買収でもなお満足していなかった。「この国は広大な国であり、我々が到達していない場所はいくらでもある」と、全米的Ｍ＆Ａ展開の可能性を示唆している。★36

★36　Niamh Ring, "JPM : Wamu's Branches Are Deal's Crown Jewels", *American Banker*, September 29, 2008.

ストレス調査と不足資本金補強指導の結果として銀行序列化が進もうとしており、その中でＪＰモ

ルガンは政府の規制を乗り越えて、M&Aを進め、スーパー・トップの地位を占め安定化を図ろうとしている。[★37]

★37 Steven Sloan, "Dimon Talk Takeover, Errors", *American Banker*, March 12, 2009.

ところが、JPモルガンが先頭に立つ銀行の集中統合化は、米国銀行間に批判が高まり始めていた。「バンキング・システムは益々少数者の手に集中し始めている」と前ワシントン・ミューチュアルの副会長で、ファースト・ファイナンシャル・ノースウェストの執行役員に転じたビル・ロングブレイク氏は述べた。彼は「この事実が長期的には、確実にシステミック・リスク（金融の構造的危機）をもたらす」と語った。[★38] 米国金融システム再建築が固まるまでの一年ほどの間が、JPモルガンの勢力拡張に残された「好機」であった。

★38 Seteven Sloan, "Assessing Dotential Hazards In Making 3 big Firms Largen, Breaking (Further) Away", *American Banker*, September 30, 2008.

金融危機のなかで、JPモルガンを急拡張させたジェイミー・ダイモンのさらなる野心は、ジョン・ピアモント・モルガン一世に見習って、一〇大銀行（投資銀行）が三行か四行に集中統合されていく「金融システム安定化」に向けての米国金融、財務政策の形成を手掛けることである。ゴールドマン・サックスは盟友JPモルガンの前衛に立ち、財務長官に、ロバート・ルービン（クリントン政権）とヘンリー・ポールソン（ブッシュ政権）をウォール街代表として送り込み、オバマ政権のティモシー・ガイトナー財務長官は、ブッシュ政権時代に、ニューヨーク連銀総裁としてポールソン財務長官の右腕として金融危機にあたった。ガイトナー財務長官は、ＪＰモルガン、ゴールドマン・サックス、シティコープなど、米国政府によって救済された大手金融機関の現および元会長、ＣＥＯの金融テクノクラートや政府高官＝ハイテクのテクノクラートや金融政治家＝フィナンシャルポリティシャンと関係が深く、彼らは、政策立案のロビー団体「企業金融改革連合」を形成して、財務省を取り囲んでいた。[★39] 財政金融は、オバマ大統領の権力が及ばない聖域となりつつあった。

★39 Jo Becher and Gretchen Morgan, "Member and Overseen of the Finance Club-Geither Forged Close Ties to Wall St.", *The New York Times*, April 27, 2009.

ジェイミー・ダイモン＝ＪＰモルガン会長の発言力は、ゴールドマン・サックスのロイド・ブランクファイン会長兼ＣＥＯとともに特別の地位を占めている。ダイモン会長は、一、二年のうちにオバマ政権は、何らかの金融規制に踏み切らなければならないと見つつ、その方向性を「ウォール街再生」に向けて導こうとしていた。

「金融規制は、来年あたりには制定され、わが国とわが社に重大なインパクトを与えよう。金融危機の間に人々はパニックに陥る。このことが、正しいことをやり抜くことを困難にする。我々の観点からすれば、一定の改善を成し得るか否かは、大きな違いである」と述べ、ウォール街の頂点に立っ

たダイモン会長は改革へ直接加わる必要性を強調した。★40

★40　Mathew Monks and Paul Monks, "Dimon : A View from the top on Wall Street", *American Banker*, April 8, 2009.

彼はさらに、米国金融システム再建政策への関与ないし影響力行使の心要性を強調した。そして、政府が銀行の不良資産（簿外も含めて）を買い取る「官民投資プログラム」（ＰＰＩＰ＝Public Private Investment Program）を活用して、ＪＰモルガン・チェースは、信用危機からはい上がり、米国最大、最強の銀行としてウォール街の中心軸となると確信した。

それは同時に、これまで以上に国際的な優位性を高めることを意味していた。米国金融機関は、世界の金融総資産額一九六兆ドルの三一パーセント（六一兆ドル）を握り、スーパートップの座にある（欧州金融機関合計の五二兆ドル、中国、インド合計の二一兆ドル、ラテン・アメリカの五・九兆ドル＝二〇〇七年末の数値）。ＪＰモルガンは、米国金融機関を代表する。ウォール街の再編成によって、一〇行が五行に集約統合され、リーマン、メリルリンチ、ワコビアといった不安定な銀行が強者に吸収され、より強大な金融パワーに集約され、国際的な優位を高める可能性が強まった。

ダイモン会長は、二〇〇九年一月のスイス・ダボスでの「世界経済フォーラム」（The World Economic Forum）に出席し、アメリカ銀行界を代表して、金融危機に「積極的に戦う」（Tackle）ＪＰモルガンの実情と米銀再編成以後のグローバル戦略を説明した。

ＪＰモルガンが、ウォール街での「最大・最強の勝利者」への拡張戦略を追求すると同時に「極めて高圧的な国際拡張プログラム（a very compelling international expansion program）を推進し、既存の能力を拡張し新機能も構築している」とアラン・ケーニヒスブルク財務担当副社長は語った。[★41] その代表例が、多国籍企業グローバル財務ネットワークを一元的に超高速管理運営する統合一貫型単一グローバル・プラットフォーム（a single global platform=Worldwide Interbank Financial Telecommunication system）の構築である。

★41 Paul Davis, "At JPM, Imagelis Everything Everwhere", *American Banker*, February 6, 2009.

シティグループや英ＨＳＢＣがすでに構築している欧州やアジアでの地域別の財務・金融オペレーションの一貫ネットワーク・システム（シティの「トレジャリー・ビジョン・システム」〔Treasury vision system〕よりも進化した米・欧・日本アジアを三極としたグローバルな統合プラットフォーム）の構築である。これには新興諸国の多国籍企業の財務・資金管理運営システムも組み込まれる。ケーニヒスブルク氏は、「（中国）アジア・パシフィックは意義あるビジネス機会と投資機会があり、ラテン・アメリカもしかりである」と述べている。ＪＰモルガンの新しいグローバル金融プラットフォームは、一二の拠点を持ち、バーレーンやインドネシア、パキスタンにも新拠点が二〇一〇年までに構築されることになっていた。[★42] かくして、ウォール街―財務省―ＩＭＦ複合体の中枢銀行として、ＪＰモルガン・チェースは、二一世紀の金融版のパックス・アメリカーナの指揮者になろうとしている。不安定なグローバル金融世界のなかで「金融危機後も勝者」となるべく、シティグループのグローバル・リーチのバンキングネットワークを超えるべく、大型の国際的なリテール・バンクの買収を求めている。[★43] 拡張しても、経営の投機体質は変わらず二〇一二年五月には、金融デリバティブ取引で二〇億ドルの評価損を記録した。

★42 Ibid.

★43 *Financial Times*, October 13, 2009.

3 金融コングロマリット＝シティグループの金融権力と「国有化」

（1）金融モンスター型の複合サービス事業

金融新自由主義の旗手として、自国アメリカのみならず諸外国の法的規制を乗り越えて、自国内巨大合併と国境を越えたグローバル買収を強行して世界に冠たる金融モンスター型の巨大金融複合トラスト（金融コングロマリット）を形成し、二一世紀アメリカ資本主義の金融化―金融国家アメリカの構築へと邁進（まいしん）する、その先頭をシティグループは走り続けてきた。

二兆ドルの金融資産と九〇〇〇億ドルの簿外金融資産を活用して、ハイパー・スペキュレーションの金融世界で、金融デリバティブ／CDSやプロプライエタリー・トレーディングでゴールドマン・サックスやメリルリンチといったウォール街の旧投資銀行の雄たちと覇権を争い、シティグループ一〇年のたたかいを乗り切ってきた。

典型的なグローバル商業銀行（ニューヨーク・マネーセンター銀行）だったシティコープがトラベラーズ（投資銀行＋保険会社）と合併して（一九九八年四月、それも商業銀行の投資銀行業務兼営を禁じたグラス・スティーガル法を乗り越えて）以来、金融コングロマリット化のなかで変身し、サブプライム・ローンおよび関連証券をはじめとするリスク金融ビジネスへ邁進し、バブル崩壊によって米欧銀行中最大の損害を被った。事実上の債務超過に陥って、株価は最高時（住宅バブル絶頂期の二〇〇六年一二月二八日）の一株五七ドルから二〇ドル台（二〇〇八年四月）、一〇ドル以下（二〇〇九年一月）へと崩壊過程をたどり、遂にＡＩＧやＧＭに続いて、米国政府の特別金融救済対象企業となり、「部分的国有化」によって、この数年を生きのびることとなった（図３―９）。

だが、シティグループは、巨大な金融権力を持つ金融モンスター型のニューヨーク・マネーセンター銀行であり、世界の金融中心たるウォール街を支える「力の主柱」（pillar of strength）であり、「大き過ぎて破綻させられない」（too big to fail）金融パワー・ストラクチャーである。

ウォール街で最大の深傷（ふかで）を受け株価が崩壊し、政府から三度にわたる資本注入（合計四五〇億ドル）を受けながらも、巨大地方銀行のワコビア（Wachovia Corp. 住宅ローン最大金融機関の一つでノ

図3-9　シティグループの「失われた10年」

大合併で金融巨人となったが、株価は低迷やがて崩壊

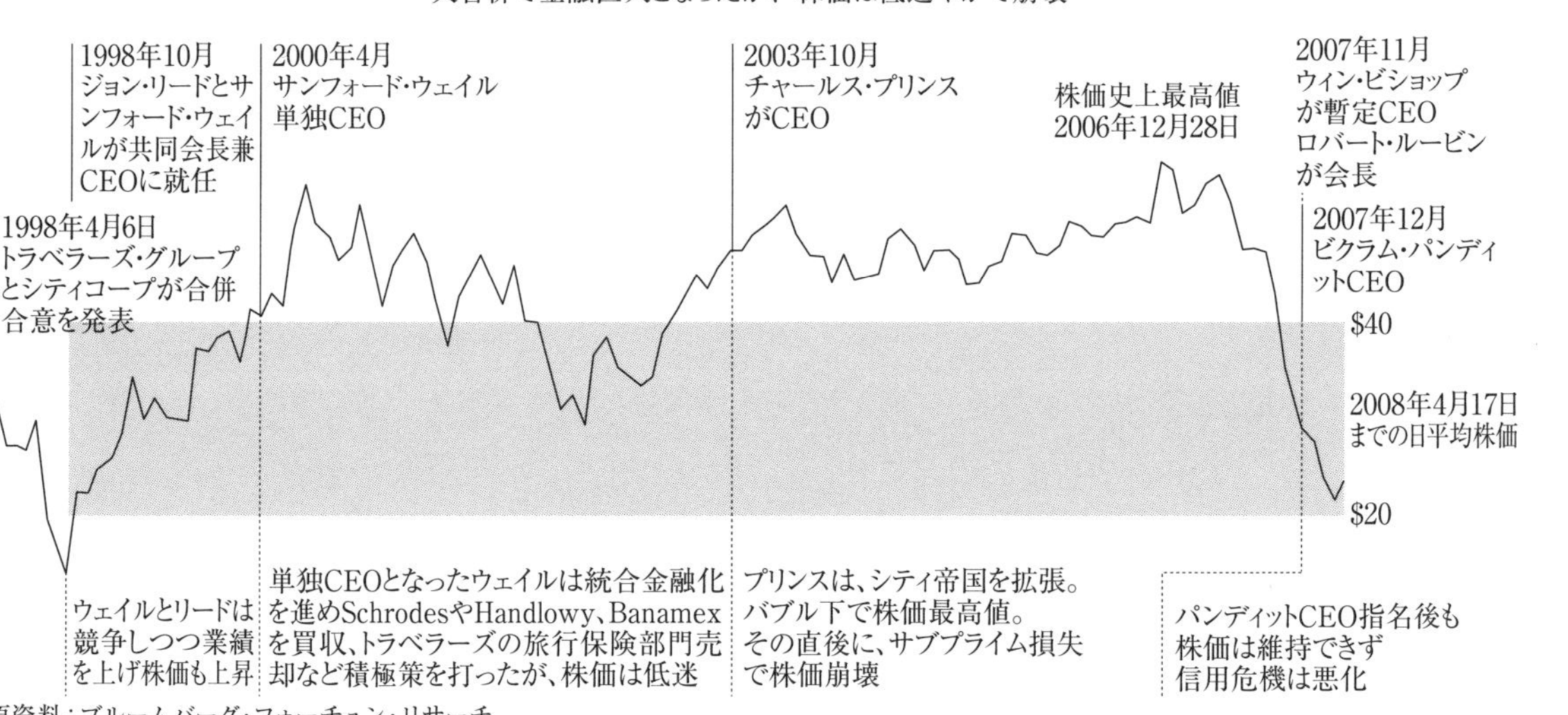

原資料：ブルームバーグ・フォーチュン・リサーチ
出所：『フォーチュン』2008年5月5日号

ースカロライナ州シャーロッテ本店）の二一億ドルという安値買収へ挑戦した（二〇〇八年九月）。これには、米連邦預金保険公社（ＦＤＩＣ）が仲介し、シティがワコビアから購入する二一二一億ドルのローン債権のうち、四二〇億ドルまではシティが負担し、これを超える分はＦＤＩＣが補塡するという条件つきであった。[★44]

★44　David Enrich and Maroshall Eckblad, "Citigroup agree to buy Wachovia bank operation", *The Wall Street Journal*, September 30, 2008.

結局は、米国四位の銀行・ウェルズ・ファーゴ（Wells Fargo）がワコビアを自力買収するという逆転で終わったが、「大き過ぎてつぶせない」シティグループが満身創痍ながら中央銀行機関を活用して、弱った大銀行を合併してさらに大きくなり、金融危機を招いた責任を追及されることなく、金融権力を増大させることがありうるという構造を示した。すでに「大き過ぎてマネージできなくなった」（too big to manage）金融モンスター銀行に対して、独禁法が適用されることはなく、金融システム崩壊を免れるため、政府資金援助をこの巨大銀行にいかに提供するかにのみ議論がすり換えられていった。一九三〇年代の金融恐慌時に、モルガン金融独裁の責任が追及され、金融トラストの解体がグラス・スティーガル法を土台に断行されたのとは大きな違いである。

シティグループを形成したシティコープとトラベラーズの合併は、ダイムラーのクライスラー合併、タイム・ワーナーとＡＯＬ合併と同じく、二〇世紀末の最も冒険的な合併といわれたが、ダイムラー・クライスラーは二〇〇八年に、タイム・ワーナーとＡＯＬは二〇〇九年四月に合併を完全解消している。

そして、シティコープの最後の会長兼ＣＥＯで、サンフォード・ウェイル会長率いるトラベラーズとの合併を実現して、シティグループの共同会長となったジョン・リード氏は「この合併全体が誤りであり、シティのビジネスモデルそのものが糾弾される可能性が出てきた」と述べていた。★45

★45 Coral I, Looms, "Can Anyone Run Citigroup?", *Fortune*, May 2008, p.50.

ダイムラー、タイム・ワーナーの最高経営者たちも、世界的に注目された大合併が失敗であったことに気づいてこれを解消しているが、シティグループだけは、モンスター型金融複合トラストのまま「破綻させるにはあまりに大き過ぎる」という理由だけで国家資本を注ぎ込んで生かされ続けることになった。

（2）シティグループの「失われた一〇年」

シティコープとトラベラーズ（ソロモン・スミス・バーニー）が、一九九八年四月六日に合弁合意を発表した日は、全米を揺るがせた金融国家アメリカの新時代到来を記念する日だった。商業銀行の投資証券業務兼営を禁じた一九三三年銀行法＝グラス・スティーガル法がまだ存続していたにもかかわらず、この「禁を破って」、クリントン大統領とグリーンスパンFRB議長（当時）に、事前了解させたうえで、つまり、ウォール街がワシントンを説服する形で法律に先行して合併合意を発表した。米国最大のグローバル商業銀行のシティコープはシティグループとなって、自慢の金融工学を用いてハイリスク、ハイリターンの金融デリバティブとその関連証券投資分野へ大胆な一歩を踏み出したのである。

一九九九年に、グラス・スティーガル法が撤廃され、シティは信用金融デリバティブ市場に参入できるようになった。そこでは、住宅ローン担保証券とそれを証券化した債務担保証券が売買され、金融デリバティブの大量破壊兵器といわれるCDS発行へつながり、シティはその先頭に立った。そして、クリントン政権の財務長官で元ゴールドマン・サックス共同会長のロバート・E・ルービンも、経営執行委員会議長に迎えられた。

さらに、合併間もなく、旧シティコープ型の商業銀行＋投資銀行（ユニバーサル銀行）路線を主張するジョン・リードと証券投資の金融コングロマリット化を主張するサンフォード・ウェイルの両共同会長間の対立が激化し、前者が二〇〇〇年に退任、ルービンがナンバー2となった。一九九九年から始まるシティのすさまじいグローバル合併劇は、スペキュレーティブなハイレバレッジ、ハイリスク、ハイリターンの金融工学をベースとした金融デリバティブ／CDSと関連証券投資主力の金融モンスター型金融コングロマリット化を目指していた。

一九九九年には、リップルウッドから日本長期信用銀行（後の新生銀行）を買収しようと試み、二〇〇〇年にはシティの海外投資銀行部門＝コベルコ・キャピタルが中東欧拠点として、ポーランド最有力銀行のバンク・ハンドロイを買収。翌年にはメキシコの有力商業銀行＝バナメックスを買収し、中米拠点を強化した。

二〇〇二年には、米国内のリテール部門強化を目指して、ファースト・ネーション・ワイド・モーゲージの親銀行＝ゴールデン・ステート・バンコープと米国内第二の貯蓄銀行＝カール・フェッドを買収した。

二〇〇三年には、ウェイルの後を継いだチャック・プリンスCEOとルービン経営執行委議長指導下で、サブプライム関連証券部門の飛躍的強化を目指した。証券部門のスミス・バーニーを独立子会社とし、住宅金融子会社＝シティ・モーゲージは、ファニーメイ（住宅金融貸付担保公社）に対し、一〇〇〇億ドルの貸付け盟約を結んだ。

二〇〇四年には、サブプライム関連でワシントン・ミューチュアル・ファイナンス・コープを買収。アジア地域でもこの関連証券取引を拡大すべく、韓国の商業銀行・コールアムを買収するなど、時々はその国の法規も踏み越えて地球の隅々まで証券投資ビジネス拡大を始めた。そして、日本の金融庁からシティ（スミス・バーニー）のプライベート・バンキング事業の一年間停止とトラスト・バンキングの新業務の全面停止が言い渡された。

海外で不評だった二〇〇五年は、テキサス州のファースト・アメリカン・バンク、中堅専門投資銀行レッグ・メイソンの富裕資産運用部門とシティの資産運用部門を交換し、不採算のトラベラーズ・

ライフ・年金部門を売却した。

二〇〇六年には、再びグローバル展開に乗り出し、全世界に一二〇〇店のリテール・コンシューマー金融ネットワークを開設。中東金融中心のクウェート、ドバイで、コーポレート投資銀行業務を開始。次いで、ロシア、インド、ブラジル、中東、カナダでの証券、債券発行業務を開始。トルコでは有力銀行のアクバンク、中国では広東開発銀行の大口株式を取得した。★46

★46 Peter Thal, Larsen, "Too early to declare death of universal banking", *Financial Times*, January 15, 2009.

この年末がシティにとっての絶頂期で、新自由主義・グローバリゼーションと米国の金融大国化（フィナンシャリゼーション）の波に乗り、一二月の平均株価は五七ドル、時価総額は二八〇〇億ドルと、一年後には株価崩壊（三ドル以下）が起きるなど、夢にも考えなかった事態が発生した。それはシティ転落の序曲にすぎなかった。

（3）「大き過ぎてつぶせない銀行」は「大き過ぎてマネージできない」

二〇〇七年一〇月にスイスのＵＢＳとシティのサブプライム・ローン関連巨大赤字が表面化し、まとまりのない急膨張の金融コングロマリット内部の不協和音が強まった。「大き過ぎてつぶせない」

シティは、「大き過ぎてマネージできなく」なった。一一月にプリンスCEOは退陣、モルガン・スタンレーから、ビクラム・パンディットCEOと二人の執行役員が送り込まれ、ゴールドマン・サックス出身で、シティのナンバー2でリスク・テーキングな経営体質を持ち込んだロバート・E・ルービン経営執行委員会議長の退陣も迫ってきた。直ちに、アブダビ投資庁（DIA=The Abu Dhabi Investment Authority）から七五億ドルが注入され、翌二〇〇八年一月にシンガポール政府ファンドのGICから一二五億ドルが資本注入された。これは、「シティグループが米国銀行として存立することの保証」を中東・アジア諸国から与えられることを意味した。米国銀行・金融史上初の事態である。[★47]

もちろん、シティグループも増資によって資本充実をはかろうと、一二五億ドルの増資を発表したが、この程度の資本投入では焼け石に水だった。

サブプライム・ローン関連証券問題が本格化した二〇〇七年七月以来、二〇〇八年一〇月までにシティが不良資産処理で計上した損失額は八〇〇億ドルを上回り、米欧大金融機関中でスーパートップである。二〇〇八年一〇月から始まった第一次、第二次、第三次増資の合計で五二〇億ドルを調達したが、それでも埋め合わせることはできなかった。

★47 Andrew Ross Sorkin, "Citigroup it left like a wall flower", *The New York Times*, October 15, 2008.

いまでは、「悪魔との合併」とジョン・リード元会長が表現するシティコープ・トラベラーズ合併による一九八九年のシティグループ誕生以来、金融複合統合化—グローバル・コングロマリット化路線を展開してきた。あらゆる金融サービスを一〇〇か国以上の市場で展開する「ワンストップショップ」事業拡張は、「法令順守」「サウンドバンキング」という経営の基本を軽視した膨張戦略に転じた。日本を含む世界中で不祥事が発生し、FRBからは、内部統制が整備されるまでは、新たな買収を禁止されるなか、M&Aを伴わない証券化、ヘッジファンド、企業買収ファンドを用いたproprietary tradingはじめ新たなリスクビジネスに手を広げた。信用力の低い個人向け住宅融資（サブプライム・ローン）問題が本格化した二〇〇七年だけでも三三五億ドルの損失（実損失は三〇〇億ドル）を計上せざるを得なかった。

メリルリンチの損失額を大きく上回り、モルガン・スタンレーやバンク・オブ・アメリカの数倍の損失をシティグループはこうむった。シティグループのグローバル・ライバルである英国のHSBCやドイッチェ・バンクの一〇倍の損失であった。

ひたすら、大型化、グローバル化、複合統合化を追求し、三八万人から三六万人の人員をかかえ、内部競争激甚でコントロールの利かない金融コングロマリットのまま全方位的にリスキーな拡張戦略を続けることの危険性が明確になってきた（図3—10）。

これを指導したのは、ゴールドマン・サックス元共同会長でクリントン政権の中心的政府高官（フィナンシャル・ポリティシャン）で財務長官として、シティコープ—トラベラーズ合併を指導した後に、シティグループの経営最高首脳部の一員に（ナンバー2として）迎えられたロバート・ルービン（経営執行委員会議長）とIBM欧州の経営責任者からAT&Tの経営最高責任者となって、史上最大のテレコム・メディアM&A劇を演出したC・マイケル・アームストロングであった。二人は、シティ

図3-10 「大き過ぎて統制のとれない」シティグループの統合管理体制

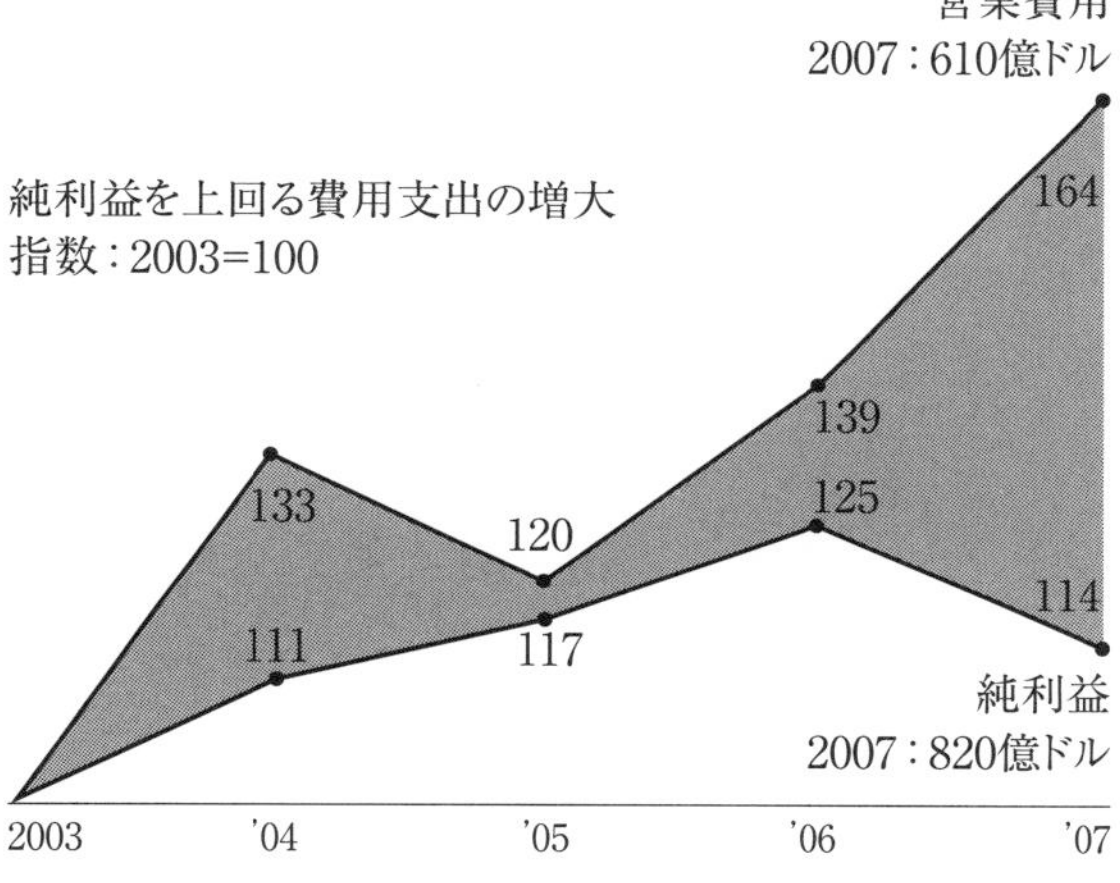

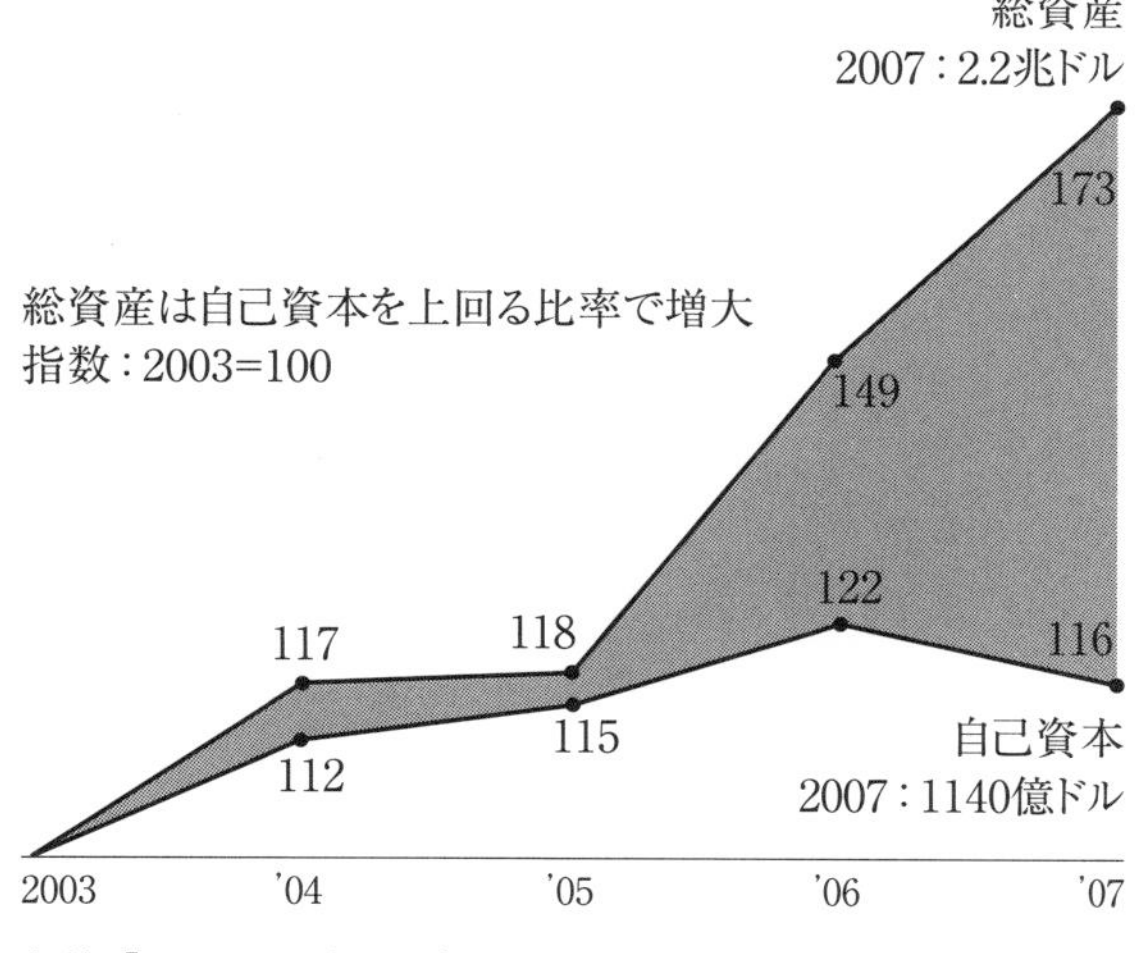

出所：『フォーチュン』2008年5月5日号

グループの審査危機管理委員会を指導し、リスクの高いサブプライム・モーゲージ投資や大型合併へと引き込んだ。[★48] その結果として、シティグループのCDS保有残高は、三・七兆ドルで、全世界合計六二兆ドルの六パーセントを占めるようになった。[★49]

★48　Eric Dash, "The Walking Wounded-Why Citigroup May Stay a U.S. Ward for Years", *The New York Times*, June 11,2009.

★49　Carol J. Loomis, "Can Anyone Run Citigroupe?" , *Fortune*, May, 2008, p.57.

そこで、経営体制の根本にメスを入れるべく、パンディット最高経営責任者は自力回復を諦めて、三月ごろから、シティ株価崩落のなかモルガン・スタンレーやゴールドマン・サックスとの間に合併、資本提携交渉を開始する一方で、五万二〇〇〇人の削減（一五パーセント、三〇万人体制へ）を当面戦略として発表。一〇月からの政府の一連の資本注入の後に、二〇〇九年一月に、金融コングロマリット・ワンストップショッピングを解体し三分割する方針を発表した。

（1）コア部門として、統合一貫性のあるユニバーサル銀行を形成すべく、リテール／コーポレート銀行業務と投資銀行業務を一体化した総資産一・二兆ドルのシティコープと、（2）ノン・コア部門として売却不採算部門（証券仲介、資産運用、保険など、総資産六〇〇〇億ドル）をシティ・ホールディングスとして分類し、資産を再編展開する案を発表した。[★50] 注目すべきことは、スミス・バーニーの過半数株式を二〇〇八年一二月に二七億ドルで売却して、シティとの合弁投資銀行としたことである。

★50　Francesco Guerrera, "Proposed split leaves Pandits role in question-Investment banking to join commercial core", *Financial Times*, January 15, 2009.

金融パニックの二〇〇八年九月には、シティグループは、ゴールドマン・サックスとの資本提携や合併も打診したが、パンディットCEOの出身投資銀行のモルガン・スタンレーとの提携・合併を本命として追求していた。[★51] シティは二〇〇八年末に、一三五年の歴史を持ち旧モルガン系でもあった証券子会社のスミス・バーニーの株式五一パーセントを二七億ドルでモルガン・スタンレー（モルスタ）に売却合意し、モルスタ側の証券部門と合体させて、米国最大の証券会社として合弁で設立しようとしている。

★51　Arron Lucchetti and David Enrich, "Morgan Stanley Turnes aggressive-A tie-up with Smith Barney would create largest broker network", *The Wall Street Journal*, January 13, 2009.

モルガン・スタンレーの八〇〇〇人のブローカーとスミス・バーニーの一万一〇〇〇人のブローカーが合体し、バンク・オブ・アメリカが買収したメリルリンチで一万六〇〇〇人のブローカーを上回る勢力となる。モルガン・スタンレー出身のビクラム・パンディット＝シティグループ会長が最初に手がけた大変革である。

モルガン・スタンレーとしても、二〇〇八年九月に、投資銀行の旗を下ろして、銀行持株会社へ移行し、商業銀行との合併を求めている。★52 モルガン・スタンレーの戦略方針は、優良企業のM＆Aやプロジェクトファイナンスを主力としつつ、プロプライエタリー・トレーディングはじめ、不安定でリスキーなトレーディング・ビジネスの比率を減らし、個人投資家対象ビジネスの分野を拡大しようとしている。不安定なヘッジファンドや短期資金・資産トレーディング・モデルを脱して、より安定的な長期取引分野を拡大すべく、商業銀行との分離分割ないし買収・合併へ数年後には進もうとしていた。

★52 David Enrich, "Citigroup tabes first step toward breaking up Bank", *The Wall Street Journal*, January 12, 2009.

シティグループは、コア部門・非コア部門の二分割による資産再展開とモルガン・スタンレーとの投資銀行部門合併（スミス・バーニー部門、ソロモン・プラザーズ部門は残す）のなかにあっても、グローバル金融スーパーマーケット、特に世界中の国際機関や政府多国籍企業のグローバル一貫金融サービスの金融機関として「ユニバーサル・サービス」を提供できる体制を貫こうとしている。

モルガン・スタンレー出身の投資銀行家のビクラム・パンディットCEOを囲む一五人の多国籍企業（ダウ・ゼロックス、タイム・ワーナーなど）を代表する最高経営責任者たちの主張は、シティグループを危機に陥れたサンフォード・ウェイル元会長兼CEOのリスク・テーキングな行動パターンの投資銀行中心主義を排して、全商業銀行（リテール＆コーポレート銀行業務）と全投資銀行業務を結びつけたグローバル・メガバンクを再構築しようというものであった。

二〇〇〇の有力グローバル企業、三〇〇〇のビッグビジネスと二万社の全世界現地子会社への信用供与、アドバイザー・資本市場提供を中軸として発展させ、ハイレバレッジでリスクテーキングなプロプライエタリー・トレーディング（キャリートレードはじめ）やデリバティブ／ＣＤＳを縮小しようというサウンドバンキングの理想を掲げている。そして、投資銀行部門を商業銀行業務の中心部に据えようというものであった。[★53]

★53　Adian Cox, Greg Farrel and Francesco Guerrera, "Investment banking to join commercial core", *Financial Times*, January 15, 2009.

不採算化したスミス・バーニー部門は、実質的には分離して、モルガン・スタンレーの経営傘下に置く一方で、シティグループはあらためて、ユニバーサル・バンキング（金融スーパーマーケット）を目指そうとしている。ウェイル―ルービン・コンビとジョン・リード・グループという双頭のワシ型支配下で、両グループが対立しつつ収益力を競った大合併初期に、投資銀行、商業銀行、保険の各部門が相互の協力連携なく、最高決定権限も現場に置いたまま競争を演じ、右の三部門が一体化した一貫体制のユニバーサル銀行から単なる異種金融部門の集合体である金融コングロマリットによって、「大き過ぎてマネージできない」（too big to manage）経営体質になり、それが「シティの失われた一〇年」の要因となってしまった（図３―11）。

しかも、傘下の投資銀行ソロモン・ブラザーズ（一九九七年に旧トラベラーズが買収）と英マーチャ

図3-11　米国3大銀行の純利益実績と予測（単位は10億ドル）

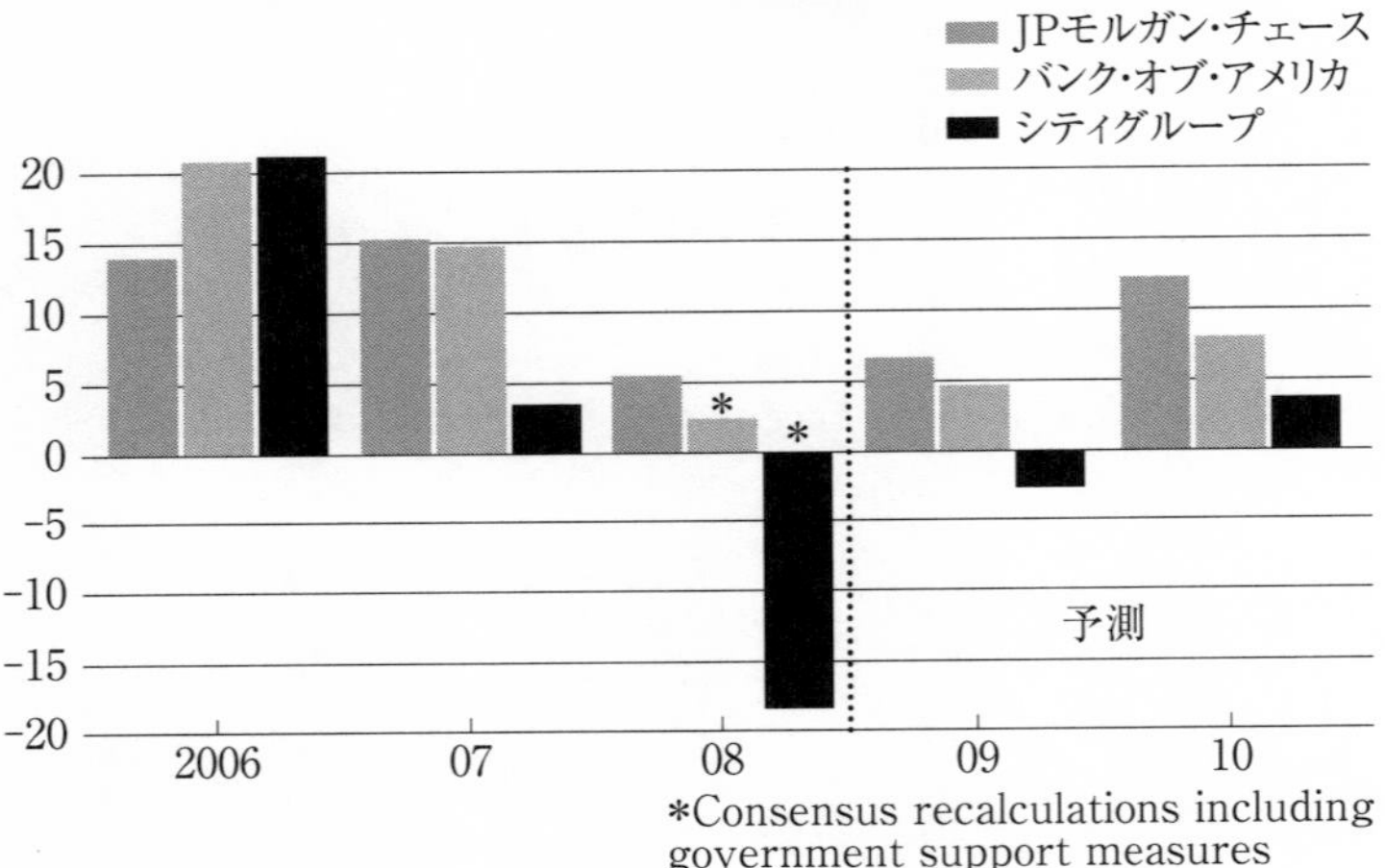

原資料：トムソン・ロイター
出所：フィナンシャル・タイムズ 2009年10月14日付

ントバンクのシュローダー（Schroders Ltd. 二〇〇〇年に部分買収）が一時二〇〇三～二〇〇六年のバブル期に債券株式引き受けとM&Aで抜きん出た業績を上げたが（二〇〇四年には大型M&Aで首位のゴールドマン・サックスに迫り、〇六年には債券引き受けで、〇五年には株式引き受けで全世界トップに立った）、プロプライエタリー・トレーディングや金融デリバティブ／CDSなどリスク金融ビジネスに手を出し、内外の法規に違反して業務停止や巨額罰金支払い（特にエンロン、ワールドコム問題、二〇〇三年から二年間で五〇億ドルの支払い）に追い込まれ、世界中の信認を失い業績悪化を招いた。シティグループの巨大金融ストラクチャーに重大な分裂を引き起こしたのである。

そこで、ソロモン・ブラザーズと対立し、赤字傾向の続くスミス・バーニーを分離して、一九三〇年代までは同じモルガン・グループに属していたモルガン・スタンレーとの合弁に移すと同時に、前者のグループをシティグループの新改変ユニバーサル・バンキング部門の中核に取り込もうというのであった。

サブプライムで深傷を負い巨大化した経営体内部の統制がとれなくなったシティグループを最高経営責任者のパンディットがモルガン・スタンレー出身で、投資銀行の経営の外は、商業銀行の経験が全くない状況で、全体を統合的に経営できるか否かが問われていた。取締役の中心的有力メンバーには、元ＡＴ＆Ｔ会長兼最高経営責任者でウェイル元シティグループ会長兼ＣＥＯの盟友でもあるＣ・マイケル・アームストロング氏が陣取っていた。

だが、結局は、シティ回復の将来ビジョンが見えなかっただけでなく、少なくとも九〇〇〇億ドル、場合によっては一兆ドルを上回る簿外資産の内容悪化も加わって、株価は崩壊の一途で、二〇〇九年二月には一ドル台まで下げた。米連邦政府は、ＡＩＧや米連邦住宅抵当公社、米連邦住宅貸付抵当公社に続き、二月二七日にシティグループの筆頭株主（四〇パーセント保有）となって、「国有化」(nationalization) を達成したのである。

（４）シティ―モルガン提携と「世界最大金融サービス会社」への「国有化」

米連邦政府は、二〇〇九年二月二七日、政府保有のシティ優先株二五〇億ドルを議決権のある普通株に転換し、政府持株比率を三六パーセントに引き上げ実質管理下に置いた。ベン・バーナンキFRB（米連邦準備制度理事会）議長にとって、「国有化は政府が銀行を接収して株主価値をゼロにすること」というのが、三〇年代金融恐慌研究家としての彼の信念だった。★54

★54 John Burton, Jamil Anderlini "Deal Singapore with second Largest stake", *Financial Times*, February 28, 2009.

だが、彼はゴールドマンでの勤務体験もあるティモシー・ガイトナー財務長官とともに、シティ国有化（三六パーセント所有）へ進み、シンガポール政府の投資会社（GIC、一一・一パーセント所有）、サウジのアルワリード王子（八パーセント所有）にも普通株への転換を要請し、合計五四パーセント所有へ進めた。その豹変ぶりは、ケインズ卿の「状況が変われば、私は意見を変える。さて、君ならどうするね」という言葉を連想させる。

米国政府は、シティに五二〇億ドルの公的資金を注入しているのみならず、三〇六〇億ドルにのぼる不良資産の保証（二九〇億ドル以上の損失が出た場合は政府がその九〇パーセントを引き受ける）をすることになっている。しかも、FRBからの資金調達も容易になっている。

連邦政府は筆頭株主になるという追加支出の交換条件として経営陣を送り込むとしているが、シティが進めている再編成・資産再展開による金融危機脱出、再生戦略にはいまのところ関与しない。パンディットCEOと彼の出身行・モルガンから連れてきた三人の執行役員は残り、ゴールドマン出身で影の実力者にしてＣＥＯ候補だったロバート・ルービン氏が国有化直前に退任しているが、ニューヨーク連銀理事に転じてシティを含めたウォール街の新秩序を見守る立場に立った。しかも、ウェイル、ルービンの盟友で、シティグループをサブプライム関連証券などのリスク・ビジネスや大型Ｍ＆Ａへ引きこんだ影の実力者であるＣ・マイケル・アームストロング氏（旧ＡＴ＆Ｔ会長兼ＣＥＯとして、史上最大のテレコム・メディア合併を実現した）は、取締役の重鎮として残った（後述）。そして、シティグループを金融モンスター型に巨大化し、リスクテーキングな金融ビジネスに引き込んだ責任を負うべき元会長兼ＣＥＯのサンフォード・ウェイル氏は、最大のシティグループ個人株主としての地位を固めている。

パンディットＣＥＯは「部分的国有化」によっても、シティの戦略にもコーポレート・ガバナンスにも変化はない[55]と述べている。一月末に財務省、ＦＲＢの要請もあって、シティグループは不採算のスミス・バーニーの分離、モルガン・スタンレーとの合弁を形成し、シティを三分割し、旧シティコープとソロモン・ブラザーズを主軸とするシティコープ部門を残りの不採算部門・不良資産売却を行う方向を決定しているが、解体して小型化するのではない。米国政府（財務省、ＦＲＢ）とウォール街・ニューヨーク・マネーセンターの三本柱の中心銀行となることを望み、国家資本を投入しつつ再強化しようというシティの戦略には変わりない[56]。ＦＲＢから送り込まれたリチャード・パーソンズ氏を社長に迎えつつも、パンディット氏が、ＣＥＯとしてコーポレート・ガバナンスの先頭に立つことには変わりはない。

★55　Francesco Guerrera, Alan Beattie "U.S. agrees to take big stake in Citigroup", *Financial Times*, February 28, 2009.

★56　David Enrich, and Monica Langley, "U.S. Considers Large Citigroup", *The Wall Street Journal*, February 24, 2009.

シティグループは、ＡＩＧ、ＧＭに続いて国家の「国有化」という特別金融支援を受けた三番目の民間企業となった。その国有化は、ガイトナー財務長官とパンディットＣＥＯが共同して二〇〇九年二月末の日曜日に仕上げたもので、シティ株が一ドル以下に落ち込む一歩前に合意した。

（５）財務省・ＦＲＢ―シティの癒着構造

「国有化」は、シティグループが金融モンスター型メガバンクとして生き残るための（シティ本位の）「部分国有化」（partial nationalization）であり、「大き過ぎてつぶせない」規模と範囲（scale and scope）に膨張したために、「大き過ぎてマネージできなくなった」状態のまま国民の負担で生き続けさせ、構造的危機（systemic crisis）を景気の回復を待って乗り切ろうというのである。あまりに巨額の不良資産を（簿外の不良資産と不良貸付も含めて）持ち、自力では立ち直る見通しが立たぬまま、政府（ウォール街―財務省複合体が指導し投資、中央銀行のＦＲＢが施行する）「部分国有化」で、シティグループという巨大金融ストラクチャーの望む金融権力を付与しつつ、これを支えようというものであった。

国家による四〇パーセントの株式保有（筆頭株主）という「部分的国有化」で支えきれない場合は、すでに英国政府が、ロイズ・バンキング・グループ（Lloyds Banking Group PLC）の四三パーセント株式、ロイヤル・バンク・オブ・スコットランド（Royal Bank of Scotland Group PLC）の七〇パーセントを保有しているように、政府所有比率を増大させ「積極的国有化」によってシティグループの金融権力は増大していくことになろう。★57

★57　David Enrich and Monica Langley, "U.S. considers large Citigroup", *The Wall Street Journal*, February 24, 2009.

シティグループの「部分固有化」を実施した財務長官＝ティモシー・F・ガイトナー（Timothy F. Geithner）は、ウォール街の巨大金融機関の最高経営責任者たちに囲まれ育成されてきた金融テクノクラート／フィナンシャル・ポリティシャンであるシティグループの最高経営責任者たち、とりわけ特にサンフォード・ウェイル元会長兼ＣＥＯやロバート・Ｅ・ルービン元ＣＥＯとは密接な関係にあった。

ガイトナー氏は、クリントン民主党政権末期にシティコープとトラベラーズがグラス・スティーガル法を事実上無視して、一九九八年四月に合併した際の財務次官として、後にシティグループの最高役員へスカウトされるロバート・E・ルービン長官とともに協力した。

ブッシュ政権下の八年間は、連邦準備制度下の最も重要な地位を占めるニューヨーク連銀総裁として、巨大銀行、多国籍企業の最高経営責任者からなる理事たちに囲まれていた。彼を取り巻く理事たちはウォール街―財務省複合体の主要メンバーである。サンフォード・I・ウェイル＝シティグループCEO、E・ジェラルド・コリガン元NY連銀総裁、ステファン・フリードマン＝ゴールドマン・サックス元会長、ロバート・E・ルービン＝元ゴールドマン・サックスCEO、元財務長官でシティグループの前CEO、ジェイミー・ダイモン＝JPモルガンCEO兼会長、ロイド・C・ブランクフェイン＝ゴールドマン・サックスCEO兼会長といった現代アメリカ金融資本最高の金融テクノクラートたちである。

これらのウォール街の金融テクノクラートたちこそ、米国金融主権の執行者であり、「ニューヨーク金融中枢の大統領」(New York President) を構成する二一世紀型金融寡占制の構成メンバーであり、ワシントンのブッシュ、オバマら大統領権力の遠く及ばない聖域である。財務省傘下の中枢銀行である連邦準備制度の中枢であるニューヨーク連邦銀行は、「ウォール・ストリートの監視役どころか、その代弁人であり、ウォール街の大銀行の望むものはすべて、このニューヨーク・プレジデントで手に入れることができる」と元NY連銀理事は語っていた。★58

★58 Jo Becker and Gretchen Morgenson, "Geithner forged close Wall St. ties, now strained in bailout", *The New York Times*, April 28, 2009.

ガイトナー前NY連銀総裁・財務長官はシティグループとのつながりが特別に強く、ウェイル元CEO、ルービン元財務長官・シティグループ前CEOに育成されて、NY連銀総裁に送り込まれた。大合併を強行して以来、次々と大胆な合併を重ねて世界最大の銀行となり、世界中の金融中心に支配の手を広め、クレジットカード、オートローン、投資銀行業務、モーゲージ証券、金融デリバティブにも手を広げ、誤った経営と法令無視の銀行業務と非難を浴びるのもかまわず、金融モンスター化を達成していった。二〇〇四年には、ニューヨーク連銀は七〇〇〇万ドルの科料を課した。二〇〇五年にはいっさいの銀行買収を禁じた。シティグループの買収した銀行の不正取引と違法銀行業務の結果として、ウェイル氏が、二〇〇七年にリスク事業と大胆なM&Aの結果、業績、株価とも急落させたことの責任をとって退陣する時、ガイトナー氏はシティグループの会長兼CEOへの就任を、前者から要請されたという経緯がある。★59

★59 Ibid.

財務長官としてのガイトナー氏にとって、銀行規制・統制に関する「挑戦の中心部」(the central regulatory challenge) はシティグループである。ガイトナー財務長官が、最も頻繁に会談を持ったのは、彼がクリントン政権の財務次官であった時期に、財務長官として同政権において最大の実力者であったロバート・ルービン＝シティグループCEO(当時)であった。

金融モンスターとなったシティグループをいかに規制し、「金融構造危機」（financial systemic crisis）を防ぐかが最大の挑戦的課題である財務長官ガイトナーは、ニューヨーク連銀総裁時代からシティグループとの癒着関係を強めてきた。クリントン政権下で彼が財務副長官だった一九九八年四月に、トラベラーズ・シティコープの合併をグラス・スティーガル法をほぼ無視する形で認めることになったのである。

ところが、翌二〇〇六年には、ＮＹ連銀はシティグループに対する規制を取り払った。同行のリスクコントロール手法に「著しい進歩」が見られたというのである。折からのサブプライム・ローン、関連証券の熱狂バブルも加わって、シティグループのモーゲージ関連証券投資へのリスク投機は危険水準に達した。

二〇〇七年春から秋にかけてサブプライム・ローンの貸付金融機関の倒産が始まったが、ＦＲＢはじめ政府高官たちは、破綻を封じ込めることができると「保障」した。

この時点から、ガイトナーＮＹ連銀総裁は、シティグループ首脳との会合を頻繁に持つようになっていた。チャールズ・Ｏ・プリンス三世ＣＥＯ（当時）、副会長のルイス・Ｂ・カーデンそして、シティグループを危険な金融取引に引き込んだ責任者として彼に非難を浴びることになる取引事業の最高責任者のトーマス・Ｇ・マヘラス、そして、彼の財務省での上司だったロバート・ルービンとも会合を重ね、時にはガイトナー氏自身がシティグループの本社を訪れたといわれる。

そして、二〇〇七年秋に、サブプライム・ローン関連の四〇〇億ドルを超える大赤字（米欧銀行中シティグループが最大）が明らかになって、プリンス三世会長が辞任し、ルービン経営委員会議長（当時）が漸定ＣＥＯに就任すると、次なる会長兼ＣＥＯの「本命候補者」（perfect candidate）として、ティモシー・ガイトナーＮＹ連銀総裁（当時）の名があがった。このようなウォール街―財務省（ＦＲＢ）の癒着構造の経過を背景に持つ財務長官の下で実現したのが、シティグループの「部分的な国有化」である。

（６）巨大銀行が国家財政を活用する「国有化」

パンディットＣＥＯは「国有化」によって「戦略や経営、コーポレート・ガバナンスに変化はない」と述べている。[★60] シティの四割株式の政府取得は、一九八四年のコンチネンタル・イリノイ銀行の国有化のように銀行業務全体を国家管理とするものでなく、巨大銀行シティの「大き過ぎてつぶせない」「特別な環境」下における救済であり経済リストラクチャリングそのものは、シティ経営陣が行う。投資銀行家でブルッキングス研究所のダグラス・エリオット氏は「シティの場合は、その規模と不良資産に対するずば抜けた関与」から国家資本が投入されたものであるという点を強調する。銀行集中統合化は、リスクの集中を意味し、金融システム危機へつながるのである。[★61]

★60　Francesco Guerrera and Alan Beattie, “U. S. agrees to take big stake in Citigroup”, *Financial Times*, February 25, 2009.

図3-12　シティグループの「国有化」と株式所有構造の変化

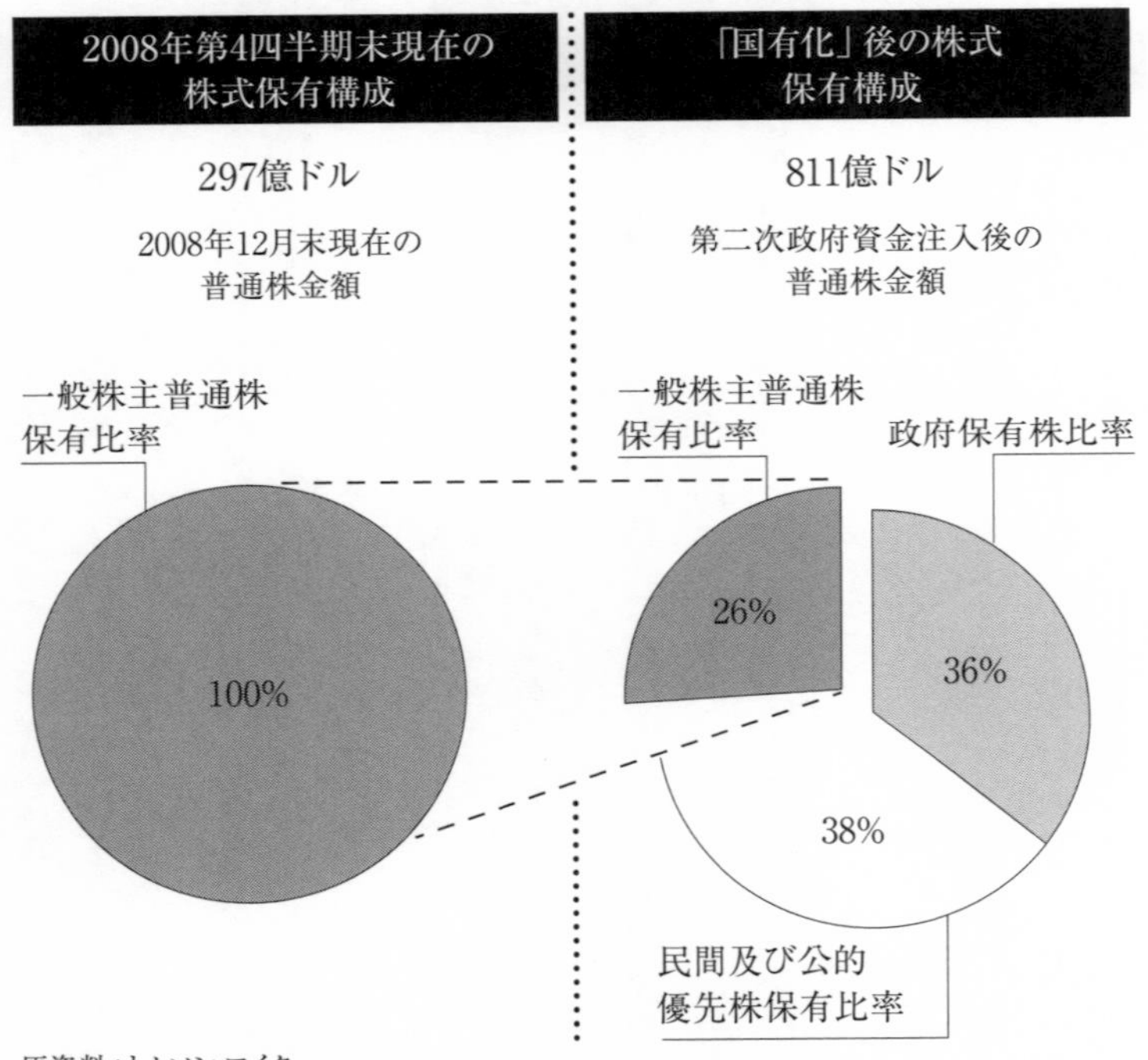

原資料：トムソン・ロイター
出所：フィナンシャル・タイムズ　2009年2月28日付

★61　Alan Beattie, "Citi fuels nationalization debacle", *Financial Times*, February 28, march 1, 2009.

それは、シティの側から「最後の貸し手」（The last lender of resort）としての国家をアグレッシブに活用しようとする「積極的国有化」であり、巨額不良資産を（簿外にも）かかえ、自力で立ち直る見込みのないまま、ウォール街―財務省が実権を握る政府―中央銀行による「部分的国有化」によって、金融権力を拡大しつつ、「グロテスクなほどに巨大化した（has gotten grotesquely large）」経営組織を再編強化し、政府の外交調整政策を活用して、世界の金融秩序の司令塔たる銀行を目指している（図3—12、13）。

図3-13　米国5大商業銀行への政府援助融資と貸付損失保証（単位10億ドル）

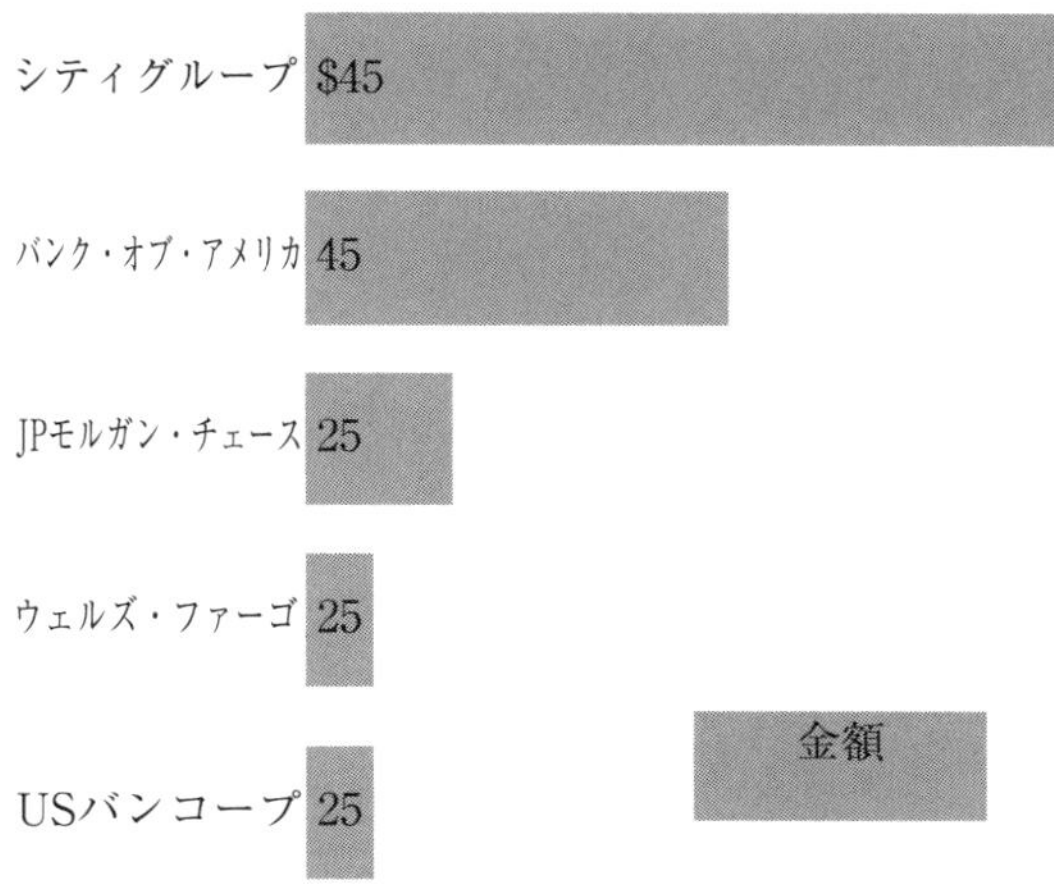

出所：アメリカン・バンカー2009年1月20日付

政府の四〇パーセント株式保有の代償として要求された要件は、リスクビジネスに走ったシティの「失われた一〇年」を回復できる健全な銀行独立経営者の取締役会への送り込むことのみであった。シティグループ自身すでに一月の「三分割による経営再編」のスローガンを掲げ、モンスター型の「金融コングロマリット」という看板を外し、新たに「世界最大金融サービス会社」（The World's Largest Financial Service Firm）のスローガンを打ち出している。

金融危機の真只中にありながら「ウォール街の勝利者」として、金融荒野に立ち、あらゆる嵐に耐えるバベルの塔となるべく「国有化」を積極活用しようというわけである。[★62] しかも、シティの積極活用化は「改善への発展段階にあり、将来さらにこの国有化が進展することも考えられる」とニューアメリカ政策研究所のダグラス・レディカー氏は語る。★63 英国のロイズ・バンキング・グループが四三パーセント、ロイヤルバンク・オブ・スコットランドが七〇パーセントまで、二〇〇九年秋には国有化が進んでいた。米国大銀行より傷の深かった欧州大銀行に関して、各国政府はいっそうの資本主義的国有化進化を手がけるようになったのである。

★62 David Enrich, "Citigroup takes first step toward breaking up bank", *The Wall Street Journal*, January 12, 2009.

★63 Alan Beattie. "Citi fuels nationalization debacle", *Financial Times*, February 28, march 1, 2009.

旧シティコープの二一世紀における復活を伴ったシティグループのバランスある健全化には、「大き過ぎて成功できない」(too big to succeed) とニューヨーク銀行界では考えられていた。重要なことは、パンディット氏と彼を囲むモルガン・スタンレー出身の経営首脳部が、不良貸付の増大と戦いながら収益をあげてシティコープを経営できるか否かという点であった。

「大き過ぎてつぶせない」ために、政府資金で支援され破碇の恐れのない銀行には、リスクが集中し、分割再編成は困難であり、「大き過ぎて経営が困難」であり、革新的な転換よりもかつてバブル時代に身につけたリスキー・ビジネスが手放せなかった。パンディットCEOとその主力経営陣には投資銀行経営の経験しかなく、商業銀行経営の実績はない。シティグループの大合併時に商業銀行部門シティコープを率いていたジョン・リード前共同会長は、大合併は大いなる間違いで、以後の期間を「失われた一〇年」と規定し、再分割を主張してはばからない。だが、国有化と引き換えに取締役に新任した大手地方銀行の名経営者には活動の場がない。金融権力とリスクが集中するなかで規制がいっそう必要になるが、逆に政府の規制は困難になっている。

巨大銀行は、大型化・複合化・多角化によって当面の危機は克服できるが、リスクも集中する。「そこでいっそう規制が必要となるが巨大銀行に対する規制はいっそう困難になる」、「巨大化した銀行が（リスク集中の結果）破綻すれば損害はいっそう高価なものとなる」とL・ウィリアム・シードマン前FDIC総裁は語っていた。[★64]

★64 Sleven, Sloan and Emily Flitter, "Assessing Potential Hazards In Making 3 Big Firms Larger", *American Banker*, September 30, 2008.

シティグループは「国有化」を積極活用して、米国および世界三大銀行の座を維持し「アメリカの第二期金ピカ時代」（American Second Gillded Age）の主役となったが、資本の蓄積と同時にリスクはなお蓄積していた。ポール・クルーグマン教授は、「大き過ぎてつぶせない」（規制も改革もできない）シティは米国大銀行について「たとえいまの危機が一時のものでしかなかったとしても、それは、次に来るもう一つの危機の創出となる」と述べていた。[★65]

★65 Paul Krugman, "Making banking borning", *The International Herald Tribune*, April 11.12,

4　ウォール街制覇へ　非アングロサクソン銀行の冒険

（1）イタリー人銀行創立者のウォール街征服の夢

バンク・オブ・アメリカは、金融パニックを経て、バンク・オブ・アメリカ・メリルリンチとも呼ばれ、二・三兆ドルの総資産を持つ世界最大（最強とはいえなくとも）の金融機関の地位を獲得した。南部ノースカロライナ州シャーロッテが本店のネーションズバンクとカリフォルニア企業集団を束ねるサンフランシスコのバンカメリカ・コープが合体し、さらに、ボストン集団の主力銀行であるフリート・ボストン・フィナンシャル・コープを吸収し、米国全土に支店ネットワークを持ち米国有力企業集団と金融幹線でつながる全米銀行（nationwide bank）にして、グローバル銀行となっていたバンク・オブ・アメリカは、二〇〇七年七月から始まった米国金融危機を、ニューヨーク金融中枢進出の最大の商機としてとらえた。全米最大の住宅貸付金融機関ネーションワイド・フィナンシャル・コープに続いて、ニューヨーク・マネーセンターに拠点を持つウォール街で最も有力な証券投資銀行・メリルリンチの買収という七〇年来の創立者の野心の実現に着手した。

南部ノースカロライナ州シャーロッテを本店としたバンク・オブ・アメリカは、早くも二〇〇七年央のサブプライム関連証券の崩壊が始まった時点から、カントリーワイド・フィナンシャル、メリルリンチ、リーマン・ブラザーズと買収交渉を開始していた。迫り来る金融危機をニューヨーク・マネーセンター制覇と世界最大銀行への今世紀最大の好機と見なしていたのである。米国全土の地方有力銀行の多くを配下に治め米国銀行史上初のネーションワイド銀行として、グローバル・ネットワークも広げたバンク・オブ・アメリカの最終目標は、ウォール街の巨大投資銀行を買収し、商業銀行と投資銀行を統合したグローバル金融スーパーマーケット（金融コングロマリット）として、世界に君臨することであった。

ケネス・ルイス（Kenneth Lewis）バンク・オブ・アメリカ会長は、創立者A・P・ジャニーニが一九三〇年に、世界制覇に向けた銀行持株会社・トランスアメリカ・コーポレーション（Trans America Corporation）を設立、ニューヨーク拠点に進出し、全世界に金融子会社・支店網を持つグローバル銀行を構築しようとした時の例をあげて、二一世紀に入って、彼がメリルリンチ買収の冒険へ進んだ時の意気込みを説明している。ルイス会長によれば、一九三〇年代当時のイタリー系アメリカ人A・P・ジャニーニの右腕としてグローバル・バンキング構想を打ち建てたのが、一九五〇年代に欧州統合化を主唱したジャン・モネ（Jean Monnet）であったという。三〇年代のイタリー系アメリカ人銀行家ジャニーニの野望は、ニューヨーク・マネーセンターとウォール街に実権を握るアングロ・サクソン銀行家たちの金融エスタブリッシュメントに拒絶された（一九二六年銀行法のマクファーデン法は、本店のある州以外での銀行支店展開を禁じている）。カリフォルニアのイタリー農業移民の銀行から全米銀行となり、ニューヨークへ進出しようとして、アングロ・サクソンの東部エスタブリッシュメントに阻止されたバンク・オブ・アメリカの夢を再現すべく「一〇〇年に一度の機会」でもあったとケネス・ルイスは述べていた。★66 最初のグローバル銀行の試みは、優れたものであり、世界の金融市場統合化に絶える影響を与えたと彼は言う。ジャニーニの挑戦から七二年後の史上最大規模の金融危機の中で、世界と米国内を一貫統合化したグローバル・バンキング＋証券投資＋資産運用ビジネス（Global banking, securities, investment and wealth management）の金融コングロマリット（金融スーパーマーケット）たるべく、ルイス最高経営責任者は構想し、救済買収することになったメリルリンチのジョン・セイン最高経営責任者（彼はウォール街の天才児と呼ばれたこともある）も合意していた（後述）。

★66　Editor "Global reach and capital remain King", *Euromoney*, June 2009, p. 96.

バンク・オブ・アメリカに展開する買収ラッシュは、米国銀行史上で最大冒険の一つであり、非エスタブリッシュメント銀行のＮＹ大銀行世界＝エスタブリッシュメントへの挑戦であると同時に、前者が後者の戦略にはまった作戦でもあった（図3—14）。ウォール街—財務省の助けが最後には必要となり、四五〇億ドルという政府資金の注入を受け「国有化」（nationalization）の危険を冒しつつも、

図3-14　金融パニック時の買収ラッシュ——3大銀行の金融資産残高の膨張
全米銀行残高の30%強を支配　（単位兆ドル/金融資産残高ベース）

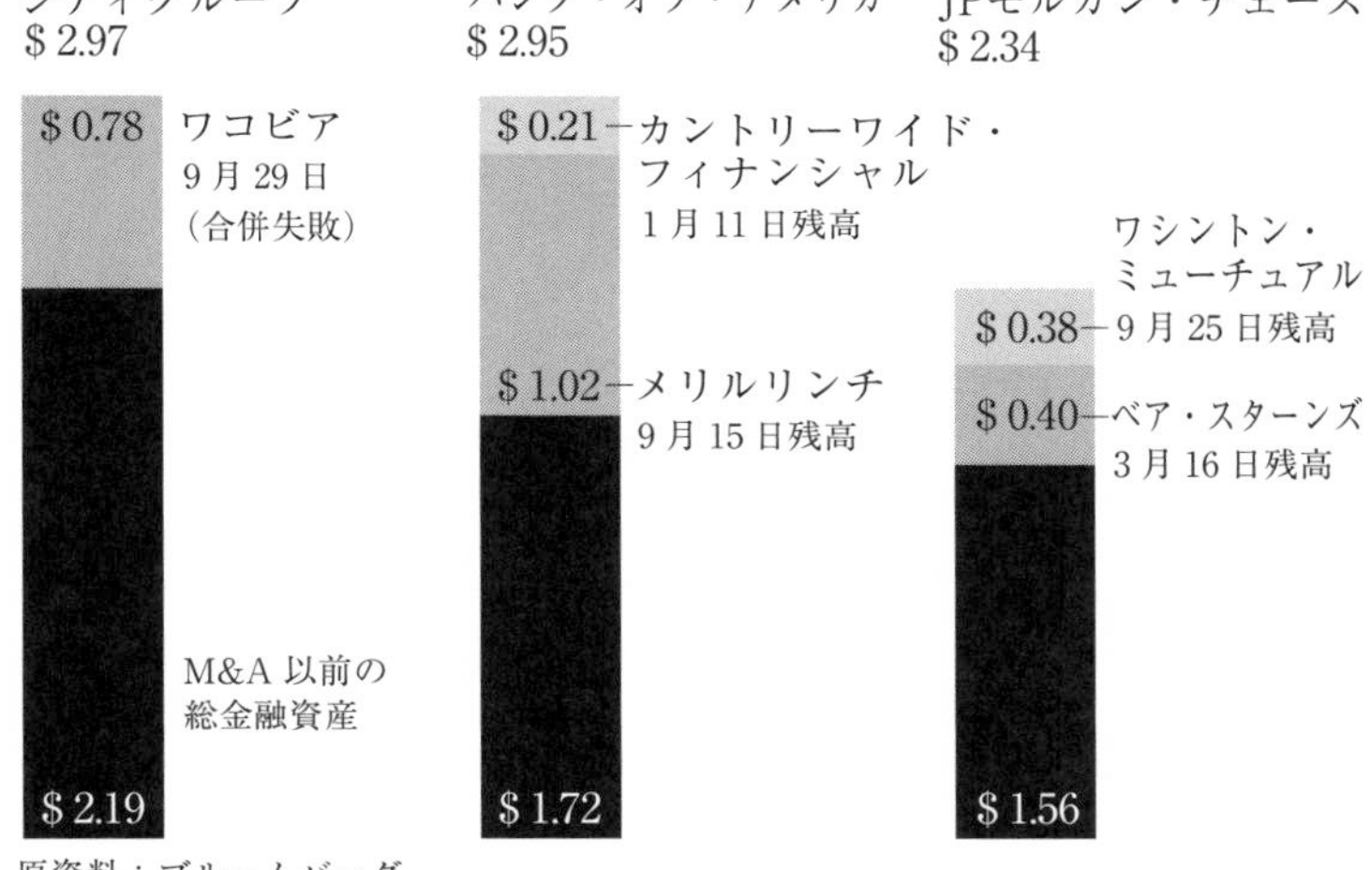

原資料：ブルームバーグ
出所：ニューヨーク・タイムズ 2008年9月30日付

バンク・オブ・アメリカは、大型化に向けてのリスクをしのいだ。ハイマン・ミンスキーは「最後の貸し手による政策介入は巨額の政府赤字と結びついて、銀行システムの準備ベースと政府保有残高を増大させる。こうして銀行は、景気後退期およびその直後の余波が続いている期間に、将来の景気拡大に向けての資金供給能力を蓄えておくことができる」と述べている。★67

★67　Hyman P. Minsky, "*Stabilizing an unstable Economy*", Yale Press, 1985, p.216.

（2）ウォール街のスケープ・ゴート？

バンク・オブ・アメリカによるメリルリン

チ救済買収は、あまりにリスクを含み、同行のルイス会長自身も一時は買収を取り止めたいと財務長官、FRB議長に申し出つつも、「強制されて」決行した買収でもある。「米国における銀行スケープ・ゴート」(Banking Scapegoat of America) ともいわれている。[★68] 買収動機は、バンク・オブ・アメリカの夢を実現しようとするところにあったとしても、その実態は、ウォール街の「組織崩壊」(systemic corruption) を防ぐために、財務省―ウォール街（ゴールドマン・サックスなど）に強制された、危険を伴う冒険的な合併であると、ニューヨークの金融エスタブリッシュメントの間では評されて、五〇〇億ドルという実態からかけ離れた買収価格や退職するメリルリンチ幹部への三・七億ドルの報酬支払いも、実態とはかけ離れたものであるというのである（図3―15）。

★68 Editors Review and outlook, "Banking Scapegoat of America", *The Wall Street Journal*, September 22, 2009.

バンク・オブ・アメリカが、経営実態の悪化するメリルリンチ買収につき、二〇〇七年夏のベア・スターンズ傘下のサブプライム・ローン関連ファンドの倒産（七月）、仏BNPパリバ傘下の同ファンド凍結（パリバショック。八月）に始まる金融危機の始まりのなか、ルイス＝バンク・オブ・アメリカ会長は、オニール前メリルリンチ会長との間に、時価総額の三分の一の価格でメリルリンチを買収するという下交渉を取りつけていた[★69]（二〇〇七年九月）。

★69 Shawn Tully, "Divorce-Bank Of America Style", *Fortune*, February 16, 2009.

図3-15　バンク・オブ・アメリカのメリルリンチ買収過程における株価下落

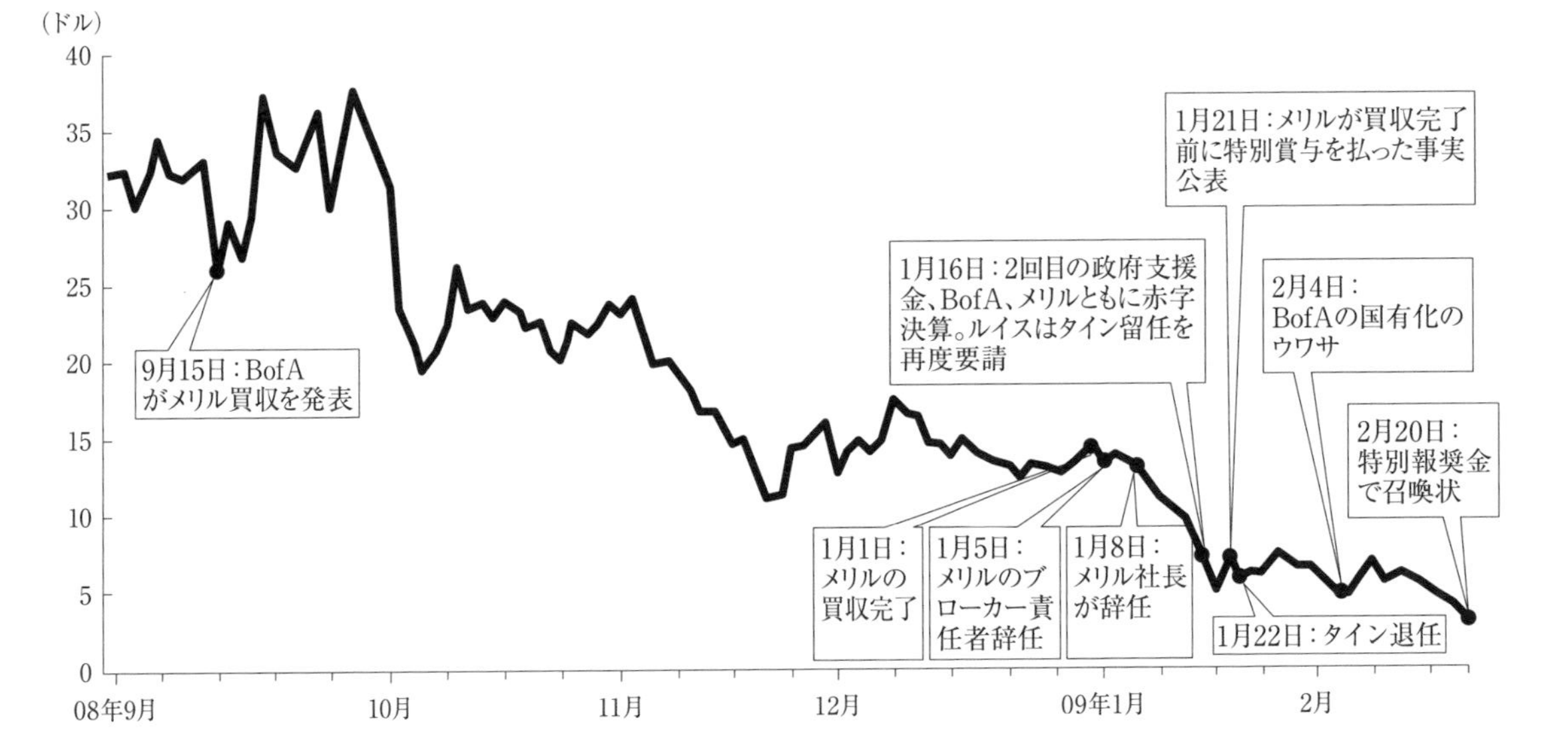

原資料：ブルームバーグ・アンド・カンパニー・リポート
出所：アメリカン・バンカー 2009年2月23日号

米国最大の証券投資銀行（Securities Firm）であるメリルリンチは、一万六七〇〇人のブローカーを擁し、一兆八〇〇〇億ドルの投資資金を管理し、五〇〇〇万人の顧客を持っており、これを全米リテール資産の一〇パーセントを傘下に持ち、六一〇〇の支店網で、全米のモーゲージの五分の一の発行者であり、一億三〇〇〇枚のクレジット・カードを発行するバンク・オブ・アメリカが買収することは、米国史上数少ない金融資本の集中であり、シティグループやウェルズ・ファーゴのようなライバルの金融スーパーマーケットをはるかにしのぐ規模となる。

ところが、スタンレー・オニール会長兼最高経営責任者は、二〇〇七年一〇月には解任されて、ウォール街のスター投資銀行が南部シャーロッテ本店の銀行（ネーションズバンク+バンク・オブ・アメリカ）に買収されるというシナリオのM&A交渉は解消された。二〇〇七年一二月に、ゴールドマン・サックスで二四年間勤務した投資銀行家・金融テクノクラートであるジョン・セイン（John Thain）氏が会長兼CEOとして送り込まれた。

彼は、ウォール街の「天才児」と呼ばれ、会長就任前の四年間は、ニューヨーク証券取引所理事長として、旧式の証券取引所を電子化し、欧州大陸統合証券取引所のユーロネクストと合併して、NYSEユーロネクストを構築した。NY証券取引所の株式取引を飛躍的に伸ばしたといわれる。彼は財務省―ウォール街複合体を代表して、三大証券投資会社の一角が崩れて、ウォール街の崩壊をもたらすことのないよう、メリルリンチの最高経営責任者として送り込まれた。

最初のうちは、セイン会長はメリル独立路線を唱え、南部の地方大銀行にウォール街の主役投資銀行が買収されるという金融史上初の悲劇のシナリオを拒否しようとした。

メリルの独自路線追求は、メリルだけでなくウォール街の構造的危機（システミック・クライシス）を創出すると考えられるようになり、セイン会長は「メリル独立路線」を撤回して、一度は否定したバンク・オブ・アメリカによる救済買収という屈辱的な路線を選ぶことを九月中旬には決意した。

（3）ウォール街―財務省のメリル救済計画

買収される側のメリルリンチのジョン・セイン会長は、財務省―ウォール街を背景に強気で買収交渉に臨み、二四時間にわたる熱烈な交渉のうえに、五〇〇億ドルという高値（一株当り二九ドル）で、バンク・オブ・アメリカにメリルリンチを「救済買収」させることで合意した。

五〇〇億ドル高値売却をバンク・オブ・アメリカに受諾させたとはいえ、メリル側には何ら有利な取引材料もなかった。二〇〇八年第3四半期の赤字は五〇億ドル。第4四半期はさらに悪化の気配であり、一〇月、一一月の二か月だけで七〇億ドルの純損失を記録して、一二月には一五五億ドルの損失を記録しようとしていた。メリルの主力デリバティブ取引は全面的に損失地獄に陥り、二〇〇八年の純損失は二七六億ドルとなるに至った。[★70]

★70　Editor, "Bank of America – A thundering herd of possible successors sys up the boss's-jop".

The Economist, August 8, 2009, p.59.

アメリカの金融危機のクライマックスは、二〇〇八年末のシティグループとＡＩＧ、メリルリンチの底なしの業績悪化に集中的に表されるなかで、バンク・オブ・アメリカ経営陣がその底知れぬ業績悪化の実態、メリルリンチ買収は危険な冒険であると判断し、いったんは、これから手を引くことを考えた時だった。メリルリンチの損失補塡が、前代未聞の勢いで急増していく過程で、バンク・オブ・アメリカ首脳たちは、二〇〇八年一二月には、メリルの底知れぬ損失を吸収する資本力をいまや持ち合わせていないのみならず、ウォール街の底なしの沼に引き込まれていくのでは、という恐怖にさいなまれ始めた（図３―16）。

メリル買収完了予定日を二週間後に控えた二〇〇八年一二月一七日に、ケネス・ルイス会長はワシントンへ飛び、ＦＲＢ議長のベン・バーナンキと財務長官ヘンリー・ポールソンと対面した。メリルリンチの業績は、予測をはるかに上回る勢いで悪化しているため、バンク・オブ・アメリカとしては、買収中止の特別条項を適用して、Ｍ＆Ａから手を引きたいと申し出たが、バーナンキとポールソンのコンビは、たじろぐことなく、「断じてこの買収を成立させねばならない。ＦＲＢのスタッフたちもこの買収合併条項を精査したが、完全に合法である」と断言した。さらに、「バンク・オブ・アメリカによるメリルリンチ買収が失敗に終われば、米国の全金融システムを危機に陥れる。いまや買収価格交渉などを行っている余裕はなく、米国政府は、バンク・オブ・アメリカがメリル買収の完了に十

図3-16　業績悪化の中のバンク・オブ・アメリカのメリルリンチ救済買収――純利益／純損失（単位10億ドル）

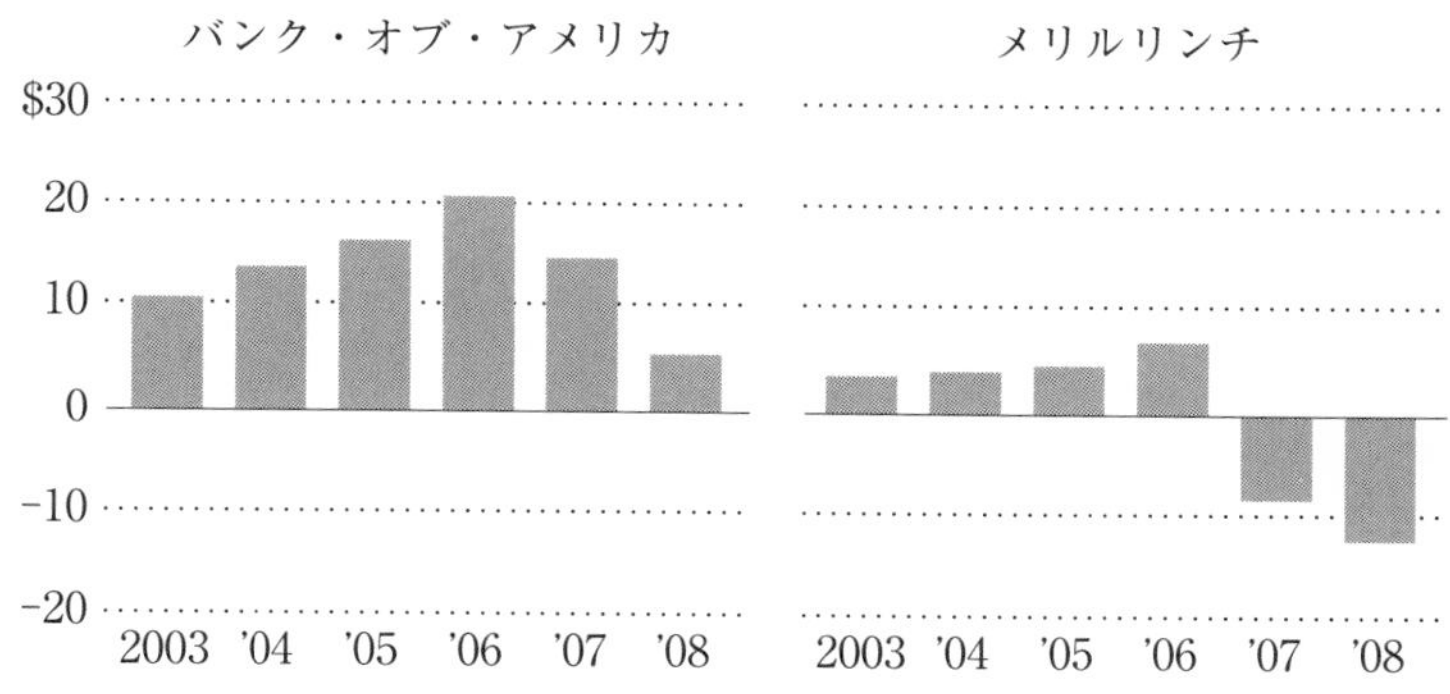

原資料：SEC filings
出所：ウォール・ストリート・ジャーナル2009年1月16日付

分なる資本が確保できるように『資金救済パッケージ』（rescue package）を提供する」という条件を提示して、バーナンキ―ポールソン・コンビは、ウォール街崩壊を食い止めるため、政府救済資金供与を代償に冒険的なメリル救済買収を受諾させたのである。[★71]

★71　Ibid. p.60.

当時、実はリーマン・ブラザーズの買収意向へ傾きかけていたバンク・オブ・アメリカをして、リーマンを切り捨てて米国投資銀行の主柱たるメリルを救済しようというのが、ウォール街―財務省複合体の戦略シナリオであった。メリルと金融的つながりが大きいゴールドマン・サックス会長だったポールソン財務長官と同じくゴールドマン出身で、金融危機のなかでメリルリンチ会長に送り込まれたジョン・セイン会長の連合作戦が効を奏した。財務省とFRBの最高幹部たちは、バンク・オブ・アメリカ、メリルリンチの救済買収から手を引けば、ルイス会長はじめ同行取締役たちを即時追放する決意であったことが、クオモ＝ニューヨーク検事総長の調査報告（非公式報告、二〇〇九年六月）でも明らかである。[★72]

★72　Michael R. Crittenden, "Emails at Fed bached B of A during Merrill tussle", *The Wall Street Journal*, July 12-14, 2009.

（4）リーマンの切り捨てとメリルの救済

バンク・オブ・アメリカの大株主たちは、ニューヨーク・マネーセンター、ウォール街の中枢部に進出しようというルイス会長の野心は、ウォール街―財務省の金融崩壊阻止の作戦に活用され、その金融権力に屈して、「銀行スケープ・ゴート」（Banking Scapegoat of America）として活用されたことに気付き始めた。[★73]一〇〇年前の一九〇七年金融恐慌時に、ＪＰモルガン一世の金融独裁による米国金融再編成で危機を乗り切ったのに似ている。ポールソン前財務長官は、「一〇〇年来の金融危機」と今回の金融恐慌を規定し、メガ銀行による再編統合化で危機を乗り切ろうとウォール街の金融権力を行使したのである。その結果、リーマン買収をあきらめさせ、バンク・オブ・アメリカにリスクを冒してメリルリンチを救済買収することを強制したのである。シティグループも、メリルリンチ買収を検討していたが、あまりにサブプライム関連赤字の傷が深く、買収する体力を持っているのはバンク・オブ・アメリカしかなかったのである（図3―17参照）。

図3-17　資金不足——金融逼迫の2大銀行（単位10億ドル）

純利益／損失
貸倒引当金

バンク・オブ・アメリカ　　　シティグループ

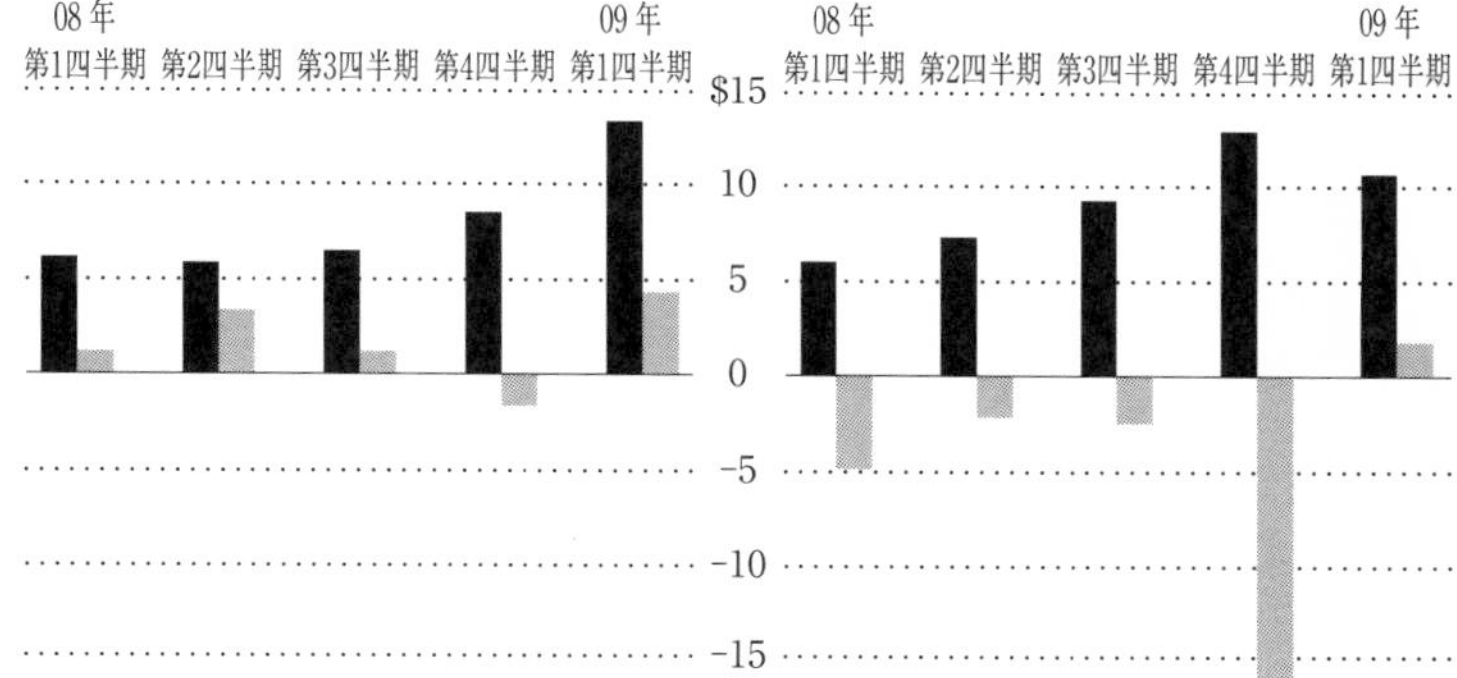

原資料：The Companies
出所：インターナショナル・ヘラルド・トリビューン09年4月29日付

しかし、買収される側のメリルリンチのセイン会長は、バンク・オブ・アメリカ・メリルリンチの社長として合併後も残る一方で、そのメリルリンチが二七六億ドルもの二〇〇八年純損失が見込まれるにもかかわらず、バンク・オブ・アメリカは三・六億ドルもの高額報酬（ボーナス）をメリル幹部に支払わされることになっており、これをバンク・オブ・アメリカ側は容認せざるを得なかった。

★73　Paul Davis and Steven Sloan, "Partnership Frayed in Government Crackdown", *American Banker*, Aprl 24, 2009.

だが、「国有化」には、ケネス・ルイスは断固として抵抗している。「わが行は利益を生み続けており、強力な資本力、流動性による利益基盤を持ち、活発な貸付け業務を続けているのに国有化を問題視される理由はない」、「国有化というスペキュレーションは、我々の強力な金融ポジションに対する理解と正しい評価の不足から来ている」と彼は国有化への断固たる反対を続けていた。★74

★74 Paul Davis, "Add Nationalization Talk to List of B of A's Issues", *American Banker*, February 23, 2009.

そして、ルイスはニューヨークへ乗り込んでジョン・セインにバンク・オブ・アメリカ・メリルリンチの社長の地位を退くよう要求し、ウォール街勢力に実質経営権を奪われるのではないかという懸念を取りのぞこうとした。これは、二〇〇八年一二月の買収時に三・六億ドルの「特別報酬」を支払うという約束が効果を発した。セインは、メリルリンチの事務所に巨額を投じて超豪華なものとし、バンク・オブ・アメリカ・メリルリンチの「帝王」となろうとしていた。救済買収されたメリルが、「野望達成の勝利」にわく、ケネス専制（社長・会長・CEOを一身で兼任）下のバンク・オブ・アメリカ王国内で「トロイの木馬」よろしく次第に実権を握ろうとしていたのである。二〇〇八年夏から、財務省の支援を求め、バンク・オブ・アメリカによる買収交渉を進めていたリーマンを切り捨て、メリル救済決定のウォール街投資と財務省首脳の協議決定（二〇〇八年九月一二日）にも当時のメリルCEOであったセインが参加し、メリルの巨大赤字の実態をFRBや財務省に知らせても、ケネスには秘密にしたままだった。

バンク・オブ・アメリカが、リーマン買収交渉を打ち切って、突然メリルリンチ買収（電撃結婚＝shotgun wedding）へ切り変えた背景には、ポールソンとバーナンキのコンビとウォール街（マネーセンター銀行二行と三大投資銀行＝ゴールドブラケット）の合議決定があった。九月中旬の週末に、ポールソン財務長官を中心に五大金融機関の最高経営責任者たちが、ニューヨーク連銀本部でラウンドテーブルを囲んで会合を行い、自力で生き残れるか否かを質し、セインは救済買収なくしては立ち行かなくなっていることを伝えた。その席上で「メリルとＡＩＧが破綻すれば、金融核兵器（financial nuclear bomb）と同じでリーマンが倒れるよりはるかに被害が大きい」という点で全会一致し、ポールソン財務長官はこの決定をケネス・ルイス＝バンク・オブ・アメリカの最高経営責任者に伝えた。★75

★75　Joe Nocera, "Why it was that Lehman was thrown under the bus", *The New York Times*, September 12,13, 2009.

ポールソンはリーマン買収をメリルリンチ買収に切り換えるよう強要すると同時に、メリルリンチの経営悪化をＦＲＢの調査報告では「ブラック・ホール」という「表現」については知らせなかった。さらに重要なことは、メリルリンチの最高経営責任者だったジョン・セインもこの「決定」に出席しており、ポールソン財務長官はシステミック崩壊を招く経営悪化の実態を説明していたということである。米国最大の金融機関ではあるが、ニューヨーク・マネーセンターのエスタブリッシュメントには加えられていない巨大地方銀行統合体（カリフォルニア集団、南部集団、ボストン集団などを代表する全米型地方巨大銀行）は、ウォール街―財務省コンプレックスの金融権力によって、リーマン買収からより冒険的なメリル電撃買収へ、その経営実態を知らされぬまま、急遽切り換えさせられることとなったのである。

けだし、ルイス＝バンク・オブ・アメリカ会長兼最高経営責任者としては、カントリー・ワイド・フィナンシャルとメリルリンチの二行買収は、全米最大のリテール銀行として前進し、投資銀行分野でも全米第一級のグローバル金融スーパーマーケット化を遂げることであり、ニューヨーク金融中心のウォール街にも拠点を築こうという一九三〇年代の創立者Ａ・Ｐ・ジャニーニの夢を実現することではあった。メリルリンチが、損失のブラック・ホールであることを知って、買収を中止したいと申し出たルイスには、その退路が断たれており、システム崩壊危機の米国金融を支える三本の「バベルの金融塔」となることを要求されていた。その際、バンク・オブ・アメリカの経済体質も、ウォール街―財務省の圧力で「バンク・オブ・ウォールストリート」型へ変革することを要求されよう。その方向へ進めばケネス・ルイスの地方巨大銀行型の家父長型専制的地位も危うくなる。

（5）ウォール街の「勝者」としての生き残り戦略

バンク・オブ・アメリカが金融危機のなかで、フリート・ボストン・フィナンシャル・コープ（二〇〇四年買収合併）に続く、カントリーワイド・フィナンシャル、カード会社のＭＢＮＡを買収した後、巨大リスクを負ってメリルリンチを買収し、米国金融システミック・リスク―ＮＹマネーセンター・ウォール街の崩壊を防ぐべく、全米型グローバル銀行＋投資銀行として、米国および世界の五大銀行中最大の金融機関として再出発することとなった。

重要なことは、バンク・オブ・アメリカが、ニューヨークの金融エスタブリッシュメントに属さない米国有力地方企業集団の主力銀行を集合した南部シャーロッテ・カリフォルニア集団の主力銀行として米国西部と南部に本店を置く銀行であるということだ。その巨大金融ストラクチャー化は、ニューヨーク金融中枢に拠点を構築しようという独自の戦略の追求と同時に、ウォール街―財務省コンプレックスの金融システミック・リスク対応に活用される形で実現したということである。

ゴールドマン・サックスが先頭に立つウォール街―財務省（連銀）の金融エスタブリッシュメントは、米国初の全米銀行バンク・オブ・アメリカのマネー・パワーでメリルリンチの破綻を救い、かつメリル主導の金融ストラクチャー（グローバル銀行＋証券投資銀行）として、新ニューヨーク五大銀行の支配秩序の形成へ進もうとしたのである。

バンク・オブ・アメリカに救済買収された直後のメリルリンチのジョン・セイン会長兼最高経営責任者（当時）は、新合併金融機関の形態を「グローバル・バンキング、証券および富裕資産管理ビジネス」（Global banking, securities and wealth management business）と、メリル主導型経営へ変革させていくことを主張していた。

しかし、全米地方銀行の制覇を成し遂げた専制的経営者ケネス・ルイス＝バンク・オブ・アメリカ最高経営責任者は、NY金融エスタブリッシュメントに取り込まれない全米大手地方銀行（super regional）を糾合した唯一の全米銀行（nationwide bank）南部シャーロッテ本店の銀行として、ウォール街＝メリルリンチを傘下に吸収して米国最大のグローバル統合銀行となる野望を追求し続けた。メリルリンチの買収は、ウォール街―財務省から押し付けられ脅迫されて実現したが、同時にそれは、証券投資事業を飛躍させることにもつながり、バンク・オブ・アメリカの数十年来の「願望」でもあり、一九三〇年代のA・P・ジャニーニの野望の実現でもあった（図3―18）。

そしてルイスCEOは、四五〇億ドルの政府貸付金を背景に、財務省が迫る「国有化」をはねのけると同時に、メリルリンチCEOで新合併会社の社長として実権を握ろうとしていた「ウォール街の天才」ジョン・セインの退任を実現した。メリル買収後の礼賛と批判の高まりのなかで、ケネス・ルイスは、バンク・オブ・アメリカ・メリルリンチのサバイバル・ゲームを追求したのである。「我々のゲームプランは、政府の配下からの一日も早い脱出をはかるよう設計されている」とルイスCEOは述べた[★76]。不況脱出を待って、次の飛躍をはかり、米国最大の金融機関としての安定的な地位を築こうというわけである（表3―2）。

★76 Peter Lee, "US banks capitalize on stress test result", *Euromoney*, June 2009.

二〇〇九年一月～三月期の期間黒字化を発表する一方で、普通株の新規発行と優先株からの転換四

○億ドルを合わせて一七〇億ドルの普通株増強、中国建設銀行の一五パーセント株式売却（五三億ドル）や、コロンビア・アセット・マネジメントなど不採算の金融子会社売却（三八億ドル）などで、全社資金を一〇〇億ドル増やす計画を発表した（五月）。

八月には、一九七億ドルの高額で買収した大赤字のメリルリンチの幹部への特別報償金三六億ドルを秘密のうちに支払った。その裏取引に関する罰則金支払い（三三〇〇万ドル）で、NY証券取引所の法務局と和解した。

九月には、バンク・オブ・アメリカ財務指標の改善で、一一八〇億ドルの政府による不良資産損失保証を自力処理できると発表し、財務省金融担当者もこれを認めた。同時に米連邦預金

図3-18　グローバルM＆A金額実績と世界ランキングにおけるメリルリンチとバンク・オブ・アメリカ（単位10億ドル）

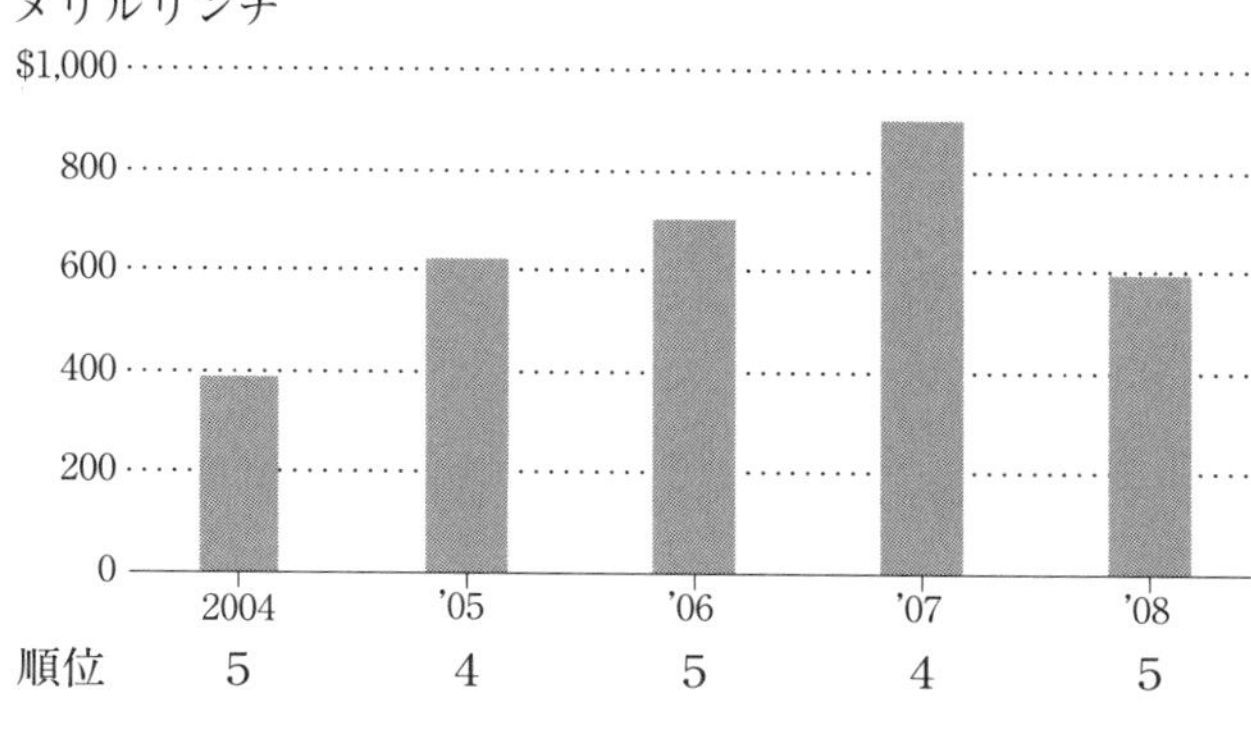

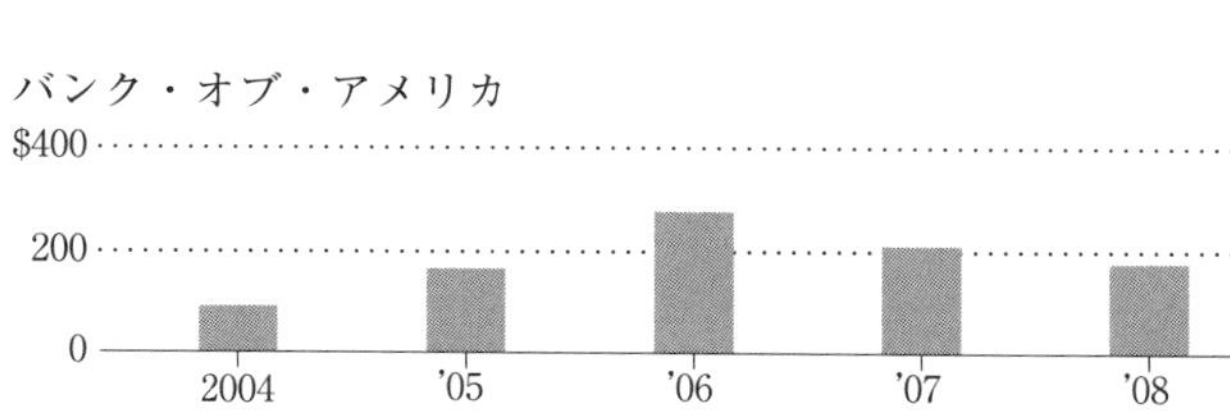

原資料：Dealogic
出所：ウォール・ストリート・ジャーナル 2009年6月9日付

保険公社（ＦＤＩＣ）による社債の保証も終了すると発表した。さらに、公的資金注入による政府保有の優先株は残るが、四五〇億ドルの公的資金返済も二〇〇九年末には実現する予定であるとルイスＣＥＯは言明した。彼は、二〇一〇年まで在任し、米国政府資金の完全返済とメリル合併を完成させ、非エスタブリッシュメント銀行のウォール街制覇という「偉業」を成し遂げる野心を抱いていた。

表3-2　米国財務省の銀行資産評価による増資必要金額　（単位10億ドル）

19行中10行で計746億ドル	
JPモルガン・チェース	なし
シティグループ	5.5
バンク・オブ・アメリカ	33.9
ウェルズ・ファーゴ	13.7
ゴールドマン・サックス	なし
モルガン・スタンレー	1.8
メットライフ	なし
PNC	0.6
USバンコープ	なし
バンク・オブ・ニューヨーク・メロン	なし
GMAC	11.5
サントラスト	2.2
ステート・ストリート	なし
キャピタル・ワン	なし
BB&T	なし
リージョンズ	2.5
アメリカン・エキスプレス	なし
フィフスサード	1.1
キーバンク	1.8

出所：ウォール・ストリート・ジャーナル2009年6月9日付

（6）「バンク・オブ・ウォールストリート」へ

それでも、地方有力企業集団の主力銀行の統合体でもある南部（西部）の巨大銀行が、アングロ・サクソン主導のNY金融エスタブリッシュメントの牙城での経営力を認められることは容易ではなかった。ＦＲＢの金融アドバイザーによるＥメール・メッセージは、バンク・オブ・アメリカがかかえることによってメリルリンチは手のつけられない「ブラックホールになった」と述べている。★77 そして、新合併銀行首脳間に「カルチャー衝突」が起きるのではないかという観測が流れ始めた。

★77　Louise Story and Jo Becker,"Storm hit Merrill Lynch as Fedwatched", *The New York Times*, May 2, 2009.

ルイス最高経営責任者を補佐するブライアン・モイニハン社長は、「我々は一月にビジネス一体化にはいり、二月、三月の苦難の時を経て、初期の困難期を通り越した」とこともなげに述べ、二〇〇九年一～三月期の純利益は前年同期の三倍で、カントリーワイドやメリルリンチの営業収益拡大業績に寄与したとのべた★78（ただし、第３四半期には一〇億ドルの純損失）。

★78　Clive Horwood,"Bank of America Merrill Lynch-Moynihan stands his ground", *Euromoney*, July, 2009, p.28.

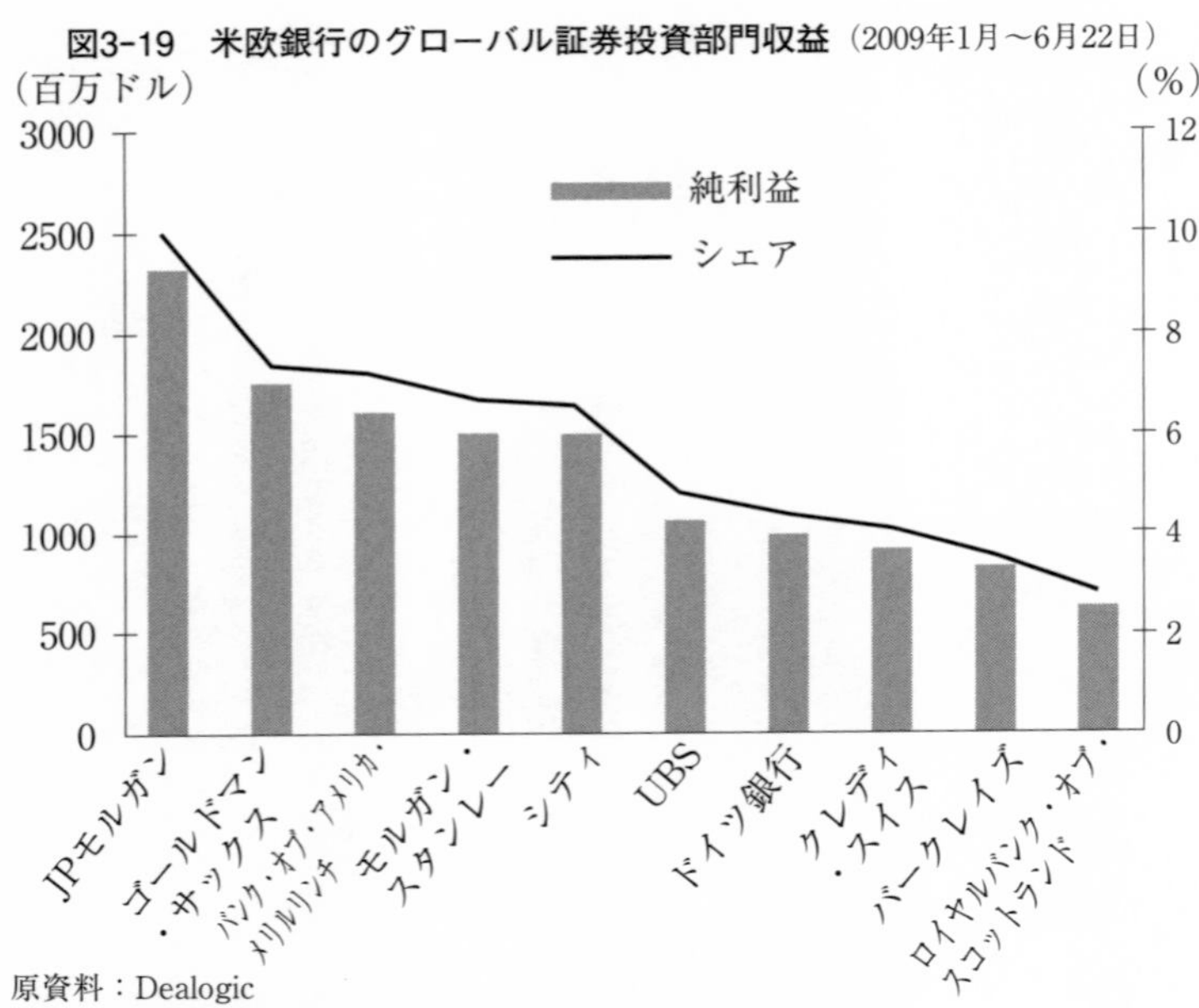

図3-19　米欧銀行のグローバル証券投資部門収益（2009年1月～6月22日）

原資料：Dealogic
出所：*EUROMONEY*, July 2009

そして証券投資では、メリル＋バンク・オブ・アメリカは株式投資運用資産額（ＥＣＭ）において、米国および世界一の規模で、ベア・スターンズを買収したＪＰモルガン、ゴールドマン・サックスやシティグループ、モルガン・スタンレー（二位から五位）を上回る（二〇〇七年の数値による）。同じく運用利益についてもトップとなる。ただ、投資銀行収入、Ｍ＆Ａ分野での遅れから、ＪＰモルガン、ゴールドマン・サックスに次ぎ、モルガン・スタンレー、シティグループに追いたてられていた（二〇〇九年六月の数値、図3―19）。

ウォール街の経営コンサルタントとし

て名高いトマス・カースティングは「多くのことが外部経済に依存しており、ルイス氏も彼を取り巻く人々も同行がどの方向を進むべきかの方向感覚を持っていない。重要な疑問は、この一、二年のバンク・オブ・アメリカでどの部門が夏の高収益部門になるかということだ」と述べている。★79

★79 Paul Davis, "B of A Casts for the New Normal inprofit outlook", *American Banker*, July 20, 2009.

傘下米国一位のカード会社のMBNAコープや住宅金融全米一位のカントリーワイドについても、安定体質を持つとはいえない。ともに、JPモルガンなどに比べて同行の脆弱(ぜいじゃく)体質をそのままに残し、赤字体質を緩和するに至っていないと、ウォール街のアナリストでオクハーワイマン・グループのイザベル・シュオルチは分析している。★80

★80 Ibid.

(7) ウォール街進出成功と独裁経営者の退陣

そして、無理な経営発展を急いだ独裁経営者としてケネス・D・ルイスCEOは、メリル買収をめぐって株主をあざむいた責任(①三・六億ドルの特別賞与金を救済買収・合併の前にメリル幹部に支払うことを承認をしたこと、②メリルの業績悪化〔巨大損失〕を株主に隠したまま合併承認をさせたこと、③二〇億ドルののれん代金をメリルに支払ったことを隠していたこと）で、集中的な批判を浴びて無念の辞任に追い込まれるに至った。

ＮＹ連邦検察局のアンドリュー・クオモ総長がこの事実を明らかにしたことから、ルイスへの集中砲火が、ニューヨーク、ワシントン、そして本店のあるノースカロライナ州シャーロッテからも発せられるようになり、ＦＲＢもＮＹ証券取引委員会もこの救済合併を正式に認める手続きを控えている。財務省、ＦＲＢそしてウォール街がこぞって、最高経営責任者として完全に実権を握るケネス・ルイスの辞任を直接、間接的に迫ることになったのである。

だが、二〇〇九年九月の金融パニックのさなかに、七〇〇〇億ドルの政府緊急融資決定とともに、財務省とＦＲＢがバンク・オブ・アメリカにリーマンとの合併交渉を打ち切って（つまり、連邦政府と財務省もリーマンを切り捨てて）、メリル買収へ転ずるように、ケネスＣＥＯに強要した段階では、前述の三点について株主に説明するよう求めなかったのである。むしろ、この事実を知らせず早く救済買収を認めさせるよう要求したといえる。★81 ケネス氏自身も、Ａ・Ｐ・ジャニーニの夢に従いウォール街のスター証券投資銀行を買収するという野望を実現したことになるが、結局のところ彼はニューヨークのエスタブリッシュメントが仕掛けたワナにかかる結果となったといえる。ウォール街―財務省（ＦＲＢ）のエスタブリッシュメントはメリルをバンク・オブ・アメリカの巨大金融ストラクチャーによって救済したが、Ａ・Ｐ・ジャニーニの伝統を受け継ぐ地方銀行の雄にメリルが完全支配されるシナリオには反対であった。

★81　Dan Fitzpatrick and Michael R. Crittensen, "B of A will choose an emergency chief", *The Wall Street Journal*, October 6, 2009.

ＦＲＢの救済買収をめぐる報告書（ＦＲＢ議長向け）には、「市場（つまりウォール街）は、バンク・オブ・アメリカの判断力に疑念を抱き、危機管理能力を疑っている」と述べている。[★82] ケネスが二〇〇九年五月に、シティグループから意見対立で退職した元取締役のサリ・クラウチェクを雇用すると、それは地方銀行の雄からのカルチャー・チェンジの表れとし、「ルイスが鉄拳で支配する銀行からの移転を意味する」と賛美された[★83]（ルイスとしては、ウォール街を批判できる経営者を雇ったつもりなのに）。

★82　Michael R. Crettensen, "Emails at Fed bashed B of A during Merrill tussle", *The Wall Street Journal*, July 12-14, 2009.

★83　Paul Davis,"B of A Move Underscores Cultural Shift", *American Banker*, August 5, 2009.

ニューヨーク（ウォール街）進出・制覇のＡ・Ｐ・ジャニーニの夢を成し遂げて、二〇一〇年に引退すると宣言していたケネス・ルイス氏は、志半ばにして（メリル合併のＦＲＢとＳＥＣによる正式承認を受けることなく）バンク・オブ・アメリカの最高経営責任者の地位を年末までに降りることを声明せざるを得なくなった。ウォール街とシャーロッテ、カリフォルニアの本部をどう結びつけるか

（統合一貫経営化か、金融連合王国型か）に戦略立案も、後継者決定もなく、ひたすらニューヨーク進出・制覇のA・P・ジャニーニの夢を追求してきた専制的な強腕経営者が去ることは、バンク・オブ・アメリカの経営危機にもつながりかねない。二〇〇九年第3四半期は一〇億ドルの赤字に転じ、リテール部門の不良債権が経営悪化を招く。同行の強みであった全米の支店数も不採算資産の切り捨てのなかで減少し、ウェルズ・ファーゴに抜かれ、JPモルガンに迫られている（図3―20）。

西部、南部、東部、中西部の地方大銀行を統合して、ウォール街制覇をはたすべく、その象徴たるメリルリンチを買収したとたんに、エスタブリッシュメントの仕掛けたワナにかかったかの如く、「メリル買収の闇」が暴露されて、非エスタブリッシュメント経営者のルイス氏が退陣を迫られることとなったのである。

シャーロッテ拠点の地方銀行の雄としてニューヨークへ乗り込むのでなく、ウォール街（メリル）を主としてシャーロッテ本店を従とする、新エスタブリッシュメントの金融パワーハウスとして参入することを、ウォール街―財務省（FRB）複合体が要求しているかのようである。ケネス・ルイス最高経営責任者が退陣し、業績回復がJPモルガンやゴールドマン・サックスなどに比べ、大きく遅れをとることがあれば、いっそうその圧力は強まる。

金融再生法に基づく、政府（財務省―FRB）の救済融資によるバンク・オブ・アメリカの資本注入四五〇億ドルは、同行をしてニューヨーク・マネーセンター銀行への戦略とコーポレート・カルチャーの変革を迫るエスタブリッシュメントの政治的圧力として作用する。最高経営責任者が去り、戦略性を失い業績の不安定、脆弱性が露出するなかで、ウォール街―財務省（ＦＲＢ）複合体は、「国有化」をほのめかす一方で、バンク・オブ・アメリカが「バンク・オブ・ウォールストリート」へ、経営体質と企業文化を変革するよう迫ろうとしている。

図3-20　米国4大商業銀行の支店数の推移（2009年6月末日現在）

トップの座を奪われるバンク・オブ・アメリカ

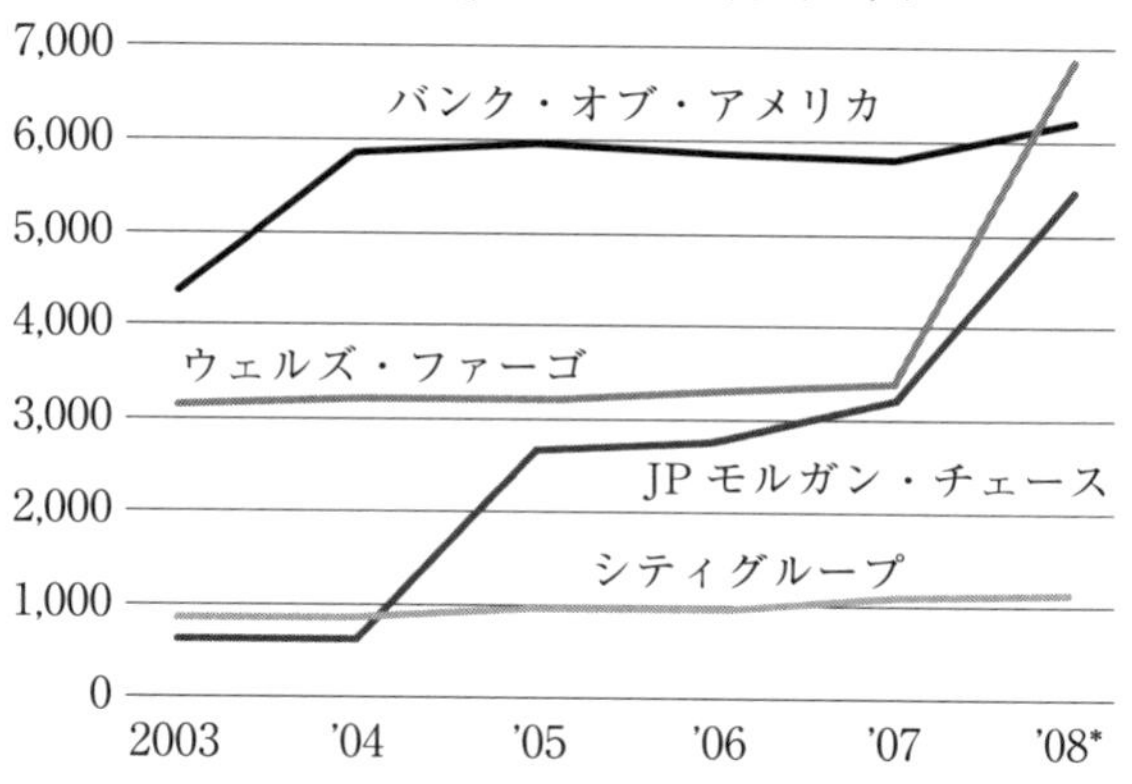

注：08 年 6 月 30 日以降に終えた合併、未決定の合併の影響を含む

原資料：SNL financial
出所：アメリカン・バンカー 2009 年 6 月 30 日付

結果として挑戦者は、金融エスタブリッシュメントの「自家薬籠中の物」となって、ニューヨーク・マネーセンターの金融ストラクチャー再構築の巨大な金融資源として活用され、再建ウォール街を支える三本目のバベルの塔として「再構築」されようとしているかのようである。「新たなエスタブリッシュメントの再構築」への第二幕がすでに始まろうとしている。★84

★84　David Brooks, "The establishment lives", *International Herald Tribune*, September 24, 2008.

5　世界を指導する米国メガバンクの巨大さと脆弱性

（1）脆弱体質ながら世界最大の銀行

アメリカの大銀行は、金融危機から国家の金融ストラクチャーの支えによってやっと立ち上がったが、従来以上に国際的な優位性を高めている。アジア諸国政府のファンドを取りこみ、「最後の貸手」を外国政府にまで広げることによって、国際的地位はさらに強まる（図3—21）。かといって、アメリカの銀行がスペキュレーティブな過剰投資の体質を改めてバランスシートを整え、持続可能な伝統的なサウンド・バンキングに複帰しようとしているわけではない。ＪＰモルガンは、二一世紀世界金融システムの頂点に立ち、同じく世界一の投資銀行として複活し始めた盟友ゴールドマン・サックスとのコンビネーションによって、バンク・オブ・アメリカは世界住宅金融最大手のカントリーワイド・フィナンシャルと巨大なデリバティブ、ＣＤＳ勘定をかかえ、「ブラック・ホール」とＦＲＢの緊急調査報告書が名づけたウォール街の名門証券投資銀行たるメリルリンチをかかえ込んだ米国最大の金融機関として、不安定体質のなか、巨大化志向によって生き延びようとしている。★85

★85 Niall Ferguson, "Wall Street's New Gilded Age", *Newsweek*, September 21, 2009.

三大銀行は、旧投資銀行のゴールドマン・サックス、モルガン・スタンレーとともに米国五大銀行と世界の五大銀行を形成する。「大き過ぎて破産させられない」(too big to fail 以下、TBTF)巨大銀行は、緊急金融支援(TARP)や政府中央銀行機関による不良債務保証、いざとなれば、銀行の不良資産を買い取る官民投資プログラム(PPID)を活用することもできる。損失は国民・社会全体に、利益は大銀行が取るという「アメリカ流社会主義」(ジョセフ・スティグリッツ)という巨大金融ストラクチャー本質の政策が、一〇〇年来の金融危機対策として打ち出されている。危機を生き残るのは、金融エスタブリッシュメント(ウォール街―財務

図3-21　アジア・中東諸国政府ファンドの米銀への投資(単位10億ドル)

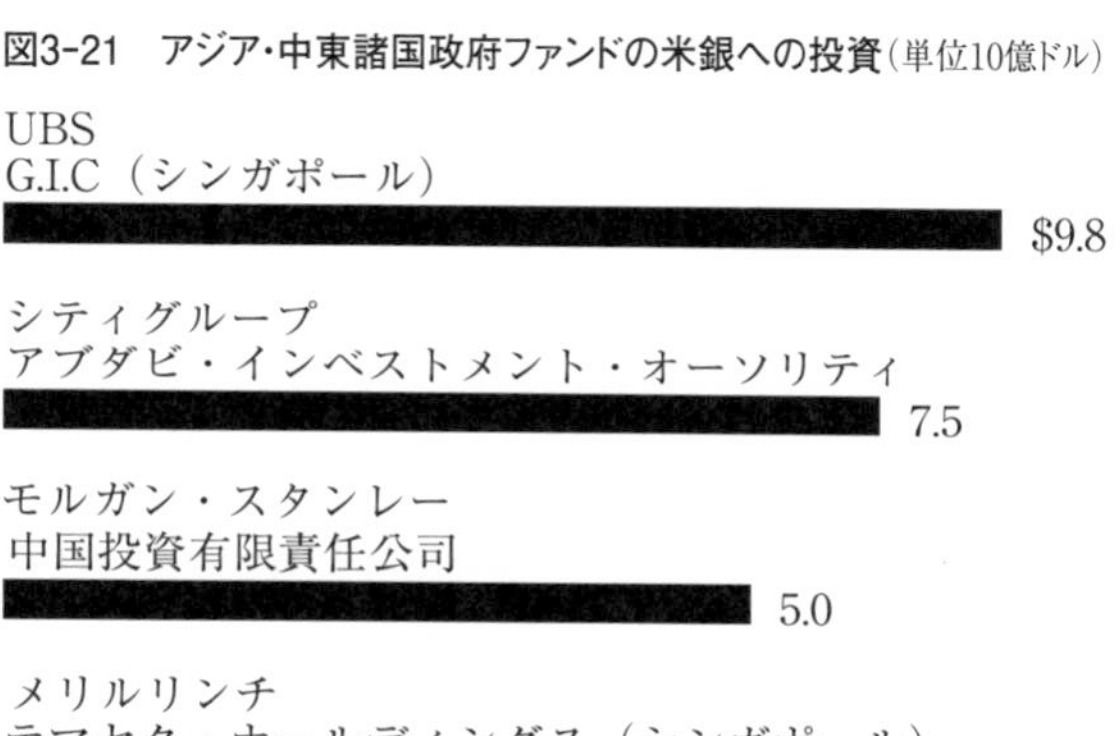

注：*は中信証券とベア・スターンズの相互投資を含む

原資料：Bank disclosures
出所：ウォール・ストリート・ジャーナル 2008年1月10日付

省コンプレックス）が主導する政府の信頼と信用を手にしたＴＢＴＦ巨大銀行のみである。ＴＢＴＦは、経営破綻の心配なしに高いリスクを取り、高いリターンを総取りできる。ゴールドマン・サックスはこれによって「大成功」を収め、メリルは失敗した。

ウォール街の著名なエコノミストであるヘンリー・カウフマンによれば、米金融最大手の一〇行が保有する金融資産の比率は、一九九〇年と二〇〇八年の間に一〇パーセントから五〇パーセントへ拡大したという。この間、金融機関の総数は一万五〇〇〇行強から八〇〇〇行程度に減った（うち六〇〇〇行がメインストリートと呼ばれる地場中小銀行）。二〇〇七年末には、八五七〇億ドルの株主資本を持つ金融機関一五行の総資産は一三兆六〇〇〇億ドルで、簿外資産は五兆八〇〇〇億ドルに達していた。レバレッジ二三倍で、その一五行の引き受けたデリバティブの額面総額は二一六兆ドルに上った。

三行の金融巨人をはじめこれら一五行の金融支配力は、業界を強化すると同時に脆弱化する。スペキュレーティブな金融構造のなかにあって、その規模があまりに巨大な銀行が一行でも破綻すれば、システム全体が崩壊しかねない。

しかも、アメリカに残ったＴＢＴＦ金融機関の国際的影響力はむしろ強くなっている。金融危機のなかでアメリカの銀行は衰退し、世界の銀行時価総額で一位、二位、三位を占める中国の大型銀行の軍門に下ったという見方があるが、アメリカの巨大銀行のような、ニューヨーク・マネーセンターを拠点とする国際投資銀行業務のような機能は当分持ち得ない。

アメリカ大銀行は、弱体化したとはいえ、機能は拡張されグローバル・キャピタル・フローの八〇パーセント（一一・二兆ドル、二〇〇七年）をコントロールしていた。一九九〇年の一一〇倍となっている。グローバル・キャピタル・フロー（インフローとアウトフロー）の八割を米国大銀行が担当し圧倒的に優位な地位を占めていた。

米国銀行は、世界の金融総資産（一九六兆ドル）のうち三一パーセント（六一兆ドル）を所有し、ラテンアメリカの五・九兆ドル、中国・インド合計の二一兆ドル、ヨーロッパの五二兆ドルを上回っていた。

二〇〇八年の世界金融危機の中で、エクイティ及びエクイティ関連証券の取り扱いでは、ＪＰモルガン、英バークレイズキャピタル、シティグループ、ドイッチェ・バンク、メリルリンチ、ゴールドマン・サックス、モルガン・スタンレー、ＲＢＳ、クレディスイス、ＵＢＳの一〇行がこれまで約五八パーセントのシェアを持っていたが、危機における再編統合化で、アメリカの五行が上位を占め、二〇〇八年の合計では、六〇パーセントを占めるようになった[★86]。

★86　Ann Lee, *"U.S. Banks Will Only Get Stronger"*, April 15, 2008, p.35.

二〇〇七年の証券株式運用資産総額も、ＪＰモルガン、ゴールドマン・サックス、メリルリンチ、シティグループ、モルガン・スタンレーが上位五位までを占め、ＵＢＳ、クレディスイスなど欧州大銀行勢の上位に立つ。バンク・オブ・アメリカによるメリルリンチ買収を単純合計すれば、ＪＰモルガンを上回ってトップに立つ[★87]（図３－22）。

図3-22　米国企業債券市場投資における米国大銀行と外国大銀行のシェア

米国コーポレート・エクイティ・債券市場におけるシェアの変化（1999-2009年）

（網掛け：外国銀行）

	1999		2009年 through June16	
1	シティ	13.9%	JPモルガン	14.8%
2	メリルリンチ	13.7	シティ	14.7
3	ゴールドマン・サックス	10.4	バンク・オブ・アメリカ・メリルリンチ	12.9
4	モルガン・スタンレー	10.4	モルガン・スタンレー	10.4
5	リーマン・ブラザーズ	8.2	ゴールドマン・サックス	8.8
6	チェース・マンハッタン	7.3	バークレイズ・キャピタル	7.1
7	クレディ・スイス・ファースト・ボストン	6.0	HSBC	4.5
8	JPモルガン	6.0	ドイツ銀行	4.2
9	ドナルドソン・ラフキン・ジェンレット	4.9	クレディ・スイス	4.1
10	ベア・スターンズ	4.6	RBS	3.7
11	バンク・オブ・アメリカ	3.8	BNPパリバ・グループ	2.8
12	UBS	1.8	UBS	2.4
13	ドイツ銀行	1.7	ウェルズ・ファーゴ	2.1
14	ファースト・ユニオン	1.0	TDセキュリティーズ	0.9
15	バンク・ワン	0.9	三菱UFJフィナンシャル	0.5

原資料：ブルームバーグ

出所：ニューヨーク・タイムズ2009年6月17日付

★87　Editor, “Bank consolidation hardens top-10 dominance”, *Euromoney*, February 2009, p.9.

世界一の規模を達成した米国メガバンクは、ニューヨーク・マネーセンター——ウォール街を拠点とするM&Aや、多国籍企業向けグローバル情報通信ネットワーク、中国、ブラジル、インド、ロシア、中東の現地大銀行や金融拠点とのつながりがある。そして、米国金融寡占体にとって、最高級の競争力を持つのは、戦略核兵器の技術を金融に活用したともいわれる金融デリバティブとその一種で、二〇〇三年以来、「金融大量破壊兵器」とまで有力投資家のウォーレン・バフェットが呼んでいるCDS（Credit Default Swap）である。

（2）デリバティブの「改良」による存続

デリバティブ／CDSが金融危機の主要ファクターとなったので、オバマ政権は、二〇〇九年春にはこれを規制する方針を発表しないではいられなかった。しかし、政府首脳内部に対立が直ちに生じ始めた。★88 デリバティブ市場の主要プレーヤー達（JPモルガン、ゴールドマン・サックス、シティグループ、バンク・オブ・アメリカ、モルガン・スタンレーなど九社）が、ロビー活動組織である「CDSディーラーズ・コンソーシアム」（The CDS Dealers Consortium）を二〇〇八年一一月（つまり、大銀行が政府救済融資を受けた翌月）形成し、デリバティブ規制を免れるべく、財務省、米連邦議会、主要な政治家や金融証券市場関係者へ働きかけることとした（後述）。

★88 Editorial, "New Rules for Derivatives", *The New York Times*, May 15, 2009.

九〇年代から二〇〇〇年代にかけて、クリントン政権下のロバート・ルービン財務長官やゲーリー・ゲンスラー財務次官（オバマ政権では商品先物取引委員長）など、ゴールドマン・サックス出身のフィナンシャル・ポリティシャン（金融テクノクラート）が、デリバティブの規制には強硬に反対してきたし、金融危機以後もその規制には反対し続けていた。

同じく、ゴールドマン出身のヘンリー・ポールソン（後にブッシュ政権の財務長官）も、ロビー活動を通じて、レバレッジ比率引き上げを推進し、バブル市場への大量資本投入を可能にしてきた。グリーンスパン前FRB議長もデリバティブ、CDSの推進者となった。

米国金融界の最高経営者たるハイテクノクラートたちも支持者である。ゴールドマン・サックス会長はじめステファン・フリードマン、ジェラルド・コリガン＝ともにニューヨーク連銀総裁、ロバート・ルービン財務長官、JPモルガンのジェイミー・ダイモン会長・CEO、シティグループのサンフォード・I・ウェイル元会長・CEO、チャールス・プリンス三世前シティグループ会長、ジェフエリー・R・イメルト＝GE最高経営責任者など、いずれも支持者にして推進者である。[★89]

★89 Jo Becker and Gretchen Morgenson, "In Geithner Critics see a mirror of Wall street-While regulating banks, Strong ties developed with financial Derivatives", *The New York Times*, April 28, 2009.

つまり、ガイトナー財務長官や再任バーナンキFRB議長の後ろ盾である最有力の金融テクノクラート・フィナンシャル・ポリティシャンたちこそ、投資的な金融デリバティブCDSの推進者であり、その投機的な体質の中に米国及び世界の金融界を引き込んだウォール街、NYマネーセンターの実権的主役たちである（もっともFRBは、ウォール街の銀行家の手によって、一九一三年に設立された）。この実力者たちに囲まれて、彼等の推奨の下に、四五歳の財務長官があって、同じくウォール街の推薦を受け、ヘンリー・ポールソン前財務長官（ゴールドマン・サックス元会長）やグリーンスパン前FRB議長（JPモルガン出身）の盟友たるバーナンキFRB議長が金融政策策定にあたっていた。

「金融不安定性の経済学」（Stabilizing an Unstable Economy）の著書で有名なハイマン・P・ミンスキー（Hyman P. Minsky）教授は、同書で「銀行や金融市場における無秩序を収拾統制する試みの中で創設されたはずの連邦準備銀行のような（中央銀行）諸機関は、いまではそのような必要はないという経済理論のとりことなっている…（中略）…機関当局は、マネーサプライ以外のものには目隠しを当てられている状態であり、彼等の考察視野からは、どのようにポートフォリオ構造の変革が生じているか、それがどのように経済の安定性に影響を及ぼすのかという問題意識が本質的に欠落している」と述べている。[★90]

★90 Hyman P. Minsky, "*Stabilizing an Unstable Economy*," Yale University Press, 1985, p.251.

デリバティブ／CDSがアメリカ金融システムの中で、一九九〇年央から急膨張し始めていることに対する警告が、中央銀行諸機関の責任者からも発せられ、アラン・グリーンスパン、バーナンキF

RB議長や、ルービン、ポールソン両財務長官になされたが、彼らは金融の脆弱性、不安定がこれによっていかに深まるかを考察することなく、これを時の流れとして肯定するのみであった。

実際に、一九九〇年央から、デリバティブは、世界全体の金融市場の中で、最も収益性が高く、アグレッシブかつ革新的な部門となってきた。企業のグローバル戦略が高度化するにつれて、グローバル・キャピタル・フローにおけるデリバティブの役割は重要性を増した。グローバル化した市場は、不安定さをまし、ビッグビジネスは、国外資産を保護し、為替変動の大波にさらされることを少なくするため、多かれ少なかれ、デリバティブに手を出さざるを得なくなってきたというのである。

米国の銀行は、デリバティブ／CDSの分野で圧倒的な優位性を保ち、ロンドン市場の欧州銀行の挑戦を受けつつも、独走体制を保っている。一九九〇年代央から「デリバティブ・トレーディングは、米国大銀行によって、最も利益の大きいビジネスとなった」とウォール・ストリート・ジャーナルは言う。金融革新を阻止することは、アメリカの雇用の海外流出になるというので、米国議会においてクリントン大統領は、政権末期二〇〇〇年一二月に、デリバティブ／CDSをあらゆる監査から免除する法案にサインした。[★91]

★91 Gretchen Morgenson and Don Van Natta Jr. "U.S. banking lobby resisting push to regulate derivatives", *The New York Times*, June 2, 2009.

金融恐慌突入の悪夢の後に、巨大銀行主導下の再編統合による（システミック・クライシス）防圧の決定策として、ティモシー・ガイトナー財務長官が金融制度改革案として打ち出した政策はいずれも、再編後ウォール街の意向に従って、「大き過ぎて破産できない」（ＴＢＴＦ）をこれまで通りに、スペキュレーティブ／ギャンブリング文化の中に放置している。

（3）メガバンク規制の非現実性

ＦＲＢの権限を強化し、システムリスクを監視する権限を支えることをガイトナー案の最大の眼目としている。だが、ＦＲＢは本来そういうものだったが、一九九八年四月に、シティコープとトラベラーズが、グラス・スティーガル法を打ち破って、クリントン大統領とグリーンスパンＦＲＢ議長（当時）との事前了解の下に、合併を強行しシティグループを形成した。合併の当事者だったジョン・リード＝シティコープ会長兼ＣＥＯは、「この合併は完全なる誤りで、金融危機におけるシティグループの行きついた結末の根因となっている」と述べている。[★92] グラス・スティーガル法の廃絶で政府（ＦＲＢ、財務省）の金融権力は弱体化し、グラム・リーチ・ブライリー法で商業銀行、投資銀行、保険会社の合体が認められ、金融新自由主義の中で、「いたずらに大きくつぶせない」と同時に、「大きすぎでマネージできない」巨大銀行ができ上がってしまったというのである。

★92　Carol Loomis, “Can Anyone Run Citigroup? – We know this banking giant is too big to fail. But is it also too big to manage!” *Fortune*, May 5, 2008.

しかし、金融危機は、ウォール街と政府（財務省、連邦準備制度理事会）との一体化をした、パニック期の再編統合化のガバメント・アクティビズムを創り出した。その政府機関の長はウォール街大銀行（投資銀行）の最高経営責任者であるか、彼らの育成した金融テクノクラートである。「我々は政府が安定的で、寡占的な永続的資本主義のフレームワークを創出すべく、政府が行動するよう鍛えられたエスタブリッシュメントの時代へ入っている」とコラムニストのデービット・ブルックスは述べていた。★93

★93　David Brooks,"The Establishment Livers", *International Herarld Tribune*, September 24, 2008.

「大きすぎで破産できない」（ＴＢＴＦ）超巨大銀行寡占体と連邦政府・財務省との一体性の中で、危機を投機利益の源とするデリバティブ／ＣＤＳの規制をはかろうというのであった。デリバティブが金融機構の脆弱化をもたらすとは知りつつも、これなくして、米国巨大銀行の優位性は保てないと、ウォール街―財務省コンプレックスの金融テクノクラートは見なしていた。

ガイトナー財務長官は、二〇〇九年春に金融制度改革案を提出しないわけにはいかなかった。確かに、デリバティブ／ＣＤＳの規制を新金融改革の前提として、二〇〇九年三月、五月初旬に提案しているが、規制の「抜け穴」（loop hole）の問題は規制強化と裏腹の関係にある。ウォール街の大金融機関は、これまでも様々な監督機関がひしめき合うなかで、「抜け穴」を見いだして、利益とリスクの高いデリバティブ・ビジネスを行っている。

「ガイトナー・プランには、大きな抜け穴がある。なぜなら、より複雑なデリバティブについてはディスクロージャーの必要はほとんどない」と米国金融界や議会の専門家たちは見ていた。米国九大銀行の「CDS取引コンソーシアム」代表のエドワード・J・ローゼン氏の秘密メモには「大手九行のデリバティブ市場は引き続きFRBの監督下に置かれるべきである。連銀は（大銀行に対して）あまりに厚意的な規制機関であり、彼等が連銀を好むのもそのためだ」(opt. lit. New York Times, June 2. 2009.）とニューヨーク・タイムズ紙は論評した。

巨大銀行機関でも、連銀の「寛大な」監督が得られない世界最大の保険会社AIGは、表向きは保険会社でも、過去に小型の貯蓄貸付組合を買収して、貯蓄機関監督局（OTS）に入って、同局を支配下に置いた（蚊が象を監視するようだとたとえられた）。「自由を得た」AIG金融部門は、CDS取引を米国と世界に延ばさせて最大の危機を招いた。新金融改革法下では、AIGもFRBの監督下に入るが、CDS取引（貸し倒れ損失保証）で、ゴールドマン以下の大銀行とつながり、FRBが八五〇億ドルの経済融資を決めたことから、厚意的監視を受けていたことは確定である。

金融システム監督権限が強められると見られる連邦規制当局は、様々な基準やガイドラインを二〇〇九年五月に発表しているが、金融機関幹部に対する高額報酬体系への批判が中心となっており、これも問題のすり替えにすぎない。「大きすぎてつぶせない」（TBTF）巨大銀行は、政府の支援を期待しつつ、高レバレッジをかけてリスクを負ったスペキュレーティブなハイリターンを総取りし、経営専門経営者たちに高報酬を支払っている。そのTBTFは、最もアグレッシブなロビー活動を展開し、最も多額の政治資金を提供し、危機における金融再編統合化でより大きな金融権力を獲得している。問題のすり換えによって、TBTFは巨大化し脆弱性（スペキュレーション体質）を蓄積しつつも、ウォール街―財務省コンプレックスの中核を占め続けている。

結局、二〇〇七〜〇八年の世界金融危機は、一九三〇年代金融恐慌時のように、商業銀行と証券・投資が分離され、モルガン金融独裁が解体されたのとは対照的に、金融危機で弱者を吸収したニューヨークの五大銀行・それに〇八年にワコビア銀行買収で勝者となったカリフォルニアのウェルズ・ファーゴも加わって六行がスペキュレーティブな世界最大銀行群を形成したに過ぎない。寡占体制とウォール街のカジノ体質の結合が懸念されるなかで、二〇一〇年にはボルカー・ルール（銀行自己勘定での取引縮小・停止）の原則に基づく金融規制改革法案が成立したとはいえ、ゴールドマン・サックス、JPモルガンはじめ巨大銀行は、この連銀ルール適用の緩和を要求しつづけた。ゴールドマン・サックスは二〇一一年七〜九月期に自己勘定での株式投資で大赤字に転落し、JPモルガン・チェースは二〇一二年春にデリバティブ取引で二〇億ドルの評価損を出した（ドッド＝フランク・ウォール街・消費者保護法案にオバマ大統領が署名。二〇一〇年七月）。

ボルカー・ルール執行以後、アメリカでは、金融規制改革の議論は劣化しているが、金融寡占体―金融寡頭支配の現状が続けば、（巨大な政治資金で取り込まれた）ウォール街―財務省―議会コンプレックスへの怒りが、遠からず爆発することは必定になった（ウォール街囲い込み運動）。寡占的支配下で巨大化するメガバンクは、レバレッジを上げ、より高いリスクを取り、リターンを総取り（Winner Takes all）するギャンブリング・カルチャーの上に立ち、金融バベルの塔の脆弱性を内部に蓄積している。

バンク・オブ・アメリカのメリル合併後の業績停迷と、ゴールドマン・サックスの赤字転落、JPモルガンの巨額損失は、米国超大銀行の寡占体制の死角を浮き彫りにしている（リーマンショック直前に比べた株価の下落〔二〇一二年六月二五日現在比〕は、バンク・オブ・アメリカが七七パーセント、JPモルガンが一四パーセント、シティグループが八五パーセント、ゴールドマン・サックスが四〇パーセント、モルガン・スタンレーが六三パーセントのそれぞれ下落率となった）。金融国家アメリカの支配力の集中は新たな危機を蓄積していくこととなった。

オバマ大統領（オバマ―バイデン政権）は、選挙戦を勝ち抜く過程でウォール街から巨額の献金を受けており、言葉の上では金融・銀行界を糾弾したが、実際の行動はその裏返しだった。横行する金融・証券不正の中では、金融関係者を本気で取り締まろうとするなら辣腕検事として名高かったパトリック・フィッツジェラルド元連邦特別検察官のような人物を司法長官に任命することが期待されていたが、それとは逆に企業幹部による犯罪弁護で定評のある法律事務所（ローファーム）コビントン・アンド・バーリングのエリック・ホルダー氏を任命した。加えて、司法省の犯罪局長はじめ三つの要職にコビントン出身者を任命した。ゴールドマン・サックス、JPモルガン・チェース、シティグループ、バンク・オブ・アメリカ、ウェルズ・ファーゴ、ドイツ銀行などが、コビントンの顧客銀行であったのは偶然ではない。

二〇一〇年四月に証券取引委員会（SEC）は、ゴールドマン・サックスを、金融商品（債務担保証券のアバカス2007―AC1）に関する証券詐欺で民事提訴し、議会上院の小委員会と金融危機調査委員会は二年の調査を終えて報告書を発表、司法省による刑事捜査を行うべきと主張し、同省に正式に事件を委ねた。

ゴールドマンの幹部たちは、その報告書が発表される前後に、オバマ陣営と民主党共同の選挙資金基金＝「オバマ・ビクトリー・ファンド」に多額の献金を行っている。またオバマ陣営も、ウォール街に献金を依頼し続けたという事実がある。

他方で、ゴールドマン・サックスは、SECに民事提訴されてから三か月後の一〇年七月に五億五〇〇〇万ドル支払うことで和解していた。しかも、ゴールドマン側は容疑を認めないままの早手回しの「和解」である。その和解金は、SECにとっては「過去最高の金額」ではあってもゴールドマンにとってははした金で、「二〇〇七年の同社幹部のボーナス・一二一億ドルの4％にすぎないのである。そして、CEOのロイド・ブランクファインらゴールドマンの幹部たちは刑事裁判専門の有力弁護士たちに相談し続け、この間にオバマ―バイデン陣営はウォール街に献金を依頼し続けていた。[★94]

★94　ピーター・ボイヤー、ピーター・シュワイツァー（スタンフォード大フーバー研究所研究員）「強欲ウォール街を裁けないオバマ」，Newsweek, May 23 2013, pp40-41.

「強欲」の金融機関のマネーゲームについて、誰も起訴されず、法の番人も金融界の元仲間という現実は、米国民の納得を得られるものではない。巨大金融機関の責任を問うという約束を果たすと期待されていたオバマ―バイデン政権に対する憤りは、ウォール街占拠デモを勢いづけ、民主党の支持基盤が損なわれていった。

そして、次の政権は「労働者の味方」を装い、「反ウォール街」の姿勢で「ハゲタカ投資家」たちと通ずるドナルド・トランプ氏の共和党が担当することとなった。オバマ大統領の副大統領として、バイデン氏は、この状況を強烈に体験することとなった。

追記――ウォール街の金融権力再強化

政府の巨額金融支援のおかげで二〇〇八年の危機を乗り切った巨大銀行、金融機関には、二〇一〇年七月の金融規制改革法案とそれに含まれるボルカー・ルール（銀行の自己勘定取引禁止の規制）でさまざまな規制がのしかかってきた。デリバティブなどの複雑な金融商品の規制強化、住宅ローンなどでの消費者保護の強化、金融機関の破綻処理、銀行と証券業務の監督強化などの原則が定められた。二〇一二年のＪＰモルガンによるリスク商品の巨額損失以来、同法の適用は強化された。さらにトランプ政権の発足早々の一七年五月には同大統領が、商業銀行と投資銀行を分離するグラス・スティーガル法の復活による巨大銀行の解体までを言明する状況が生じた（ゴールドマン・サックス出身のムニュヒン財務長官がその直後にこれを否定）。

巨大銀行の「強欲」――国家財政・部分国有化の一方で（時には法を無視して）全米の銀行を吸収合併し大量の人員解雇と格差拡大への批判が高まる中、また「影の銀行」の拡大と六〇〇〇行近いコミュニティ銀行（地域小規模銀行）の反発が強まる中、ウォール街五大銀行とカリフォルニアのウェルズ・ファーゴはリスクを抑制しつつ経営改善を図ってきた。

六大銀行中、一時は時価総額世界一だったウェルズ・ファーゴが不正営業で経営危機に陥ったのを除けば、ニューヨーク五大銀行は成績向上を続け、六行合わせて二〇二二年までの一〇年間の純利益は一兆ドルに達した。その背後には、二〇〇八～〇九年のウォール街発の金融恐慌期に、米国資本主義の地域経済、とりわけ製造業を支えてきた伝統ある地方大銀行（地域中核銀行 super regional）が、国家資金やＦＲＢの「指導」も活用できるニューヨーク（またはカリフォルニア）の巨大銀行に安値で買収された歴史と、金融権力の集中統合化現象がある。

ゴールドマン・サックスがアップルなど巨大ＩＴ企業との金融提携に進み始めたが、ＪＰモルガンは、シティ・グループ、モルガン・スタンレー、バンク・オブ・アメリカ・メリルリンチは団結して、バイデン政権の金融中枢にあって、米国ビッグビジネスとの資本関係強化を図っている。ジェイミー・ダイモンＪＰモルガン会長兼最高経営責任者は、米国巨大銀行上位二〇〇社を中心とする「ビジネス・ラウンドテーブル」（全米最有力の経営者団体にして大統領私的顧問団でもある）の会長であり、二〇一九年には脱新自由主義の「企業目的の株主利益第一主義を改める」「ステークホルダー資本主義宣言」を全米の最高経営責任者二〇〇名の署名とともに行った。

さらに、ニューヨークの世界最大の資産運用会社（二一年度の運用資産は一〇兆ドル・日本のGDPの二倍）のブラックロックは、名門投資銀行の旧ファーストボストンにルーツを持ち、JPモルガン・チェース、モルガン・スタンレー、ゴールドマン・サックスなどの投資銀行分野でのトレーディング・パートナーであり、バンガード・グループ、ステート・ストリートとともに米国資産運用界の「ビッグ・スリー」を形成し、モルガン・アセット・マネジメントとも協同して全米の有力企業のほとんどの株式を保有する。S&P五〇〇社にいたっては、九〇パーセント近くにおいて最大の株主となっている。議決権を通じた社会への影響力が高まっている。

ブラックロックは、バイデン政権に対して、ブライアン・ディーズ氏とウォーリー・アディエモ氏をそれぞれ国家経済会議委員長と財務副長官に送り込み、政財界への影響を強めている。同社はさらに、主要な上場企業の株主として毎年投資先企業の経営者に書簡を送り、二〇二一年はステークホルダー資本主義やESG（環境・社会・企業統治）重視のサスティナブル（持続可能な）投資やビジネス慣行重視を勧告している。

かくして、JPモルガンのジェイミー・ダイモンCEOとブラックロックのローレンス・フィンクCEOは、米国金融・産業界の最高指導者としてバイデン政権を政策・金融（献金）面で支え、時には指導する、三位一体の関係に立っている。ポスト新自由主義のステークホルダー資本主義による米国経済の再生に向けた「二一世紀型金融寡頭制」を形成しているということができる。ＧＥ、ＧＭ、ＩＢＭなどのエスタブリッシュメント企業の復活、サプライチェーンの再編、グローバル秩序の形成など、ポスト新自由主義の米国主導の新しい資本主義世界の再編を目指している。

初出一覧

第１章…山脇友宏「バイデノミックスの脱新自由主義的経済政策（上）・（中）・（下）」（『経済』二〇二二年七・八・九月号、新日本出版社）、奥村皓一「ウクライナ侵攻と多国籍企業のロシア制裁」（『政経研究時報』二五―一、政治経済研究所）

第２章…山脇友宏『ＧＡＦＡの分割と規制をめぐる攻防』（『経済』二〇二三年三月号）

第３章…奥村皓一「金融危機における米国銀行システム崩壊とメガバンク構築による再生（上）・（下）」（『経済集志』第八二巻第一号、および第八二巻第二号、日本大学経済学部）。

奥村皓一（おくむら　こういち）
1937年岐阜県出身。早稲田大学政治経済学部卒。東洋経済新報社で中国問題、米欧多国籍企業・銀行担当の編集記者、編集局編集委員を務めた後に大東文化大学教授、関東学院大学教授を歴任。現在は公益財団法人・政治経済研究所主任研究員。
1966年、博士・経営学（論文）。
主な著書に、『米中「新冷戦」と経済覇権』（2020年、新日本出版社）、『中国市場と日中台ビジネスアライアンス』（2014年、共著、文眞堂）、『海外進出企業の経営現地化と地域経済の再編』（2011年、共著、創風社）、『国際メガメディア資本 M&Aの戦略と構造（第3版）』（2010年、文眞堂）、『21世紀世界石油市場と中国インパクト』（2009年、共著、創風社）、『グローバル資本主義と巨大企業合併』（2007年、日本経済評論社）、『テキスト多国籍企業論』（2006年、共著、ミネルヴァ書房）、『マルチメディア・ビジネス』（1994年、東洋経済新報社）、『米国の企業買収・合併』（1987年、共著、東洋経済新報社）、『激動世界の銀行』（1984年、共著、東洋経済新報社）など。山脇友宏の筆名でも執筆。

転換（てんかん）するアメリカ新自由主義（しんじゆうしゅぎ）――バイデン改革（かいかく）の行方（ゆくえ）

2023年5月25日　初　版

著　者　奥　村　皓　一
発行者　角　田　真　己

郵便番号　151-0051　東京都渋谷区千駄ヶ谷4-25-6
発行所　株式会社　新日本出版社
電話　03（3423）8402（営業）
03（3423）9323（編集）
info@shinnihon-net.co.jp
www.shinnihon-net.co.jp
振替番号　00130-0-13681
印刷・製本　光陽メディア

落丁・乱丁がありましたらおとりかえいたします。

ISBN978-4-406-06751-5 C0033　Printed in Japan